U0071032

# 秉筆治史

賴澤涵教授
八秩壽慶論文集

鄭政誠——主編

# 秉筆治史：
# 歷史研究的傳承與創新學術研討會

**會議名稱：秉筆治史：歷史研究的傳承與創新學術研討會**

舉辦日期：108 年 6 月 14 日（週五）

主辦單位：國立中央大學歷史研究所

舉辦地點：國立中央大學文學院人文講堂

## 會議議程

| | | | | |
|---|---|---|---|---|
| 08:30-09:00 | 報　到 | | | |
| 09:00-09:10 | 開幕式 | | | |
| 09:10-09:20 | 大會團體照 | | | |
| 09:20-10:20 | 專題演講 | 主持人：陳寬政（長庚大學醫務管理學系教授）<br>主講人：賴澤涵（國立中央大學榮譽教授） | | |
| 10:20-10:35 | 茶敘時間 | | | |
| 第一場<br>10:35-12:15 | 主持人 | 發表人 | 題目 | 與談人 |
| | 吳文星（國立臺灣師範大學名譽教授） | 鄭政誠（國立中央大學歷史研究所教授兼所長） | 近代臺灣初等教育中的國語讀本編寫 | 林玫君（國立臺灣師範大學體育學系教授兼主任） |
| | | 邱正略（國立暨南大學歷史學系兼任副教授） | 鬮書當中的特別約定 | 康豹（中央研究院近代史研究所特聘研究員） |
| | | 王和安（國立成功大學歷史學系博士）<br>賴郁如（新加坡國立大學中文系博士） | 新竹州移民的信仰傳布：以高雄地區之義民信仰為例 | 吳學明（國立中央大學歷史研究所教授） |
| 12:15-13:30 | 午餐時間 | | | |

| 第二場 13:30-15:10 | 主持人 | 發表人 | 題目為例 | 與談人 |
|---|---|---|---|---|
| | 尹章義 教授 | 陳家豪（國立交通大學通識教育中心兼任助理教授） | 歷史 GIS 與交通史的相遇：大溪對外交通發展與大溪橋（1903-1934） | 吳振漢（國立中央大學歷史研究所教授） |
| | | 程朝雲（中國社科院近代史研究所副研究員） | 戰後中美農業合作：從中美農業技術合作團到農復會 | 李力庸（國立中央大學歷史研究所教授兼圖書館館長） |
| | | 王靜儀（弘光科技大學文化創意產業系副教授） | 新國會的形塑：從軟性威權時期到總統直選後的立法院長劉松藩（1992-1999） | 陳鴻圖（國立東華大學歷史學系教授） |
| 15:10-15:30 | 茶敘時間 | | | |
| 第三場 15:30-17:30 | 主持人 | 發表人 | 題目 | 與談人 |
| | 劉石吉（中央研究院人文社會科學研究中心兼任研究員） | 莊建華（高雄市立歷史博物館研究部企劃專員） | 戰後 1946 年的臺灣接收及其問題：以交通為中心的討論 | 歐素瑛（國史館纂修） |
| | | 陳學林（國立中央大學歷史研究所碩士、法務部調查局專員） | 從蔣中正日記看國府 1950 年轉危為安的過程與因應 | 齊茂吉（國立中央大學歷史研究所兼任教授） |
| | | 鄭巧君（國立政治大學雷震研究中心專任助理） | 戰後海外版宣傳影片的中華民國形象（1950-1971） | 蔣竹山（國立中央大學歷史研究所副教授） |
| | | 蘇瑞鏘（國立臺北教育大學臺灣文化研究所助理教授） | 戰後臺灣在野菁英對選舉弊端的指控與因應（1954-1960） | 王力堅（國立中央大學歷史研究所合聘教授） |
| 18:00- | 晚宴（佳家福餐廳） | | | |

註：1. 開幕式致詞 10 分鐘。

2. 專題演講引言 10 分鐘。

3. 專題演講 50 分鐘。

4. 論文主持人 5 分鐘。

5. 論文發表人 15 分鐘。

5. 論文與談人 10 分鐘。

6. 自由討論 10 分鐘。

7. 論文發表人回應 3 分鐘。

# 目　次

## 第四輯　史料介紹與研究展望

## 附　錄

# 編輯誌言

　　賴澤涵教授，臺中人，省立臺中師範學校畢業後考取國立臺灣師範大學歷史系，以第一名優異成績畢業。畢業後先至中央研究院近代史研究所服務，後負笈美國伊利諾大學香檳分校深造，獲頒碩、博士學位。返臺後任職於中央研究院三民主義研究所（今人文社會科學研究中心），期間除戮力學術研究，發表「廣州革命政府」與「中國家庭制度變遷」之相關論著外，亦將所學所知與為人處世之道授予莘莘學子，曾分別在國立臺灣師範大學、國立中山大學、東海大學、文化大學等校兼課，不少學子慕其名而受其指導，撰寫政治、社會、教育、家族、文化等課題，並獲頒碩、博士學位，共同豐富臺灣歷史學術研究之林。

　　自 1990 年代起，隨臺灣政治氛圍改變與族群意識增長，賴澤涵教授以優異豐富學養，先後受行政院委託擔任臺灣最敏感的歷史事件調查，即二二八事件與白色恐怖事件，以「秉筆直書」的治學態度與精神，客觀撰寫調查報告與二二八碑文等，深獲各界重視。其後因客家族群追尋自我認同，賴澤涵教授亦洞燭機先，於借調國立中央大學服務期間，設立臺灣首座客家研究中心與客家學院，推動客家學研究，開啟全臺客家研究濫觴。另在擔任國立中央大學歷史所創所所長與文學院院長期間，亦積極開展國際學術交流，與美國、法國、日本、韓國、哈薩克與中國大陸多所大學簽訂學術交流協議，更因學術研究的卓越表現，深獲哈薩克國家重視，聘其擔任該國國家院士，為臺灣首位學者獲此殊榮。此外，賴澤涵教授還曾受邀擔任華東師範大學、南京大學、東南大學、嘉應大學各校的基地教授與客座教授，而國立中央大

學為感念對學校之貢獻，亦聘其擔任終身職之榮譽教授，其學術聲望，不言自喻。

去年（2019）適逢賴澤涵教授八十壽誕，其指導過的碩博士學生，為致意恩師，彰顯為學生付出的辛勞與指導之功，尤其是謙謙君子、淡泊名利的處世風格，身教與言教並重風範，特地於 2019 年 6 月 14 日假國立中央大學文學院人文講堂舉辦「秉筆治史：歷史研究的傳承與創新學術研討會」，取其治學名言「秉筆直書、治史最樂」二句精華為研討會主題。雖然籌備時間稍顯匆促，且已至各校期末，但參與師長、貴賓與學生仍熱情不減，不辭路途之遙，前來共襄盛舉。其中除受教學生踴躍為文獻稿外，更獲得許多師長的情義相挺，如與賴澤涵同任職於中央研究院三民主義研究所，今為長庚大學醫務管理學系的陳寬政教授，即特地前來擔任賴澤涵教授專題演講的引言人，述其過往的合作計畫與情誼，令人感動。另國立臺灣師範大學吳文星榮譽教授、國內知名學者尹章義教授與同任職於中央研究院三民主義研究所，今為人文社會科學研究中心兼任研究員的劉石吉教授，則分別擔任三個場次的主持。至於與談人，除國立中央大學歷史研究所所有師長，如齊茂吉教授、吳學明教授、王力堅教授、吳振漢教授、李力庸教授、蔣竹山教授等，為表崇高敬意，各依其專業學養分別擔任各場次的與談人外，大會還特就各相關論文主題，分別邀請國內專家學者，如中央研究院近代史研究所特聘研究員康豹教授、國立臺灣師範大學體育學系林玫君教授、國立東華大學歷史學系陳鴻圖教授及國史館纂修歐素瑛教授等，一起共襄盛舉，擔任與談嘉賓。

本回研討會發表的論文計有十篇，分別為弘光科技大學文化創意產業系王靜儀教授所撰之〈新國會的形塑：從軟性威權時期到總統直選後的立法院長劉松藩（1992-1999）〉、國立臺北教育大學臺灣文化研究所蘇瑞鏘教授所撰的〈戰後臺灣在野菁英對選舉弊端的指控與因應（1954-1960）〉、國立暨南大學歷史學系邱正略教授所撰寫的〈鬮書當中的特別約定〉、國立政治大學雷震研究中心專任助理鄭巧君博士的〈戰後海外版宣傳影片的中華民國形象（1950-1971）〉、國立成功大學歷史學系王和安博士所撰的〈新竹州移民的

信仰傳布：以高雄地區之義民信仰為例〉、國立中央大學歷史研究所碩士陳
學林先生所撰的〈從蔣中正日記看國府 1950 年轉危為安的過程與因應〉及
個人所撰寫的〈近代臺灣初等教育中的國語讀本編寫〉。另有北京中國社會
科學院近代史研究所副研究員程朝云教授所撰之〈戰後中美農業合作：從
中美農業技術合作團到農復會〉、高雄市立歷史博物館研究部企劃專員莊
建華博士所撰的〈戰後 1946 年的臺灣接收及其問題：以交通為中心的討
論〉與國立政治大學臺灣史研究所陳家豪教授所撰之〈歷史 GIS 與交通史
的相遇：大溪對外交通發展與大溪橋（1903-1934）〉等三篇論著，後因故
無法收入，故收入者原僅為此回會議論文中的七篇。其後，國立中央大學
歷史研究吳學明教授為彰顯賴澤涵教授亦師亦友的情誼，遂特地撰寫〈清
末北臺灣民間安全體系的建構〉一文以表敬意，另陳家豪教授亦重新整理
編寫出史料介紹與研究展望論著，即〈日治時期臺灣企業文書與企業史研
究〉一文以茲祝賀，故此祝壽論文集仍收錄有九篇文論。

　　收錄於本祝壽論文集中的九篇論文，大致可粗分為四類主題，即「清代
臺灣的契約文書與社會」、「日治臺灣的教育與信仰」、「戰後臺灣的宣傳、政
治與選舉」與「史料介紹與研究展望」。首先在「清代臺灣的契約文書與社
會」此一主題中，計收錄二篇文章，首篇由邱正略教授所撰寫的〈鬮書內容
的常規與特例〉，就清代臺灣民間分家產時所訂定的財產分配明細及相關約
定的私文書，即所謂鬮書，就其內容分類，當中如長孫份的預留、屯銀租稅
的分攤方式、債務的分擔方式等，多屬鬮書中常見的約定成俗內容。至於屬
特例者，如為尚未娶妻者預留娶婦之資、引水灌溉事宜、水租如何分攤、倒
房的祭祀工作責任如何安排、為家中婢僕考量安排份額、不得以鬮書擅行向
人胎借、對店舖字號使用的限制等，則內容可謂五花八門。鬮書內容的常規
與特例正展現出先民在進行財產公平分配時的各種用心考量。

　　次篇由吳學明教授所撰寫〈清末北臺灣民間安全體系的建構〉，則利用
契約、方志、文集等資料，論述清末北臺灣民間社會在面對移墾環境中的
水資源遭被壞、茶與樟腦等產業利益被侵占、原住民反抗、械鬥和外患等
生存威脅時，如何主動建立自發性規約或由官憲發動聯庄規約以穩定社會

秩序，維持共同利益。

其次，在「日治臺灣的教育與信仰」此一主題中，首篇由鄭政誠教授所撰寫的〈近代臺灣初等教育中的國語讀本編寫與內容分析〉中，以日治時期公學校與蕃童教育所學童所使用的國語讀本為素材，提出日人為強化日本帝國對殖民地臺灣的有效作為，並獲取臺人對日本歷史文化與統治的認同，遂以教科書宣揚其治臺理念，揭櫫日本化、近代化、城市化與農業化為四大書寫標的，呈現日治時期臺灣總督府的殖民統治內涵。次篇由王和安博士所撰寫的〈新竹州移民的信仰傳布：以高雄地區之義民信仰為例〉，則透過報紙、方志、時人著述與實地田野調查，以高雄市三座義民廟，即位於三民區之高雄褒忠義民廟、旗山區之旗美褒忠義民廟與甲仙區之甲仙褒忠義民廟為例，闡述日治時期原在新竹新埔枋寮的客家移民信仰，在分香至高雄地區後，如何因國家、地方社會及經濟發展，使該義民信仰呈現出具地方特色之內容。

再則，在「戰後臺灣的宣傳、政治與選舉」此一主題，共收錄有四篇文章。首篇為陳學林碩士所撰的〈從蔣中正日記看國府 1950 年轉危為安的過程與因應〉，透過對《蔣中正先生年譜長篇》的解讀分析，實證論述蔣中正在 1950 年的關鍵年代，從引退到視事、海南島與舟山群島的大規模撤軍及韓戰爆發後對美國對華政策的好惡等，以其日記書寫點出蔣中正的態度、策略、反省、想法與作為。至於次篇由鄭巧君博士所撰寫的〈戰後海外版宣傳影片的中華民國形象（1950-1971）〉，則以「臺灣省政府新聞處電影製片廠」在 1950 至 1971 年間所拍攝的紀錄片與新聞影片為分析素材，發現此種在國共對立時期的海外宣傳影片，一則強調唯有中華民國才能代表中華文化、是正統中國的意涵；另方面則透過臺灣島內的工程建設、十月節慶活動、閱兵典禮等，揭示中華民國的「自由」與「進步」，並強化其必反共復國、光復大陸的決心，以此宣傳與形塑中華民國的樣貌。第三篇由蘇瑞鏘教授所撰的〈1950、60 年代臺灣在野菁英對地方選舉弊端的批評與因應〉，則指出 1950、60 年代臺灣定期舉行的地方選舉，形式上雖有一定的民主意義，然實際運作過程卻常受詬病，在選風逐漸敗壞下，出現買

票、作票、公務人員違法介入、一人競選、選監體制等諸多弊端。不少在野政治菁英常批評選舉弊端，甚至透過議會、司法、媒體、集會、結社等各種途徑進行抗爭，政府當局雖標榜臺灣是「自由中國」，唯對各種改革建議的接納、實施程度卻相當有限。至於末篇王靜儀教授所撰的〈新國會的形塑：從軟性威權時期到總統直選後的立法院長劉松藩（1992-1999）〉，則以前立法院院長劉松藩為個案分析，透過報紙、國會議事錄、相關人士的訪談，論述劉松藩在擔任立法院正副院長期間所通過的重要法案，尤其是任內通過的「國會五法」，可謂有效提升立法院的議事效率與改進問政品質，對立法院及國會政治影響深遠。

最後在「史料介紹與研究展望」類別中，陳家豪教授的〈日治時期臺灣企業史料與企業史研究〉，則指出日治臺灣是正式且大規模學習與運用現代公司制度的關鍵年代，個人合夥商號的「現代化」管理亦首見於此時，且因日治時期留下類型豐富、數量眾多的企業文書，對於臺人資本如何進入現代公司制度，如何靈活適應新制度與吸收新經營知識，最終匯流成 1950 年代中小企業興起的潮流，是值得期待的企業史研究議題。

除九篇論著外，本祝壽論文集最後尚附有賴澤涵教授的生平自述、客家學院創立原委、學經簡歷、學術著作與指導過的碩博士論著一覽，供讀者參閱，期能彰顯賴澤涵教授的學術生涯、學術能量與其授業子弟的學術專攻，並寓傳承創新之意。

本祝壽論文集得以順利出刊，首先須特別感謝各執筆教師作者不忘師恩，不計辛勞與酬勞，奮筆疾書與修訂校對，方得有此豐富的學術知識與內容。此外，國立中央大學歷史研究所的行政專員與助理們，如吳喬恩小姐、邱郁秀小姐及碩士班研究生吳明珉小姐、程安鯖先生、陳偉汛先生、劉宇霖先生、呂承叡先生等，皆為此祝壽論文集提供十分必要的行政協助、聯繫與初排、校對等，方使此論文集得以更快速出刊，在此亦深表謝忱。最後，秀威資訊科技股份有限公司不計此等學術論著商業效益不高，仍接下本論文集的美編、出版與行銷等事宜，盡心盡力排版校刊，尤其是編輯部的鄭伊庭經理與副主任編輯杜國維先生，從初始的接洽、聯繫與後續的出版工作等

多賴其底定，亦衷心感謝。值此祝壽論文集出版之際，特聊贅數語，是為
誌言。

國立中央大學歷史研究所教授
鄭政誠謹誌於 2020 年清明

# 第一輯 ｜ 清代臺灣的契約文書與社會

# 鬮書內容的常規與特例

邱正略[*]

## 摘要

　　鬮書主要是指分家產時所訂定的財產分配明細及相關約定的私文書。每份鬮書都是個案，有的鬮書極為簡要，有的十分複雜，雖然多數鬮書頗為類似，也有差異頗大的特例，無法一概而論。常見的財產鬮分習俗，首先是如何設法以公平的方式來完成分家手續，其次是有關如何奉養、照顧長輩，以及百日後喪葬事宜的安排，還有為蒸嘗祭祀費用預做考量的「存公財產」管理問題等。

　　鬮書當中所列的批明如長孫份的預留、屯銀租稅分攤方式、債務分攤方式等，也都屬於鬮書中常見的約定成俗，至於比較屬於特例的一些約定，諸如為尚未娶妻者預留娶婦之資、引水灌溉事宜、水租如何分攤、對於倒房的祭祀工作責任安排、為家中婢僕考量安排份額、不得以鬮書擅行向人胎借、店舖字號使用限制等，內容五花八門，同樣展現出先民進行公平分配財產時的各種用心考量，盡力設想周到，以期避免日後滋生不必要的爭端。本文嘗

---

[*] 朝陽科技大學通識教育中心兼任副教授、暨南國際大學歷史學系兼任副教授、臺灣古文書學會秘書長。

試透過有限的鬮書整理歸納，探討民間對於財產分配的一些成俗與特例，藉此指出民間分家過程中的考量及用意。

關鍵詞：古文書、鬮書、祭祀公業、長孫份、源春號

## 一、前言

　　鬮書主要是指分家產時所訂定的財產分配明細及相關約定的私文書。透過鬮書不僅能夠看到家族的規模、財富累積情形、土地及事業經營狀況等，也可以了解傳統社會的分家習慣等運作機制。[1]

　　鬮書由於是以拈鬮方式分配財產所訂立的契約書，因此，大多數的鬮書在開頭的名稱上都少不了「鬮」字，很容易辨識，但有些契字如「財產配管合約字」、「分付管囑書約字」、「分給產業字」、「立分業守管字」等雖沒有「鬮」字，其內容也可以判別出來是為了分財產而訂定的契約，也屬於鬮書，所以不能僅以名稱中是否有「鬮」字做為界定「鬮書」的唯一標準。[2]

　　雖然大部份的鬮書都是屬於親族、兄弟為了分配家產而訂立的，但也有一些例外，例如眾人合資購置的產業要分割時，合夥人間也會訂立鬮書，例如1788年（乾隆53年）戴諒、戴連、謝瑞、陳仕等人所訂立的「合同鬮書」以分配先前合資購買的園埔。[3]本文所引用的鬮書僅限於分家產所訂立的鬮書。

　　依劉澤民的研究，從形式上來看，鬮書內容架構主要有三部份。即第一部份包括契約名稱、立契人、立鬮書原因、分家原則、拈鬮方式、對分家後的期許等。第二部份為財產分配具體內容（包含各項補充說明的「批明」）。第三部分包括立契人、見證人簽名及訂立時間等。[4]王志宇認為鬮書的內容大體不脫離家族發展及現況、分家理由、祭祀與奉養及長孫份的留存、財產分配方式、對子孫的期望、分家各鬮的內容敘述等6大類。[5]

---

[1] 李朝凱，〈清代臺灣女性的家庭地位－以女性立鬮書為探討核心〉，《第四屆臺灣古文書與歷史研究學術研討會論文集》（臺中：逢甲大學出版社，2010），頁184-185。

[2] 綠湖客，〈漫談臺灣鬮書的「鬮號」〉，《臺灣古文書學會會訊》，第3期（南投：臺灣古文書學會，2008.10），頁60。

[3] 陳水木、潘英海，《道卡斯後壠社群古文書輯》（苗栗：苗栗縣文化局，2002），頁298-301。

[4] 綠湖客，〈漫談臺灣鬮書的「鬮號」〉，頁60。

[5] 王志宇，〈從臺灣鬮書用語看國家權力與庶民文化的關係－以THDL資料庫為中心〉，《臺灣古文書學會會刊》，第6期（南投：臺灣古文書學會，2010.04），頁7-16。

　　有關鬮書的研究論文已經不少，陳哲三的〈從鬮書看清代草屯的社會經濟〉一文，運用草屯地區的鬮書，不僅深入探討草屯地方經濟型態，也呈現鬮書中的社會形態，是以鬮書做為地方史研究的領頭羊之作。[6]劉澤民的〈漫談臺灣鬮書的「鬮號」〉一文，透過極為豐富的鬮書數量整理分類出 168 組鬮號，呈現鬮書中諸如「天地人」、「孝悌忠信」、「元亨利貞吉」……等常見的各類鬮份字號用詞，並分別說明這些常見鬮號的出處與意義，指出臺灣常見的鬮號大致可分為道德規範、主觀期望、常用的字詞等三類。[7]王志宇的〈從臺灣鬮書用語看國家權力與庶民文化的關係－以 THDL 資料庫為中心〉一文，透過鬮書的內容，探討國家權力和庶民文化之間的關連，指出蒙書及日用類書的流通代表了象徵國家權力的上層文化，透過鬮書的書寫、流通，對於民間社會的庶民文化產生轉化與影響。[8]〈臺灣鬮書中的民俗信仰及其文化意涵〉一文，則是以臺灣的鬮書為例，討論分家鬮書中常見的公祀、禱神祭祖及土窖墳墓等相關問題。[9]涂豐恩的〈張公藝九世不分家－談臺灣分家鬮書中的修辭〉一文，指出鬮書當中雖然強調「張公九世同居」的美談，卻又採取另一種角度來表明難逃分家的命運，以正當化分家的口實。[10]吳憶雯的〈新竹峨眉地區鬮書書寫格式之分析（1861-1911）〉一文，以臺灣總督府檔案抄錄契約文書中有關新竹峨眉地區 56 件鬮書的定義與名稱，歸納鬮書的命名規則與特色，並與另 2 篇學者的相關研究論文進行比較鬮書格式的異同。[11]〈淺談清代臺灣鬮書作為文獻史料的價值〉一文肯定並強調鬮書對

6　陳哲三，〈從鬮書看清代草屯的社會經濟〉，《逢甲人文社會學報》，第 9 期（臺中：逢甲大學人文社會學院，2004.12），頁 61-89。

7　綠湖客，〈漫談臺灣鬮書的「鬮號」〉，頁 60-85。綠湖客為本文作者劉澤民發表時用的筆名。

8　王志宇，〈從臺灣鬮書用語看國家權力與庶民文化的關係－以 THDL 資料庫為中心〉，頁 7-16。

9　王志宇，〈臺灣鬮書中的民俗信仰及其文化意涵〉，《第四屆臺灣古文書與歷史研究學術研討會論文集》（臺中：逢甲大學出版社，2010），頁 107-142。

10　涂豐恩，〈張公藝九世不分家－談臺灣分家鬮書中的修辭〉，《臺灣古文書學會會刊》，第 7 期（南投：臺灣古文書學會，2010.10），頁 11-20。

11　吳憶雯，〈新竹峨眉地區鬮書書寫格式之分析（1861-1911）〉，《臺灣古文書學會會刊》，第 8 期（南投：臺灣古文書學會，2011.04），頁 37-54。

於研究家族的分家與繼承問題是很重要的一手史料。[12]李朝凱的〈清代臺灣女性的家庭地位－以女性立鬮書為探討核心〉一文，從女性的視野，藉由女性與母舅在鬮書中的角色地位，強調民間對於家庭親屬關係的重視，指出年長女性主持分家時，有時會將部份夫家財產給本家作為公媽煙祀之資，女性在本家與夫家之間扮演著連結作用的角色。[13]這些研究鬮書的相關論文，或從撰寫格式、用詞著眼，或就內容探討地方經濟發展、宗教民俗面向，已經呈現出鬮書在格式上及性質上多元面貌的研究成果。

　　本文以附表1所列鬮書，簡要探討鬮書當中常見的內容，也探討鬮書當中除了基本的財產分配事宜之外，還有哪些特別的約定。史料運用方面，由於目前已出版的古文書專輯及資料庫當中所收錄的古文書非常多，史料參引難以面面俱到。因時間與篇幅的限制，本文僅以《屏東縣客家文物館書契研究成果專輯》、《道卡斯後壠社群古文書輯》、《笨港古文書選輯》、《楊雲萍藏臺灣古文書》、《李景暘藏臺灣古文書》等書當中的部份鬮書為探討依據，難以兼顧鬮書產出的時間與空間的分布平衡。筆者僅就所見有限的鬮書，初步提出一些鬮書內容的常規與特例，其他未論及的鬮書肯定仍有許多特別或重要之處待繼續探索研究。

## 二、鬮書常見的內容與約定

### （一）分家理由

　　傳統社會講求孝道，兄弟同居合爨，共同扶養父母本是符合盡孝理念的一種生活方式，但現實往往不能如願。雖然不得已必須走上分家之途，鬮書

<hr>

[12] 吳憶雯，〈淺談清代臺灣鬮書作為文獻史料的價值〉，《中正歷史學刊》，第8期（南投：臺灣古文書學會，2018.12），頁73-98。
[13] 李朝凱，〈清代臺灣女性的家庭地位－以女性立鬮書為探討核心〉，《第四屆臺灣古文書與歷史研究學術研討會論文集》，頁143-194。

中還是不忘先肯定一下同居合爨是令人稱羨的，例如鬮書中常見的「竊思張公九世不分居，陳氏八百口共飧」[14]、「九世同居往古之風可慕，而三分荊樹自昔之人尚然」、[15]「韓公兄弟同居至於沒齒」、「范氏七世共財，家無怨色」。[16]

兄弟談到分家時，總得提出「不得已」分家的理由或藉口。例如1822年（道光2年）「合同字」就先述明：「兄弟竊思父母養育以來，百年共守炊爨者，無忝於二人之願，實無愧於並肩之稱。」然後就提出「獨是人口蕃衍，居家百忍，……，分之有道也」的不得已要分家的原因。[17]也有鬮書明確點出「合久必分，古今同概」的趨勢，[18]因此遵照遺囑進行分家。例如1883年（光緒9年）的「全立遵遺命分爨券字」開頭即明言：「竊維人窮反本，遺囑者多示善言，而合久必分，立券者宜遵往訓，故欲求妥於將來，要必立命乎厥始，此治家之要道，誠善後之良規也」。[19]或者是「欲全手足之和氣，必先杜爭競之澆風」[20]之類的理由，因而進行田產鬮分。

## （二）鬮分方法

鬮書的訂定，有的是找來族人長輩當公親，抽籤決定，更慎重的會「擇吉告祖，立鬮拈定」[21]、「就於祖考妣神位前拈鬮為定」，[22]也有「對神拈鬮為定」[23]、

---

[14] 馮清春編，《屏東縣客家文物館書契研究成果專輯》（屏東：屏東縣政府，2014），頁40。

[15] 陳水木、潘英海，《道卡斯後壟社群古文書輯》，頁320-321。引自隋朝田真、田慶、田廣三兄弟分家時擬砍荊樹而獲啟示的故事。

[16] 張炎憲、曾品滄主編，《楊雲萍藏臺灣古文書》（臺北：國史館，2003），頁186-187。

[17] 馮清春編輯，《屏東縣客家文物館書契研究成果專輯》，頁39。

[18] 薛月順執行編輯，《笨港古文書選輯》（臺北：國史館，2001），頁312-315。

[19] 薛月順執行編輯，《笨港古文書選輯》，頁308-311。

[20] 林正慧、曾品滄，《李景暘藏臺灣古文書》（臺北：國史館，2008），頁24-25。

[21] 張炎憲、曾品滄主編，《楊雲萍藏臺灣古文書》，頁70-71。

[22] 張炎憲、曾品滄主編，《楊雲萍藏臺灣古文書》，頁406-409。

[23] 張炎憲、曾品滄主編，《楊雲萍藏臺灣古文書》，頁280-281。

「禱神拈鬮為定」，[24]或者「告祖、禱神拈鬮為定」。[25]由於漢移民通常會把從原鄉帶來的神明供奉於正廳，正廳中祖先與神明並存。因此，除非是在宗祠裏拈鬮，如果是在家中正廳，不管是在祖先牌位前，或者是神明面前，都是一樣的意思。[26]從「在場公親的公正品搭財產」、「對神拈鬮為定」、「書寫鬮份」的鬮書訂定步驟，可以看出運用對祖先、祀神禱念的宗教儀式來強化財產鬮分的公平性，是程序上最大的特色。[27]

要公平鬮分財產是不容易的事，通常由長輩、公親作主，先儘量分配平均，再以拈鬮決定，田地可以分割，器物可以分配，若遇到像商行店舖不易分割，又價值太高，也會採取先估算財產價值，推知每房可以獲得的財產價值金額，待拈鬮之後，彼此再以貼補差額的方式處理。這種例子相對較少見，以嘉慶 9 年（1804 年）鹿港的一份鬮書為例，四份當中僅一份的份額恰當，一份為「鹿港祖店源春字號」估價頗高，另二份則是份額不足，於是約定好，由拈得「鹿港祖店源春字號」的三房，分年逐步補還長房、次房不足的差額。[28]

## （三）長孫份

有關長孫份的保留，例如前面提到的 1784 年（乾隆 49 年）臺北八芝蘭一份鬮書當中即約定「將所有田業物件抽出蒸嘗、長孫田踏外，別作仁義禮智信五字拈鬮個照鬮管業」。[29] 1869 年（同治 8 年）的「全立鬮分合約字」也於契約開頭即言明「爰將所承祖父遺管之業先抽起小租粟叁石正付長孫收掌，其餘家器財產等物俱各配搭明白，照份均分」。[30]也有將田業鬮分之後，再由非長房者付給長房「長孫之資」，例如 1851 年（咸豐元年）

24 張炎憲、曾品滄主編，《楊雲萍藏臺灣古文書》，頁 288-289。
25 林正慧、曾品滄，《李景暘藏臺灣古文書》，頁 50-51。
26 王志宇，〈臺灣鬮書中的民俗信仰及其文化意涵〉，頁 107-108。
27 綠湖客，〈漫談臺灣鬮書的「鬮號」〉，頁 60。
28 張炎憲、曾品滄主編，《楊雲萍藏臺灣古文書》，頁 316-319。
29 張炎憲、曾品滄主編，《楊雲萍藏臺灣古文書》，頁 34-35。
30 林正慧、曾品滄，《李景暘藏臺灣古文書》，頁 300-301。

的「仝立分業鬮約字」當中即有「參房出得佛銀捌員付長房為長孫之資」的批明。[31]

由於長孫份屬於特別留給長孫的一部份財產，通常較其他以鬮分拈得的財產為少，以 1804 年（嘉慶 9 年）鹿港的一份鬮書為例，四房依估算可分別得到一千大員，長孫份則僅有兩百大員。[32]

## （四）留存公用的考量及做法

鬮書的目的是以拈鬮的方式公平地分配財產，但鬮書當中也常見有特別約定一些留為公用、不在鬮分之列的田產、租稅，例如「一批明，其石末坪并井水壹座、又廳堂一間、前面茅店一間，俱係兄弟為公用。」[33]除此之外，有的鬮書也約定一些與孝親、敬祖有關的事項，透過這些約定事項的探討，有助於了解民間習俗於分家時所表達的孝道闡揚及重視祖先祭祀傳統。

有的鬮書會在鬮分前先預留奉養父母或其他長輩的田地、租穀，或者明訂小孩要提供「零用錢」。有的鬮書也會約定父母百日後葬祭費用如何支應。

由於祭祀是宗族發展的必要條件，分家鬮書中常把有關公祀的記載放在首位。[34]劉澤民於研究中已指出，鬮書中通常會先將部份田業預留下來，作為蒸嘗祀田，也就是祭祀公業，然後才按兒子數額公平攤分成鬮份。[35]

常見的財產鬮分方式主要有三種，一是將財產先分為數份拈鬮，二是除了鬮分的財產之外還另留一部份做為父母親養贍之資（有時也包含祭祀之費），等到父母百歲之後再兄弟均分，三是除了鬮分的財產之外還保留一部份做為公用。

---

31 張炎憲、曾品滄主編，《楊雲萍藏臺灣古文書》，頁 186-187。
32 張炎憲、曾品滄主編，《楊雲萍藏臺灣古文書》，頁 316-319。
33 馮清春編，《屏東縣客家文物館書契研究成果專輯》，頁 40。
34 王志宇，〈臺灣鬮書中的民俗信仰及其文化意涵〉，頁 107-108。
35 綠湖客，〈漫談臺灣鬮書的「鬮號」〉，頁 60。

## （五）留存為公的用途

　　鬮書當中將部份財產留為公用，主要用途除了不易鬮分（例如廳堂、水井）之外，多留做為父母養贍之資、父母葬費、祭祀忌辰等方面用途。以 1858 年（咸豐 8 年）的「仝立鬮書」為例，即約定「大庄後園一段逐年園稅做公，抽出陸大元以為忌辰、祭祀油香資費，餘剩存為葬親等費。」[36] 1870 年（同治 9 年）的「仝立鬮書分約字」當中就有「春長銀項」的約定，內容載明：「兄弟經力春長銀項陸拾柒大員，房親相議將此銀項踏為公存，在母親百歲之日開費應用。」[37]也就是鬮分之前直接先留下六十七大員存公，做為春長銀項，避免日後兄弟因母親的喪葬費用如何分攤傷腦筋。1831 年（道光 11 年）的「仝立鬮書」也有「……計共銀叄百貳拾員以為公業，每年收息交值年之人以祀祖先」的約定。[38]

　　有的財產於鬮分前先抽起做為公用，目的就是確保宗祠的產業不會被賣掉，還有年節祭祖之費不會短缺。1899 年（明治 32 年）的「仝立鬮分合約字」即有「抽起公業承買高有哲、才等正廳壹宮，以奉祖先神位，及菜園壹所……，計共係是存公祭祀，各房逐年輪流，自始至終，週而復始，不得推諉」的批明。[39]有的鬮書也會明白約定，留為公業的厝宅廳房不得出租給外人，例如 1870 年（同治 9 年）的「仝立鬮書」當中即載明「厝宅廳身護廊……係俱是五房公業連枝同居，日後子孫興盛欲覓他處居住，不得出稅他人，永遠為照」。[40]

　　這些留存為公的財產，也會約定由特定人掌管，例如 1831 年（道光 11 年）的「仝立鬮書」即約定「公銀叄百貳拾員交長房執掌，每年收息□□□□拾陸員，以為蒸嘗之費及期應用值年之人向長房取□除外，或有餘剩利息，登賬炳據，仍交長房生放」。[41]或者是約定兄弟輪流管理，例如咸豐 8 年（1858）的

---

36　陳水木、潘英海，《道卡斯後壟社群古文書輯》，頁 320-321。

37　張炎憲、曾品滄編，《楊雲萍藏臺灣古文書》，頁 64-65。

38　張炎憲、曾品滄編，《楊雲萍藏臺灣古文書》，頁 320-321。

39　張炎憲、曾品滄編，《楊雲萍藏臺灣古文書》，頁 406-409。

40　張炎憲、曾品滄編，《楊雲萍藏臺灣古文書》，頁 280-281。

41　張炎憲、曾品滄編，《楊雲萍藏臺灣古文書》，頁 320-321。

「仝立鬮書」便約定「……等項未分，俱留存為公，其父母葬費、祭祀、忌辰另踏田業，兄弟依次輪流直當，永為定例。」有些留為公業的部份即明定做為祭祀公業，由兄弟按年輪收值辦祭祀。[42]也有以公業做為年節祭禮及祭祀神明的費用，例如1870年（同治9年）的「仝立鬮書」當中即載明「其公業抽在門口水田四坵，以為歷年祭祀祖先及神節資費，共議以作公費」。[43]

　　這些留存為公業的財產，如果是出租他人收租金者，也會為了避免日後產生欲調漲租金或承租者欠繳租金等糾份情形，於鬮書當中明定原則及處理方式。以1804年（嘉慶9年）鹿港的一份鬮書為例，即有「鹿港祖遺瓦店壹座肆進仍公業，稅與秉道開張源春香店、居住，議無壓地，每年應納稅銀壹佰陸拾大員，……，撥出佛銀伍大員交秉道為歷年收理之費，其店倘被風雨損壞，應就四股公鳩起蓋，若無短欠店稅，不得別稅他人，亦不得加增店稅，如有短欠店稅，任從三股轉稅他人」的批明。[44]

　　留為公用的田產，由各房輪流掌管的話，也會產生某一房掌管時可能將公業拿去胎借銀錢使用的疑慮，因此，有些鬮書當中也會明訂公業不可以胎借的條文，例如上述提到1804年鹿港的一份鬮書當中，即有「鹿港源春店契係交母親收掌，若母親百歲後，將此店契交值禮之人收藏，不得將契私借私典」的批明。[45]

## 三、鬮書中的約定特例

### （一）引水約定

　　田地耕作需要水利灌溉，將一塊田地分割為多筆鬮份，引水時需經過其

---

[42]　薛月順執行編輯，《笨港古文書選輯》，頁312-315。
[43]　張炎憲、曾品滄編，《楊雲萍藏臺灣古文書》，頁280-281。
[44]　張炎憲、曾品滄編，《楊雲萍藏臺灣古文書》，頁316-319。
[45]　張炎憲、曾品滄編，《楊雲萍藏臺灣古文書》，頁316-319。

他人的田，也要約定確保「引水到田，通流灌溉，不得互相截塞」、[46]「其水路上接下流通行灌溉或是築圳，不論誰房分得，界內各從听其經過，不得異言生端等情」，[47]並且約定水租要「各房帶錢糧就田底租額均分」、[48]「其田帶食頂圳水源按作拾分，東畔配食陸分，西畔配食肆分，不得爭競」，[49]或者是約定「埤梘水費銀每份交掌管養贍業之人逐季收領清還」。[50]如果是陂溏灌溉，該田地分割出一塊為存公田，也要確保存公田能夠引流灌溉。例如 1900 年（明治 33 年）的「分鬮各管字」最後即加一則「天旱不雨，此鬮田中有水，宜放下蒸嘗田灌蔭，方不致田禾失收」的批明。[51]

## （二）書田等特留份額

　　有的鬮書會為特定人保留一個定額的「書田」，例如 1891 年（光緒 17 年）「仝立分業鬮書」當中就約定有「契面銀一百元給采修（三位鬮分者之一）為書田外，餘作三份均分。」[52]有的鬮書對於倒房的祭祀工作也有安排，例如 1873 年（同治 12 年）的「仝立鬮書字」當中便有「山腳田抽貳份與長房姪祭祀倒房香煙」的約定。[53]有的鬮書也會為家中婢僕考量安排的份額，例如 1891 年（光緒 17 年）「仝立分業鬮書」當中就有「契面銀肆百元為持齋婢芙蓉養贍外，餘悉作祭祀公業。」、「加義城北門內黃長店一座契面銀貳百三元為持齋婢芙蓉居住及為養贍。」等約定。[54]

---

[46] 張炎憲、曾品滄編，《楊雲萍藏臺灣古文書》，頁 406-409。

[47] 林正慧、曾品滄，《李景暘藏臺灣古文書》，頁 300-301。

[48] 張炎憲、曾品滄，《楊雲萍藏臺灣古文書》，頁 406-409。

[49] 林正慧、曾品滄，《李景暘藏臺灣古文書》，頁 50-51。

[50] 林正慧、曾品滄，《李景暘藏臺灣古文書》，頁 24-25。

[51] 劉澤民編著，《關西坪林范家古文書集》（南投：國史館臺灣文獻館，2003），頁 218-219。

[52] 薛月順執行編輯，《笨港古文書選輯》，頁 312-315。

[53] 張炎憲、曾品滄，《楊雲萍藏臺灣古文書》，頁 288-289。從這份鬮書可推知該家族應有六房，僅長房、四房、六房鬮分，表示二房、三房、五房已經倒房。

[54] 薛月順執行編輯，《笨港古文書選輯》，頁 312-315。「加義」即指「嘉義」。

## （三）負債分攤

　　圖書雖然是「分配財產」，也要分配應納屯銀、租穀多寡，例如 1869 年（同治 8 年）的「仝立鬮分合約字」當中即約定每人應納屯銀的份額。[55]有時也連帶包括「分攤債務」，因此，少數的圖書也會載明原有債務要如何分攤，例如 1857 年（咸豐 7 年）的「為男立鬮分折爨字」即有「明借欠他人賬項共三百五十四元，長、四兩房各分一百七十七元前去償還，不得推諉」的批明。[56] 1876 年（光緒 2 年）的「鬮書」當中即加一批明：「該業鬮書帶借他人債項，遞年利息穀，汝等二人務宜對半均納，日後若要取贖，其項自當均出。」[57] 1844 年（道光 24 年）的「仝立鬮約字」即批明「借鄭民哥銀壹佰元、薛興叔銀叁拾元，年利息粟作四份均納抵還」。[58]

## （四）商業行號使用限制

　　財產分配，除了有形的動產、不動產之外，有時也包括類似「商標權」歸屬的約定。時事新聞中常見報導某老字號店家，親友陸續開設相同名稱的門市，有的還加註「老」、「正」、「大房」、「創始店」等字樣互別苗頭，彰顯正統性。前面提過 1804 年（嘉慶 9 年）鹿港的一份圖書，最重要的財產為源春號香店，圖書的最末一條也列「鹿港源春號秉道（即三房）所拈，不得以此字號往彰開張，彰化源春號秉述（即四房）所拈，不得此字號來鹿開張，其餘別處俱各聽從其便，至長、次兩房，無論彰、鹿，均不得再開源春字號」的批明。[59]二十七年後，1831 年（道光 11 年）四房秉述之子再立鬮書分家時，由長房宗沛拈得源春字號，也在鬮書中明列「源春、萬春（後來

---

55　林正慧、曾品滄，《李景暘藏臺灣古文書》，頁 300-301。
56　張炎憲、曾品滄，《楊雲萍藏臺灣古文書》，頁 328-329。由於二、三房早殁，四兄弟僅長、四房鬮分家產，因此由長、四房負責分攤債務各半償還。
57　張炎憲、曾品滄，《楊雲萍藏臺灣古文書》，頁 70-71。
58　林正慧、曾品滄，《李景暘藏臺灣古文書》，頁 92-93。
59　張炎憲、曾品滄，《楊雲萍藏臺灣古文書》，頁 316-319。

在鹿港開立的香店名稱）係長房所拈，如次、叁兩房欲別開香店字號，不得
混同隻字，他號聽從其便」的批明。[60]

## （五）預防條款

為避免有人以鬮書為憑據，向他人借款，有的鬮書也會在最末增列一則
不得向人胎借銀錢的聲明。例如 1870 年（同治 9 年）的「全立鬮書」最末
就明示「一批明，此係頂五房之大鬮書，所有各房派下再立鬮分田產物業概不
由此而來，務宜珍藏存照。不論何房執掌，不得將此擅行向人胎借等款。」[61]

## 四、結語

促使鬮書的訂定，通常是因應現實生活需求及親屬互動所產生的動因所
致。鬮書的內容不僅僅是要妥善分配家產，也具有落實家庭倫理道德層面的
意涵。簡言之，鬮書的內容兼顧家庭的理想面與現實面。

每份鬮書都是個案，有的鬮書極為簡要，有的十分複雜，雖然多數鬮書
頗為類似，也有差異頗大的特例，無法一概而論。概觀這些鬮書的訂立原因，
有的是父母為了避免日後兄弟因家產而不睦，預先為兄弟主持分家事宜，有
的是由兄弟提出分家要求，奉母命進行分家。多數的鬮書皆能順利鬮分財產，
極少數遇到財產價值高又不易分割者，也會變通地採取先估算財產價值，推
知每房可以獲得的財產價值金額，待拈鬮之後再以貼補差額的方式處理。

本文透過鬮書當中常見的約定內容及一些特別約定事項，探討民間對於
財產分配的常規與特例，藉以了解分家過程中的一些考量及用意。鬮書當中
有時會約定一些屬於「存公」的財產、租稅，這些財產或做為奉養長輩之資，

---

[60] 張炎憲、曾品滄，《楊雲萍藏臺灣古文書》，頁 320-321。
[61] 陳水木、潘英海，《道卡斯後瓏社群古文書輯》，頁 336-339。頁 338 第 2 行誤將
「大鬮書」譯為「大鬮盡」。

或做為祭祀祖先之費，或者是為了確保大家可以共享資源而預作保留。鬮書當中也常見為長孫留下一份「長孫份」的考量，還有為尚未娶妻者預留「娶婦之資」。有的鬮書也會預留奉養父母或其他長輩的田地、租穀，或者約定父母百日後葬祭費用如何支應。鬮書當中所列的批明，舉凡引水灌溉事宜、水租如何分攤、對於倒房的祭祀工作責任安排、為家中婢僕考量安排份額、不得以鬮書擅行向人胎借、屯銀租稅分攤方式、債務分擔方式、店舖字號使用限制等，內容五花八門，展現出先民如何公平分配財產之外的各種用心考量，盡力設想周到，以期日後無患。

# 徵引書目

## 一、專書

林正慧、曾品滄，《李景暘藏臺灣古文書》（臺北：國史館，2008）。

陳水木、潘英海，《道卡斯後壠社群古文書輯》（苗栗：苗栗縣文化局，2002）。

張炎憲、曾品滄主編，《楊雲萍藏臺灣古文書》（臺北：國史館，2003）。

薛月順執行編輯，《笨港古文書選輯》（臺北：國史館，2001）。

劉澤民編著，《關西坪林范家古文書集》（南投：國史館臺灣文獻館，2003）。

馮清春編輯，《屏東縣客家文物館書契研究成果專輯》（屏東：屏東縣政府，2014）。

## 二、期刊論文

王志宇，〈從臺灣鬮書用語看國家權力與庶民文化的關係－以 THDL 資料庫為中心〉，《臺灣古文書學會會刊》，第 6 期（南投：臺灣古文書學會，2010.04），頁 7-16。

王志宇，〈臺灣鬮書中的民俗信仰及其文化意涵〉，《第四屆臺灣古文書與歷史研究學術研討會論文集》（臺中：逢甲大學出版社，2010），頁 107-142。

吳憶雯，〈新竹峨眉地區鬮書書寫格式之分析（1861-1911）〉，《臺灣古文書學會會刊》，第 8 期（南投：臺灣古文書學會，2011.04），頁 37-54。

吳憶雯，〈淺談清代臺灣鬮書作為文獻史料的價值〉，《中正歷史學刊》，第 8 期（南投：臺灣古文書學會，2018.12），頁 73-98。

李朝凱，〈清代臺灣女性的家庭地位－以女性立鬮書為探討核心〉，《第四屆臺灣古文書與歷史研究學術研討會論文集》（臺中：逢甲大學出版社，2010），頁 184-185。

涂豐恩，〈張公藝九世不分家－談臺灣分家鬮書中的修辭〉，《臺灣古文書學會會刊》，第 7 期（南投：臺灣古文書學會，2010.10），頁 11-20。

陳哲三，〈從鬮書看清代草屯的社會經濟〉，《逢甲人文社會學報》，第 9 期（臺中：逢甲大學人文社會學院，2004.12），頁 61-89。

綠湖客，〈漫談臺灣鬮書的「鬮號」〉，《臺灣古文書學會會訊》，第 3 期（南投：臺灣古文書學會，2008.10），頁 60-85。

附表 1　本文引用鬮書內容簡表

| 序號 | 名稱 | 年代 | 地區 | 分家理由 | 孝親敬祖約定 | | | 出處 |
|---|---|---|---|---|---|---|---|---|
| | | | | | 孝親 | 敬祖 | 其他 | |
| 1 | 鬮書 | 乾隆 49 年（1784） | 北 | 樹大分枝人多分食 | | ∨ | 長 | 楊 |
| 2 | （無題名） | 嘉慶 9 年（1804） | 中 | 生齒浩繁 | ∨ | ∨ | 長、公 | 楊 |
| 3 | 鬮書 | 嘉慶 9 年（1804） | 中 | 世事無常人情叵測 | ∨ | ∨ | 長 | 道 |
| 4 | 鬮單字 | 嘉慶 11 年（1806） | 中 | 免日後生端 | | | | 道 |
| 5 | 仝立鬮書 | 嘉慶 12 年（1807） | 南 | 和樂固稱家道之祥，混蒙寔啟相爭之漸 | | | | 李 |
| 6 | 合同字 | 道光 2 年（1822） | 南 | 人口太多 | ∨ | ∨ | 公 | 屏 |
| 7 | 仝立鬮書 | 道光 11 年（1821） | 中 | 兄弟意欲分析 | | ∨ | 公、長 | 楊 |
| 8 | 仝立鬮書 | 道光 16 年（1836） | 中 | 人口太多 | ∨ | | 婚、公 | 笨 |
| 9 | 仝立合約鬮書 | 道光 17 年（1837） | 中 | 人心不古永好難期 | ∨ | | 婚、公 | 笨 |
| 10 | 仝立鬮書 | 道光 23 年（1843） | 北 | 欲全手足之和氣，必先杜爭競之澆風 | ∨ | | 公 | 李 |
| 11 | 仝立鬮約字 | 道光 24 年（1844） | 北 | 生齒日繁 | ∨ | | 長 | 李 |
| 12 | 仝立鬮書 | 道光 24 年（1844） | 北 | 誠恐將來人心不古爭長競短致失和睦 | ∨ | | 公 | 楊 |
| 13 | 仝立分業鬮約字 | 咸豐元年（1851） | 北 | 生齒日繁 | | | 長 | 楊 |
| 14 | 分單字 | 咸豐 5 年（1855） | 南 | 人口太多 | ∨ | ∨ | 公 | 屏 |
| 15 | 為男立鬮分折爨字 | 咸豐 7 年（1857） | 中 | 以免日後爭端 | ∨ | | 公 | 楊 |
| 16 | 仝立鬮書 | 咸豐 8 年（1858） | 中 | 人口太多 | ∨ | ∨ | 公、婚 | 道 |
| 17 | 仝立鬮分合約字 | 同治 8 年（1869） | 不詳 | 生齒日多 | | | 長 | 李 |
| 18 | 仝立鬮書 | 同治 9 年（1870） | 中 | 生齒日繁 | | | 公 | 楊 |
| 19 | 仝立鬮書分約字 | 同治 9 年（1870） | 北 | 因母逾髦之事 | ∨ | | 公、婚 | 楊 |

| 20 | 仝立鬮書 | 同治 9 年（1870） | 中 | 人口太多 | v | v | 公、長 | 道 |
| 21 | 仝立鬮書字 | 同治 12 年（1873） | 中 | 生齒日增 | | | 婚 | 楊 |
| 22 | 鬮書 | 光緒 2 年（1876） | 北 | 生齒浩繁 | | | | 楊 |
| 23 | 鬮書 | 光緒 2 年（1876） | 中 | 人口太多 | | v | 公、長 婚、生 | 道 |
| 24 | 立再鬮分約字 | 光緒 8 年（1882） | 北 | 絕嫌隙孰若先杜猜疑 | | | | 李 |
| 25 | 仝立分業鬮書字 | 光緒 18 年（1892） | 中 | 合久必分古今同概 | | v | 公 | 笨 |
| 26 | 仝立鬮書合約字 | 明治 30 年（1897） | 北 | 生齒日眾 | v | v | 婚、公 | 楊 |
| 27 | 仝立鬮分合約字 | 明治 32 年（1899） | 北 | 兄弟姪分枝，理皆宜然 | | | 公 | 楊 |
| 28 | 分鬮各管字 | 明治 33 年（1900） | 北 | 樹大分枝，人眾每難共處 | | v | 公 | 李 |

說明：

一、「其他」欄的「公」代表「公用」，「長」代表「長孫份」，「婚」代表「撥作特定人完婚之費」，「生」代表「生員餅之類鼓勵讀書費用」。

二、「出處」欄的「屏」為《屏東縣客家文物館書契研究成果專輯》，「道」為《道卡斯後壠社群古文書輯》，「出處」欄的「笨」為《笨港古文書選輯》，「出處」欄的「楊」為《楊雲范藏臺灣古文書》，「出處」欄的「李」為《李景暘藏臺灣古文書》。

三、「地區」欄的「北」是指新竹縣以北地區（含宜蘭縣），「中」是指苗栗縣至雲林縣地區，「南」是指嘉義以南地區。

# 清末北臺灣民間安全體系的建構

吳學明[*]

## 摘要

先民自閩粵移居臺灣，尋找安身立命之處。然移墾初期，統治者以不增加統治成本為基調，發展出來的統治策略，使初墾社會更加浮動與不安。移民開庄立基後，必需建置各種機制，才能確保安全。

面對風水龍脈與水資源的被壞、宗族受威脅、原住民的抗拒，以及械鬥和外患等所帶來的生存威脅。地方頭人主動，或被動投入建構安全防護組織，形成社會安全體系，讓社會得以穩定持續發展。

民間安全體系的建構，有很大的差異性。在議定規約時，地方頭人有相當的自主性。無論規約的性質如何，內部秩序的維護，命運共同體的建立，是各種規約的主軸。即便是面對外患，所訂立的規約，也以「靖內而攘外」為主要思考。

再者，民間自發性的規約，參與者利益一致，容易深度動員，執行動員效力較高。奉諭而發動的聯庄，組織動員的地理空間較大，多透過街庄總理、

---

[*]　國立中央大學歷史研究所教授。

地保等來動員，組織力和動員力相對較弱。因此，民間自發性的立約組織，凝聚力較強，較容易形成利益共同體，凝聚共同意識。

關鍵詞：移墾社會、北臺灣、安全體系、共同意識、靖內攘外

# 一、前言

　　先民自閩粵移居臺灣，尋找安身立命之處。然移墾初期，統治者以不增加統治成本為基調，使初墾社會更加浮動與不安。移民開庄立基後，必需建置各種機制，才能確保安全永續發展。

　　移墾社會民間的社會組織，以祭祖之血緣嘗會，和祀神之地緣神明會為基礎，是傳統臺灣社會的基石。而傳承自原鄉的風水觀，影響移民生活甚巨。先民移墾建庄，多考慮來龍與風水格局，影響傳統聚落的建構。[1]水是農民維生體系的重要資源，為了有效利用水資源，陂塘水圳因應而生，自成一套水利秩序，以維持共同利益。[2]清末，內山地區原住民反抗劇烈，內山居民如何團結自保。這些共同利害關係者，如何訂立規約共同遵守，以確保其利益，進而形塑集體意識。

　　「臺灣大患有三：一曰盜賊，二曰械鬥，三曰謀逆。」[3]這是姚瑩對清代移墾社會治安的觀察，點出清代臺灣社會的根本問題。到了清末，西方諸國對大清的挑戰，臺灣也常被波及。在械鬥與外力衝擊下，國家如何強化社會力，積極組織民眾，穩定社會秩序，一直是地方政府與頭人要面對的問題。

　　面對水資源被壞、宗族受威脅、原住民反抗、械鬥和外患等生存威脅時，地方頭人主動作為，或被動配合政策，被組織被動員，形成民間的安全體系，是本文討論的主要重點。

---

1　池永歆，〈傳統客家聚落空間的構成：以臺中東勢大茅埔為例〉，收於國立臺灣師範大學地理學系主辦，「全球客家地域學術研討會論文集」，2003 年 10 月 25-27 日，頁 243-258。

2　李進億，《水利秩序之之形成與挑戰─以後村圳灌溉區為中心之考察 (1763-1970)》，（臺北：國史館，2015）。

3　姚瑩，〈上督撫請收養游民議狀〉，《中復堂選集》，臺灣銀行經濟研究室，臺灣文獻叢刊第 83 種，頁 188。

## 二、風水、維生共同體的維護

　　戴炎輝研究指出，街庄為自然形成的人民團體；里保則為官方為征賦及治安目的所劃分，特別為差役管轄而設。歷來街庄自有其不成文的規範，「有習慣的庄規，且有將其立為合約字者。」[4]開墾過程也多責付墾首維持墾區的秩序，如「該佃當安分守己，不得窩匪聚賭等弊，一經查出定行稟官，決不狥私稍縱。」[5]「（劉秉）崁等理應約束庄中安分守法，樂業安居，共享昇平之福。」[6]道光年間淡水同知婁雲，有感於地方浮動不安，為釜底抽薪而頒行「庄規禁約」。[7]

　　道光年間以後舉辦「清庄聯甲」，簡稱「聯庄」。其任務除清庄外，並著重捕盜與防盜，維持治安。[8]除了官方倡議的聯庄，企圖建構的社會秩序體系外，庶民也有自主性的安全規約，以形構其利益共同體。

### （一）地方風水龍脈的維護

　　風水是兼具先天庇蔭與後天改造的雙重性質，臺灣社會普遍採用這種方式以謀取現世的利益，是社會普遍流傳的習俗。而一地的龍脈更是主宰地方人事的凶吉禍福，因此無不盡全力來維持地方的風水龍脈，最忌諱龍脈被穿鑿破壞。龍脈受傷殘，地方不但無法發展，甚至災禍降臨，因此地方人士不會坐視龍脈遭破壞的事實。[9]在臺灣社會村庄的來龍，影響地方枯榮，因此無不全力維護，也是地方生命共同體的一環。

　　新竹縣芎林鄉芎林村有一方「奉憲示禁」碑，因事涉開墾過程斬鑿龍脈，

---

4　戴炎輝，《清代臺灣之鄉治》（臺北：聯經出版事業公司，1979），頁5、19。
5　金廣福墾批，新竹北埔姜家史料。
6　《岸裡社文書》，T067。
7　陳培桂，《淡水廳志》，臺灣銀行經濟研究室，臺灣文獻叢刊第172種，頁388-390。
8　戴炎輝，《清代臺灣之鄉治》，頁18、259-260。
9　洪健榮，《龍渡滄海：清代臺灣社會的風水習俗》（臺北：花木蘭文化出版社，2015），頁1、273。

引起地方恐慌，請求官府諭令嚴禁，因此又稱「嚴禁斬鑿龍脈碑記」。此一示禁碑，先敘明地方自開闢百年以來，其來龍發祖，人民因著龍脈建廟，供奉文昌帝君、三山國王和天上聖母，地方因而得以聚居數千家，營造數千祖墳埋葬祖先，地方賴以安居樂業。嘉慶年間曾有人欲將斬鑿龍脈，有賴地方頭人姜秀鑾和錢茂祖的阻擋，而得以維持。1867年（同治6年）5月間又有人將九芎林的龍脈斬鑿，進行土地開墾。地方紳耆力阻，停止開墾斬鑿。為此，「生等即將斬破處所僱工修補，備禮祭賽，安鎮龍神。」地方紳耆「恐日後又被穿鑿，則神明之宮壇、廟宇被其害者難言，民間之家口、墳墓受其傷者莫測。自此龍脈分出該地，並金廣福等處，無論大小龍脈，以及砂手關闌等處，每多射利之徒，在人屋場風水架斬索銀，非蒙嚴禁貽害匪輕。」同知嚴金清同意地方紳耆的請求，因而出示嚴禁，「仰閤保紳耆、總董、居民諸色人等知悉：爾等須知地脈有關，凡有附近居民，不許私行開闢掘毀，斬鑿龍脈，致有貽害。自示之後，倘敢故違，定即嚴拏究辦，決不姑寬，各宜懍遵毋違。」[10]

　　此示禁碑是地方頭人共同請求的結果，具名的地方代表包括「竹北一保九芎林庄生員魏纘唐、墾戶金廣福即姜榮華、職員劉嵩山、彭殿華，監生詹國和，庄耆鄭家茂、吳金準暨殷舖戶人等」，風水龍脈的維護，影響所及，不只是具名的紳耆，也是地方所有家庭的共同命運。

## （二）水資源的維護

　　水是農業社會的重要資源，陂塘、圳路是農業社會重要的水利措施，「上流下接」、「舊田優於新田」，是傳統社會重要的用水觀念，形成一套水利秩序。水利秩序受到挑戰，造成社會不安。[11]

　　《樹杞林志》〈建置志〉保留一則水資源維護的地方公約，這份公約的

---

[10] 何培夫，〈同治6年7月29日淡水同知嚴金清給奉憲示禁碑〉，《臺灣地區現存碑碣圖誌（新竹縣市篇）》（臺北：國立中央圖書館臺灣分館，1998），頁4。

[11] 李進億，《水利秩序之形成與挑戰——以後村圳灌溉區為中心之考察（1763-1970）》。

文字明顯經方志撰稿者調整過，雖非原貌，但仍可看出清朝末年，地方紳耆如何維護地方人民賴以生存的水資源。由於「九芎林、樹杞林之溪源支分六、七，常有絕漁之患。」所謂「絕漁之患」，指以人為的力量，截破陂塘水圳，待水盡而拾取魚蝦。因嚴重違害水資源的供應，地方頭人因而邀集各莊長、及眾業佃，共同議立護水公約。

公約先敘明立約的動機，「緣我九芎林、樹杞林透入內山一帶，溪陂圳水通流灌溉，最關切最緊要，斷斷不可暫時停息也。奈何屢有不良之徒，不顧他人工本，只圖自己口腹，往往毀陂截圳，塞源絕流，以取魚蝦，全不思圳一無水，田即燥乾，苗遂枯槁，妨農害稼，為患不淺。此種惡習，殊堪痛恨。」強調水資源的重要性，但不良之徒，只顧口腹之慾，毀陂截圳來取得魚蝦，造成田乾苗枯，因此集眾立約嚴禁。

在約文中明定辦法：「無論男婦老幼，如敢故違，仍行毀陂截圳、塞源絕流，以取魚蝦者，定即嚴拏。將取魚之人，扭交街庄長；或將取魚之器具，繳交街莊長。」違者嚴拿，送交街庄長，由公議處。可見不許私行酷罰，引起衝突糾紛。至於違反者的罰則為：「演戲全臺、酒席二筵、紅羽大燭、香楮、福包等物。」傳統社會「閭里雀角，或相訴諆，其大者親臨置酒解之；小者輒用檳榔」[12]、「閭里雀角，或相訴諆，其大者罰戲，小者罰檳榔、香餅，分諸鄰右，俾知孰是孰非。」[13]可見，以民間的潛規則而言，破壞水資源的罰則相當重，既要演戲又辦酒席。對於維護水資源者給予獎勵：「白日拏獲者，給賞花紅銀二圓；黑夜拏獲者，給賞加倍。」獎勵金來源是向業佃取領。[14]

樹杞林、九芎林等庄庄民，面對「毀陂截圳、塞源絕流」的威脅，是透過定立私約的方式，由地方紳耆訂定罰則，以約束庄民。違約者不接受民間約定的罰則，再稟官究治。由於《樹杞林志》所保存的資料，無法看出倡議

12 周鍾瑄，《諸羅縣志》〈風俗志〉，臺灣銀行經濟研究室，臺灣文獻叢刊第141種，頁145。
13 不著撰人，《嘉義管內采訪冊》，臺灣銀行經濟研究室，臺灣文獻叢刊第58種，頁34。
14 林百川、林學源，《樹杞林志》〈建置志〉，臺灣銀行經濟研究室，臺灣文獻叢刊第63種，頁33-34。

者的身份，但倡議者「邀各庄長、眾業佃公同立約嚴禁」，想必參與的人員相當的眾多，除了庄耆、業主之外，應有一定代表性的佃農參加。而且立約是由民間啟動，非源於官方的動員。水資源的破壞，影響成千上百的用水人家，農稼的收成事涉國課，也是傳統農業社會經濟的基礎，是地方共同關注的問題。透過水資源保護辦法的訂定，無分業、佃，均被動員參與，有利於地方利益共同體的形構。可見，自主發起的民間約定，不限於「防盜、治安、祀典與調處」，實際影響人民生活，是動員力量的來源。[15]

## 三、武裝移墾聚落安全體系的建構

　　隨著移墾潮的推進，漢民不斷向內山尋找耕地與生機，大量漢民的湧進，自然引發原住民族的抗拒，原漢的衝突愈加劇烈。歷來面對族群衝突，漢移墾者，如何面對所謂的「番害」。[16]以下要討論的是東勢角石壁坑庄（今臺中市東勢區明正里），如何建構移墾聚落的安全體系。

　　石壁坑庄位於大安溪南岸，原為泰雅族的領域，1760 年（清乾隆 25 年）以後設隘防番，歸蔴薯舊社管理，是今東勢地區，在清代唯一隸屬於淡水廳管轄的地區。

　　史載，乾隆 25 年潘敦仔（潘大由仁）向淡水廳同知楊愚懇請報陞老蔡坑、蔴薯舊社等處草埔，經勘丈明兩百餘甲，准予報陞。由於東側逼近內山，為免被漢移民侵入私墾，為「生番」戕害，到舊社藉屍詐賴，蔴薯舊社總通事潘明慈等，曾稟請北路理番同知史崧壽與淡水同知共同示禁驅逐。溫振華根據《岸裡社文書》〈道光 8 年 4 月劉秉崁等立承墾納大租字〉載「劉秉崁、張孟文、張阿生、張阿俊等，情因嘉慶己卯年（24 年、1819 年）募夥參拾陸股，向得岸裡蔴薯舊社業主潘大由仁、丁戶潘德秀等贌墾有土名石壁坑下

---

[15] 戴炎輝，《清代臺灣的鄉治》，頁 338。

[16] 這種衝突歷來都以漢民的立場稱為「番害」，實則為維持族群生存空間而發。

員墩山埔石崙壹所，當日自備工本，築莊鑿圳，開墾成田」。[17]兩者所載，拓墾的時間相去五十餘年。查《臺中東勢詹家清水黃家古文書》蒐錄〈嘉慶25年莊傳義仝母親黃氏立杜賣契〉，則載明「有上年承故遺下母舅黃智官圖內分出水田一處，坐落土名石壁坑下灣仔」，或可推見石壁坑庄的拓墾應早於嘉慶24年。[18]因此，36股佃人的拓墾，到1828年（道光8年）春，已開墾成水田二十餘甲。[19]

## （一）石壁坑庄武裝聚落的形構

　　石壁坑庄以張、詹、劉為目前主要姓氏。昔石壁坑開庄時，所建的聚落以永盛巷為主軸，在庄外圍種植三重刺竹以防泰雅族及強盜侵襲，另設北門及南門供庄民出入。以往北門前有大水池，南門則設有瞭望臺，由庄民日夜把守。[20]

　　這樣一個防禦嚴密的武裝聚落，在面對泰雅族群強力反抗的情況下，36股的佃人，如何透過共同立約，設立庄規，來強化聚落共同體，確保庄人生命財產的安全，值得深入觀察。前述《臺中東勢詹家清水黃家古文書》百餘件的古文書中，有三件為36股內佃人等，如何面對泰雅族反抗的相關文獻。分別是〈同治11年6月永盛庄36股公舉甲首張魁英等仝立合約字〉、〈光緒4年2月甲首張魁英暨合庄等眾庄立和番合議字〉、〈光緒5年9月石壁坑

---

[17] 〈道光8年4月劉秉崋等立承墾納大租字〉，《岸裡社文書》編號53。間引自溫振華，《清代東勢地區的土地開墾》（臺北：日知堂文化事業有限公司，1992），頁71-72；〈道光8年8月岸裡蘇薯舊社墾戶業主潘大由仁（即潘敦）給丈明認佃納大租字〉，收於陳龍貴、鄭永昌、洪健榮等編，《臺中東勢詹家清水黃家古文書》（臺北：國立故宮博物院，2008年），頁84。

[18] 〈嘉慶25年莊傳義仝母親黃氏立杜賣契〉，收於陳龍貴、鄭永昌、洪健榮等編，《臺中東勢詹家清水黃家古文書》，頁74。

[19] 〈道光8年8月岸裡蘇薯舊社墾戶業主潘大由仁（即潘敦）給丈明認佃納大租字〉，收於陳龍貴、鄭永昌、洪健榮等編，《臺中東勢詹家清水黃家古文書》，頁84；溫振華，《清代東勢地區的土地開墾》，頁71-73。

[20] 吳國城，〈洪水生番相繼為患，石壁坑開庄歷盡艱辛－如今沃野千里譽稱穀倉〉《山城週刊》（1984.06.04），第4版。

36股眾佃戶等立舉理和番務字〉，從這些和約字，可以觀察漢移民面對泰雅族群反抗所採取的態度與策略。[21]

這份合約字由「石壁坑36股眾佃公舉甲首」張魁英，帶領32名佃人共同具名立約。本契字的內容主要分成兩部分，一是庄內安全體系的建構；一是如何面對泰雅族的威脅。

就內部安全體系的建構而言，永盛庄36股內眾佃戶人等，首先指出該庄「閩粵共居，各守舊規，歷來無異，不許引結外匪窩藏家內，以至創成巨禍。」為了庄內的安全於是共同議定庄規，以維護地方寧靖，共享昇平之福。這些庄規主要規範的要點如下：一、遇有衝突由公處理：不許挾仇私報行兇，應由甲首公人秉公理辦；公人無法解決者，則送交總局嚴辦。二、庄人應同心和睦，因公受傷者公賞：庄人和睦共處，不得恃強欺弱；倘遇匪盜搶劫，或結黨紮屋、霸田、搶割、擄人、牽牛等情，不可坐視不救。發現上情之甲首鳴鑼為號，家家踴躍圍拏，擒賊一名，眾賞銀四大元，殺斃賊一名，賞銀六元；被賊殺傷者，公眾延醫調治，每月銀三元；身體被毀者（殘疾），給生理本，銀貳拾大元；如果因而不測者，給立嗣銀七十二大元。三、違反庄規處置：庄中有串謀擄搶攻劫橫霸者，通眾合攻拏獲；庄中狗偷鼠竊捉雞鴨之輩，拏獲交眾，重者送官究治，輕者將屋折毀，將人送出境外。四、不准勾引外匪：庄內之人勾引外匪釀禍，察出與賊全罪；逞惡者稟官究治，拏獲盜匪審實真粧賊現，眾議送官處治；解費銀項，田底業佃股實均派。五、協助拏獲偷搶田中農作者：遇有強賊，偷薯芋麻豆等項，擒獲將賊并贓交公人，領賞銀貳元；日遇有男婦盜取菓仔什物，偷摘薯葉、亂伐竹木等物，拏交公人，賞銀壹元。六、不准破壞禾苗、圳頭和盜竊：不許落田拾螺捉鰍踐壞禾苗，不許牽牛挫喪五谷和禾苗，不許亂取偷挑；埤頭圳道田頭水溝大小埤圳，不許破埤捉魚，如有違者，將物拏交公，眾議重罰。每年大暑至立秋後十日止，禁止田間拾螺捉鰍，以免踐壞禾苗；田頭埤圳，則在立春禁起，至于冬

---

[21] 陳龍貴、鄭永昌、洪健榮等編，《臺中東勢詹家清水黃家古文書》，頁196-199、206-207、214-215。

至日止。七、不准侵墾到牛路：山崙照舊規留存老牛路，不可耕種，如種植被牛挫喪五穀什物等均無賠賞。八、開銷費用：庄中除解費外，仍有大小所費銀項，事主坐七，田底坐其三；其田底該三分，作十分均派，田主出七，佃人出三，由熟田均派。

面對泰雅族的威脅石壁坑庄民議定：由於罩蘭的「生番」與石壁坑庄居民多有往來，難以謹防，因此眾佃戶酌議興築銃庫，組民壯防守生番。隘谷什費，由業主、佃戶均派，業七佃三。此外，尚約定：一、若隘內生番出哨，庄中人民須同心協力追趕，殺斃生番，取首級頭一個，賞費銀二十四大元，餘每加一首級賞銀四元；倘或追番不測者，眾佃戶備出立嗣收埋銀三十二大元；追番受傷者，眾議調治，每月銀參元；追番殘廢者，眾給生意本銀二十大元。其開銷照業佃戶三七均派。相對的，倘有生番入侵或庄中大小事務鳴鑼為號，家家踴躍齊出追趕。不協力追趕者，將其家物一概充公。如有人主動去攔路殺斃生番首級，向股內領賞銀六十大元，每加一人賞銀六元。二、庄中眾佃家中請長年月工或牧牛，田頭埔屑農工之時，倘或出番，有不測者，向頭家幫出收埋銀六大元。三、和番費用來源：庄民田頭埔尾耕種、牧牛、樵採，實是恨辛，兼之田少庄小日似久長，難以謹防。倘或生番既和，費用之需，原係業佃照三七均派。[22]

足見在國家邊陲的石壁坑庄，庄民以原先開墾組織為基礎，另立庄約，將庄民形構成一武裝移墾的安全共同體。這個共同體，一則要面對聚落內部的經濟維生機制和休戚與共的社會機制。因此，不但要維護庄內人的農業生產，對於農稼、水圳、牛路的保護明白形諸文字。為維持庄內和睦與秩序，要以公議解決紛爭，不可強搶庄內居民，更不允許勾引外匪為害本庄。對於維護本庄和睦與秩序有貢獻者，給予獎賞；因而受傷或遭不測者，由庄內共同給予實際金錢的救濟。破壞本庄安全者，輕者送官嚴辦，重者「送出外境」。為維持庄內秩序，相關費用，由業佃依比例支應。

---

22　〈同治壬申 11 年 6 月永盛庄 36 股內眾佃人等仝立合約字〉，收於陳龍貴、鄭永昌、洪健榮等編，《臺中東勢詹家清水黃家古文書》，頁 196-199。

　　臺灣一般街庄，街庄安寧的主要威脅來自流民。[23]石壁坑庄是一武裝移墾聚落，內聚力較強。武裝移墾聚落較大的威脅，是原住民族的反抗。石壁坑庄原是泰雅族的生存空間，面對漢墾民的入侵，必然強烈反抗。因此，石壁坑庄民的庄約，還要特別處理「生番」「威脅」的問題。庄約中明白指出庄人無可避免要面對「罩蘭生番」，因此要「起築銃庫，公請民壯防守」。當「生番出哨」，要獎勵庄民共同抵禦，凡殺斃「生番」者可領取獎賞；因抵禦「生番」而傷亡者給予經濟上的救濟；不盡力從公者，將其家物充公。能主動出擊殺斃「生番」者，給予更高的獎勵；在田頭埔尾農耕工作，遭「番」不測者，頭家幫給喪葬銀。

　　石壁坑庄透過庄約形塑聚落共同體、共同意識。庄約中再將庄民分成石圍墻股、打蘭股、九房曆股和葫蘆墩股等四股，各有頭人有利團結，遇有要事公議須四股到齊，才可決議，否則引出事端，要自行抵擋，與公眾無涉。可見公議、公決、共同承擔，為石壁坑庄庄約的基本精神。

## （二）石壁坑庄的防番與和番

　　經過 7 年的合力防番，庄民漸認識到以武力對抗「生番」，「長久難以謹防」，武力對抗並不是最理想的方式。面對漢人的入墾，原住民生存空間日絀，強力抗拒，仍屬自然，但其出哨不一定均能事事順利，若引來大力反擊，對其傷害亦大。因此，若能給予泰雅族人適當的補償，彼此間或許也能和平共處。因此，在東勢角一帶，「和番」為處理漢「番」關係的方式之一。

### 1、〈光緒 4 年 2 月甲首張魁英暨合庄等眾庄立和番合議字〉

　　中央研究院臺灣史研究所珍藏的劉中立家族的史料中，即提及「先年畏忌兇番，無力開墾。祇因社內年帶東勢角安撫生番口糧三百石，付社寮策應

---

23　姚瑩，《中復堂選集》，〈上督撫請收養游民議狀〉，臺灣銀行經濟研究室，臺灣文獻叢刊第 83 種，頁 188。「臺灣大患有三：一曰盜賊，二曰械鬥，三曰謀逆。三者其事不同，而為亂之人，皆無業遊民也。」

生番，以衛軍工，以靖地方。」[24]因此，石壁坑庄的庄約中預留「和番」的可能，並公議將來若有「和番」，其費用要「業佃照三七均派」。[25]

到 1878 年（光緒 4 年）2 月石壁坑庄庄眾達成協議，訂立合番合議字。這份合議字除甲首張魁英外，共有 25 名庄人共同署名。

契字中表示「我庄一隅，山多田少，上年河唇埠埧耕種甚多，出息不少，即上山樵採，亦可營生。庄中人等丁口日盛，家產日增。無奈，自罩欄和番以來，唇亡齒寒，庄邊上下任番縱滋，出入驚惶，將河埧田地變為沙石，已絕人養生之計。然此已遭之害，目擊堪傷而況有不測者，倘番勢日盛乘夜入庄，不將臨時無策，舍（捨）庄而逃乎，此未來之害殆有甚焉。于此不和，其害無窮，故知害必先弭害，是于合庄酌議，請得俊傑廖大老，講和番務」，其「和番用費，係本庄股實并業戶、佃戶均派，業戶七份，佃戶三份，均派足用。」約中也議定，「本庄人等不得與番交易，庶免討債生端滋事擾害通庄，將見合庄長享大平之福」，「兼且庄規已有前約載明，現下公派和番用費毋得抗頑，如有抗頑，任從合庄公人責罰，口恐無憑，立合番字四紙執炤。」

合約中「罩欄和番以來」指的可能是罩欄地方與「番」締和，使得「生番」得以方便出入，造成未締和約地區的困擾，石壁坑庄的「河埧田地變為沙石」，影響庄民安全，也擾及農作。因而強化與「生番」議和的需求。為了避免「舍庄而逃」，庄眾達成與番和議的協議，並請得「廖老大」來主理「講和番務」。相關費用業佃七三均派。該約文規定禁止與「生番」交易，以免因討債而滋生事端。

除了合約主文外另有批明三條，陳明與「鄰庄未和之地方，各為守禦，倘有守禦未周被生番害命者，恐人懷不良，借此索騙吾庄人等者，不論何人，皆係合庄一力抵當，銀錢亦照約內均派。」如果有未議和的「生番」潛入界內，而使庄民「被害斃命者，每命各給埋葬銀四大元正。」[26]

---

[24] 中央研究院臺灣史研究所，《劉中立家族譜與史料》，編號 T0535D0440-0001-049～050。

[25] 〈同治壬申 11 年 6 月永盛庄 36 股內眾佃人等仝立合約字〉，收於陳龍貴、鄭永昌、洪健榮等編，《臺中東勢詹家清水黃家古文書》，頁 198。

[26] 〈光緒戊寅 4 年 2 月石壁庄甲首既合庄等仝立和番合議字〉，收於陳龍貴、鄭永昌、洪健榮等編，《臺中東勢詹家清水黃家古文書》，頁 206-207。

石壁坑庄請得廖老大（孟鳳）主理「講和番務」，所需費用由該庄股實與業佃七三均派。「和番」方式，在約中未加註明，但從批明「各佃戶望為付出湊用，此銀每元每月公眾貼回利銀四分」的前引契字，想必也是以給予生番口糧的方式來達成和議。由眾多的庄人具名，且強調共同遵守約定，「如有抗頑，任從合庄公人責罰」，將合庄眾人納入庄共同體的意圖，極為明顯。

## 2. 〈光緒 5 年 9 月石壁坑 36 股眾佃戶等立舉理和番務字〉

1879 年（光緒 5 年）9 月石壁坑庄 36 股眾佃戶，為了能夠確保和番費用方便支用，以利和「生番」部落的談判，又訂立「公舉理和番務」的契字。這份和番合議字，仍然由甲首張魁英具名，帶領 36 股內 26 人共同簽立。

合議字首先說明立約的原因在於，「緣因生番擾亂，前既立約以和番，祇因前和屋莪、蘇魯二社，諸戶銀錢未承先出，以濟急用，悔惒公事，實難言矣。但邇時烏容社生番前來就和，誠恐費用無可先取，眾戶鳩集商議，舉得詹名助、劉阿生、張炮宗、張俊傑等，湊成四大股，倘遇生番臨時欲和，用費銀錢四大股理宜預先振出，每月每元眾當襯利銀四點，按作早晚二季，將母利銀依時結谷量納，不得執拗。」[27]

以上資料可見，石壁坑庄聚落要面對的不只是一個社，而是屋峨、蘇魯和烏容等社。再者，石壁坑庄自請得廖鳳孟負責「講和番務」以來，與屋莪、蘇魯二社的和議幾已達成，只是無法立即給予談和的金額，而失去達成和議的契機。因此，對談判已有進展的烏容社，恐步前兩社的後塵，所以預籌「和番」資金做準備。

東勢內山地區的拓墾，由於歷來「番害」嚴重，雖有岸裡蘇薯舊社的護衛軍工匠入山採料，但仍然「番害」頻傳。[28]石壁坑庄的拓墾，歷來仰賴「民壯」的保護，嘉慶年間的杜賣契，特別批註「再者每年民壯費用，併帶水谷

---

[27] 〈光緒 5 年 9 月石壁庄三十六股眾佃戶等仝立公舉理番合務字〉，收於陳龍貴、鄭永昌、洪健榮等編，《臺中東勢詹家清水黃家古文書》，頁 214-215。

[28] 溫振華，《清代東勢地區的土地開墾》，頁 49-52。

開陂作圳共有費用工銀，四股之內長出一股。」[29]或可解讀為出資四股，但實際分配開墾成果以五股計，其中一股作為民壯防番和開水圳之用。

36股佃人開墾石壁坑庄之後，經歷多年漢「番」的競逐，最後採「和番」的方式化解彼此的衝突，「和番」的開銷成為開墾墾界內餘埔的必要成本，因此在1881年（光緒7年）2月的承墾開闢荒埔契字規定「凡遇安撫生番，業主坐八，新墾坐二」。[30]

為解決石壁坑外部的「番害」，庄民立約共同防守，並出資「和番」；內部安寧的建構也透過庄內立約的方式達成。林聖蓉指出，石壁坑庄的庄約及和番契約，「反映在國家力量幾乎無法控管的邊區社會，庄民如何維持地方秩序。」[31]由於邊區社會，國家力量薄弱，庄民為生存，不必國家倡導，庄規相對嚴謹，且確實落實，內部向心力亦強。石壁坑庄的三份合約字，可以看出庄民經過三次的和議，不斷的修正與「生番」互動往來的模式。為了對應「生番」的反抗，石壁坑庄的庄民休戚與共，無需官憲的諭令，不斷協議、討論，擬定最有利的方式，共同為庄民尋求安身立命的方案。


# 四、宗族利益的維護與跨聚落人群的整合

歷來地緣的宗教組織與血緣的宗族組織，被視為華南社會的兩大基石。當宗族遭遇挑戰產生危機時，其領導人如何強化族人意識，組織帶領族人渡過危機，也是觀察臺灣社會重要的議題之一。

《苗栗縣志》卷八〈祥異考〉的兵燹篇載錄：「（咸豐）4年春正月，閩、粵分類械鬥。初，田寮莊匪徒羅慶二、賴得六等，在中港搶牛肇衅，釀及中

---

[29] 〈嘉慶25年莊傳義仝母親黃氏立杜賣契〉，收於陳龍貴、鄭永昌、洪健榮等編，《臺中東勢詹家清水黃家古文書》，頁74。

[30] 〈光緒7年2月張抱宗等立承墾開闢荒埔字〉，收於陳龍貴、鄭永昌、洪健榮等編，《臺中東勢詹家清水黃家古文書》，頁216。

[31] 林聖蓉，〈從番界政策看臺中東勢的拓墾與族群互動（1761-1901）〉，國立臺灣大學歷史研究所碩士論文，2008，頁242。

壢，閩、粵互鬥。」[32]

　　鄭用錫的《北郭園詩鈔》蒐其五言律詩，有「群盜如毛起，山林聚嘯多。晝行頻帶劍，宵亦橫戈。官不嚴搜捕，民相喚奈何」之嘆，其背景是「前歲，賴得力、羅慶慶兩盜未獲；吳水妹復在三叉河內山聚劫。」「庵司馬入砦議和，感賦。」[33]「庵司馬」即丁曰健。丁曰健字述安，號述菴，1854 年（咸豐 4 年）接替朱材哲，任淡水廳同知。[34]

　　2009 年出版的《造橋鄉志》在〈造橋鄉大事記〉，也留下相關的記錄。包括「咸豐 3 年謝扶持等八人向新港社番購買造橋鶴仔作藪土地。8 月苗栗境內爆發漳泉四縣族群之分類械鬥」、「咸豐 4 年田寮羅慶二、賴得六等在中港搶牛，釀成中壢閩粵械鬥」、「咸豐 4 年苗栗境內閩粵族群爆發分類械鬥。」[35]

　　羅慶二與賴得六（案：或稱羅慶慶與賴得力）是頭份田寮庄粵籍佃農，他們進入中港庄，閩人聚居地搶人牛隻，並且聚眾為匪，恣意攻擊往來人士；其更甚者，在中港庄閩人反擊後，羅賴二人轉而向澗仔壢庄一帶粵庄訴求，指稱閩人攻擊粵庄，粵人隨即反擊，使得桃澗堡陷入閩粵械鬥的緊張狀態，而後向南北延燒，竹塹、貓裡（今苗栗縣苗栗市）紛紛大亂。綜觀此事件最初是頭份田寮庄人羅慶二與賴得六，至中港搶閩人牛隻而引起，演變成閩粵械鬥，向南北蔓延，最後官府派兵前往平亂。

　　苗栗縣造橋鄉謝家所保存的史料，其中有一件 1854 年（咸豐 4 年）的合約字，此約動員了 98 位謝姓族人，共同立約以因應謝姓族人與羅賴集團間的衝突。茲將該約主文載錄如次：

　　　　立約人字人謝增常……等，竊思朝廷有律法之條，民間有私約之議，
　　　　奮力爭先綱常可保。于等祇因本年四月間，隨鎮憲府廳進兵追趕，焚

---

[32] 沈茂蔭，《苗栗縣志》，卷 8，臺灣銀行經濟研究室，臺灣文獻叢刊第 159 種，頁 134。

[33] 鄭用錫，《北郭園詩鈔》，臺灣銀行經濟研究室，臺灣文獻叢刊第 41 種，頁 25-26。

[34] 陳培桂，《淡水廳志》，臺灣銀行經濟研究室，臺灣文獻叢刊第 172 種，頁 212。

[35] 張雙旺等編輯，《造橋鄉志》（苗栗：苗栗縣造橋鄉公所，2009），大事記未編頁碼。

煅羅賴巢穴，首惡尚未擒獲，現今大兵回轅，聲稱報復，泯滅本族門戶，若不加意隄防，設立章程，誠恐挾恨圍殺，唇亡齒寒，是以席請眾叔姪，面議規條，以便堵禦流匪，口恐無憑，仝立合約十參紙共樣，各持一紙付照。[36]

立約背景是謝姓族人為取回被羅賴所奪的土地，1854 年（咸豐 4 年）4 月間，隨官兵追剿羅賴集團，因未擒獲羅、賴兩位主謀，官兵撤退之後，羅賴集團揚言要報復回擊謝姓族人，謝姓族人為求自保，因此鳩集族人共同商議，擬定互助規條。謝姓族人應共同遵守的條規有二，「一議：族內無論何人家中，倘遇案匪攻殺，務即鳴鑼統眾協力圍擊，大炮為准，四處截殺，查實一家不到者，立即統眾傾家，至能擒殺首犯並及夥黨者，照示諭給賞立批。」「一議：族內與匪黨對敵，倘被賊匪致斃者，給領立嗣樣，養家銀壹佰元；被賊受傷者，請醫調治平復，給花紅銀陸元；至受傷愈後，仍有損壞五體者，給領銀伍十元，以為日用飲食之需，此銀項，即向族長照族內股實派出付用，所批是實。」[37]可知，條規要求族人共同以武力對付羅賴集團，無人可置身其外，對於同力圍擊而致斃者給予立嗣養家費用，因而受傷者給予賞銀，使無生活顧慮。而這些費用，由族內股實者派出。透過這些條規將謝姓族人，緊密的連結。

從現有文獻，無法查證謝姓族人是否「隨鎮憲府廳進兵追趕，焚煅羅賴巢穴」，而面對報復的威脅。但在《淡新檔案》中出現謝增常控訴隘首吳裕記「通謀逆首賴得六」的文獻。

《淡新檔案》第 17307 案件，記錄苧中七庄生員劉青史等，僉舉隘丁邱福興接替吳裕記為隘首，引發原隘首吳裕記拒絕交出舊戳。劉青史舉發吳裕記不適任隘首的理由包括：「吳裕記於咸豐四年七月間，曾被義首謝增常控告

---

36 〈咸豐 4 年 4 月謝扶持、謝增常等仝立合約字〉，苗栗造橋謝家古文書。謝成登先生提供。
37 〈咸豐 4 年 4 月謝扶持、謝增常等仝立合約字〉。

通謀逆首賴得六等報復困殺。案卷昭昭，難掩眾人。」[38]再者，林豪曾提到賴得六的事跡。1862 年（同治元年）3 月爆發戴萬生事件，林豪在〈大甲城守〉一文，曾提到「21 日，王和尚復糾偽掃北大元帥何守，合戴如川……賴得六……林尚 27 營，共萬餘賊，復圍大甲。」[39]可見，賴得六在戴萬生帳下領有一營的兵力，為戴潮春事件中的小頭目。可見謝姓族人與羅賴集團的衝突，已不是單純的祖籍族群的矛盾，而是牽涉到地方上錯綜複雜的利害衝突。

但羅賴與謝姓族人間的衝突，確已引發謝姓族人的恐慌，因此不但透過族人間的私約，強化族人的防衛武力，且曾訴之公堂。致於羅賴與謝姓族人間引發衝突的原因，謝姓族人自有一套說法，但實況如何，本文暫不加以討論。[40]

戴潮春事件平定後，沿山邊區社會，並未因而安定。不但漢「番」關係緊張，閩粵籍人競逐樟腦利益，引發緊張對立。因此，1881 年（光緒 7 年）8 月，謝姓族人在謝慶榮的主導下，又邀集謝姓族人再立一份合約字，以對應閩粵雜處的緊張關係。

> 立合約字人經理慶榮------全合族等，有承先人向新港社番明買北山
> 到別牛塞窩鶴仔作藪田租山崗，以為我始祖申伯公祀，但該處地方，
> 閩粵番人雜處之區，未免良莠雜出，事務紛紜。況近來人心不古，強
> 橫日熾，若不預設章程，嚴行約束，誠恐釀禍不淺。予等爰邀合族人
> 等，設定規條合約，以防不備，以保無虞。自約以後，惟願各家守本
> 分，父戒兄勉。倘大小事情，各宜同心協力，不得逡巡畏縮，如敢偭
> 規越矩者，通眾重罰，或稟官究治，絕無虛言。合族和睦，蒸嘗有賴，
> 伯叔共享昇平之福，豈不千秋厚幸耶？[41]

---

[38] 《淡新檔案》，17307-6，第 14 冊，頁 131。

[39] （清）鷺江林豪〈大甲城守〉，引自國立臺灣大學，《臺灣歷史數位圖書館》，檔名 ntu-0694384-0001900024.txt。

[40] 謝扶持等是從臺中南屯遷往苗栗地區發展的汀州府移民，他們自稱與羅賴結怨是因為咸豐 3 年謝扶持等八人向新港社番購買造橋鶴仔作藪土地。意欲作為謝申伯公之嘗田，這些土地被羅賴所奪。

[41] 〈光緒 7 年 8 月慶榮等立合約字〉，苗栗造橋謝家古文書。謝成登先生提供。

　　合約中所載議立的條規包括：一、祀典之業無論何人耕種，租谷務要清白，如有不清，立即起耕，另招別佃，不得苟情。二、祀內簿本舉定人收執，至應祀之日，存簿者各宜帶到過數，倘遇族中大小事務，執簿約人必須協力，共相排解，不得徇私。三、祀典之業倘被人混界霸佔等情，執簿約者及各叔侄人等宜到來商酌，或鄉里公辦，或鳴官究治，其一切用費係將公費開用。四、該處人等不得自行枉作、勾引匪徒等情，如有此情，立即稟官究治。[42]

　　造橋謝家向新港社承買造橋庄土地作為祭祀祖先之嘗田，但此處是閩、粵、原混雜之處，加上原、漢糾紛與強盜事件頻傳，謝申伯公派下領導人，因而再立章程，包括：有人混耕、租穀繳納不清就立刻換佃；立下謝申伯公嘗的嘗簿以利核對帳目；邀請族親、請官府共同商量解決土地糾紛，一切費用由謝申伯公嘗支付；遇有糾紛不可私自處理，隨意抓捕人犯，均交由官府處置。這些規範，均在約束派下及招耕佃人，以免謝氏宗族捲入麻煩。

　　足見，同姓族人的生存遭遇威脅時，為了自保，族內領導人主動糾族眾立約，組織防衛武力，維護族人的生存與利益，無需官憲諭令組織動員。而且這種宗族的組織，往往是動員鄰近庄社的同姓族人，是跨街庄自主性的組織，以團結守護族人，故組織動員力甚強，屬深度動員。

# 五、分類械鬥與聯庄

　　清代臺灣地方行政組織只到廳、縣級，地方的行政事務，須依賴地方士紳協助處理。蔡淵絜研究發現，由地方人士參與地方公共事務的非正式結構，在傳統基層政治體係中，逐漸正式化，向縣以下延伸。[43]地保、總理、庄正副等陸續出現，成為地方社會與官方的中介者。清代社會面對社會集體不安

---

[42] 〈光緒 7 年 8 月慶榮等立合約字〉。

[43] 蔡淵絜，〈清代臺灣基層政治體系中非正式結構之發展〉，《臺灣師大歷史學報》，第 11 期（1983.06），頁 97-111。

時，為維持社會秩序，政府往往透過聯庄的組織，企望將人民納入聯庄體系，弱化社會動亂的能量。

咸豐年間臺北盆地分類械鬥規模擴大，分類性質亦由昔日的閩、粵械鬥，轉為漳、泉械鬥。[44]「咸豐3年8月，漳泉四縣分類械鬥」實乃「北部泉州府屬四縣分類械鬥」。[45]此後淡北地區械鬥不斷。一旦某地發生分類械鬥，往往因謠言肆起而蔓延擴散。因此，械鬥一起，地方頭人主動或被要求組織聯庄，以約束庄民，防止謠言擴散，並禁止搬庄而擴大游民。茲以咸豐3年石碇、基隆的聯庄組織和咸豐7年6月今苗栗縣中港地區的聯庄組織加以說明。

## （一）石碇、基隆的聯庄組織

1853年（咸豐3年）北臺灣分類械鬥肆起，各庄為求自保，訂定聯庄公禁約字，契字中提及石碇保總理陳永陞、鷄籠保總理謝希周，暨街庄正、牌甲長等，奉諭訂立和庄公禁約字。立約的源起在於「訛謠之起」，「近來外庄巔愚者，布散謠言，四處紛紛，搬移者多。保內人民遂生疑惑之心，殊恐約束不嚴，或被煽惑，致傷和氣。」庄眾人奉官示諭，欲立清庄聯庄公約，因而鳩集三保頭人，嚴立規約。希望立約後三保人民，守望相助，父戒其子，兄勉其弟，自行約束。

本聯庄合約條款與一般聯庄條款的差異很大，不但未明定賞罰規則，也沒有論及費用分攤方式。由於是因防止械鬥而立，其約定之條款著重以下數款：一、現際青黃不接，不許強借米穀錢財等項。二、各庄民應和睦共處，大庄要保護小庄，巨姓保護弱姓，不問籍貫府縣為何，凡界內人等，皆安居

---

44　溫振華，〈清代臺北盆地經濟社會的演變〉，國立臺灣師範大學歷史研究所碩士論文，1978，頁43。

45　陳培桂，〈兵燹〉，《淡水廳志》，臺灣銀行經濟研究室，臺灣文獻叢刊第172種，頁365；林偉盛，《羅漢腳──清代臺灣社會與分類械鬥》（臺北市：自立晚報文化出版部，1993），頁48。林文指出「咸豐三年八月，漳泉四縣械鬥」應是指「北部泉州府屬四縣分類械鬥」。

樂業，不許恃強凌弱。三、聞外庄愚民肆散謠言，已係干禁；聯庄後如有外庄可疑之人，於保內私造謠言，煽惑民心，則公行斥逐。四、欲搬移者，則公同禁止。[46]可見為防止械鬥的發生與擴散，其議立條文針對性相當強，不但大庄要保護小庄，巨姓要保護小姓，庄民不分祖籍府縣；也要強力阻止謠言散佈，以及庄民搬遷，為械鬥斧底抽薪，著痕甚清。

## （二）苗栗中港地區的聯庄組織

中港地區指的是苗栗縣中港溪中下游地區，主要為今竹南鎮一帶，中港在乾隆中葉已成市街，以中港溪出口為門戶，往來於中國大陸對岸和臺灣南北沿海的城市。[47]因此商業繁榮行郊集中，道光初年士紳捐建土城牆，同治元年改建為石牆。

在合約字中稱「中港乃通港大路，上通淡水、新艋，下通大甲、府鹿」其往來交通重要性可見。在械鬥發生之際，「每有匪徒藉稱通往過住宿，竊劫搶掠，造謠分類，以致生民塗炭，父母兄弟妻子離散，皆遭匪徒之所累。」閩粵總理乃「招集環庄殷紳、舖戶耆人等，公全酌議，務要設立章程，無分閩粵、好人連成一家，設局公舉妥人，分帶鄉勇梭織巡邏」，遇有「竊劫搶掠，造謠分類」，要「圍拏解究，該匪如敢拒捕，遵憲示諭，格殺勿論」。所需工資、糧食，以及賞罰費用，按照殷戶田甲均派。

合約字中的條款，除了提到閩粵人等，如有大小衝突，應從官判定，不得列械計較滋鬧，與械鬥有關之外，其餘各條和一般的聯庄合約，並無太大的不同。如經費的抽派、拏獲真贓首盜的獎賞、被盜所傷者的救濟，以及聯庄共同對敵挾仇報復等。[48]

---

46 《臺灣史料》乾集，間引自戴炎輝《清代臺灣的鄉治》，頁 122-123。
47 林玉茹，《清代臺灣港口的空間結構》（臺北：知書房出版社，1996），頁 98。
48 〈咸豐 7 年六月中港街庄總理葉廷祿等全立合約字〉，《淡新檔案》，12205-2，冊 3，頁 106-107。

# 六、外力衝擊與社會秩序的強化

外力衝擊為清末臺灣新面臨的挑戰，這些挑戰與嘉慶年間的海賊屬性迥異，因蔡牽挑戰的衝擊，促使府城「聯境」的組成。[49]中英鴉片戰爭、清法戰爭及甲午戰爭後的乙未接管，均波及臺灣。

戴炎輝注意到：「海防吃緊，須肅清所謂『內奸』。於是官令街庄辦理『清庄』以管束游民。」[50]外患來臨，地方官員除了動員團練，讓民間武力投入防禦的戰爭，也鼓勵「清庄聯甲」[51]，其目的在於強化社會組織，防止僻地滋生匪類，排除「內奸」與外力結合。[52]

## （一）清英鴉片戰爭

《淡新檔案》有一份 1843 年（道光 23 年）吞霄街庄（今苗栗縣通宵鎮）的清庄聯絡條款，時鴉片戰爭已結束，但鴉片戰爭英人的騷擾，成為聯庄組織的起因。此聯庄條款訂定的過程，有助於認識經由聯庄強化地方秩序的過程。

吞霄街「西聯大海，每有洋匪登岸滋擾；東負深山，不無兇番強盜貽害；南北通行大路，誠為要關。十三庄等處又屬閩、粵雜處，民心不一，強弱並立，善惡攸分。」[53]關於吞霄街複雜的社會現象，街庄總理與地方社會的關係，鄭威聖的研究有詳細的討論，於此不再贅述。[54]

先是淡水同知曹謹，因故革退吞霄總理鄭媽觀，雖經宛裡街庄總理，地方董事、庄正、舖戶、甲首、隘首、社番、通事、土目等具稟力保鄭媽觀「依

---

[49] 石萬壽，〈臺南府城的城防〉，《臺灣文獻》，第 30 卷第 4 期（1979.12），頁 140-166。

[50] 戴炎輝，《清代臺灣之鄉治》，頁 59。

[51] 吳學明、陳凱雯，〈姜紹祖及其先人之禦侮事蹟〉，《臺灣史上重要人物系列（二）》（臺北市：國立歷史博物館，2011），頁 74-89。

[52] 〈光緒 21 年芝蘭三堡聯庄規約〉，《臺灣慣習記事》，第 7 卷第 3 期（1903.07），頁 10-13。

[53] 《淡新檔案》，12203-4，第 3 冊，頁 88。

[54] 鄭威聖，《鄉賢與土豪：清代臺灣街庄總理與地方社會》（新北市：花木蘭文化出版社，2014），頁 92-123。

舊充當」，但曹謹仍執意「鄭媽觀誤公斥革，應力舉妥人接辦」。[55]在地生員、監生、舖戶力保劉振德接任，曹謹在劉振德的供詞上，諭示「總理劉振德充當吞霄總理，務須秉公辦事，……趕緊清庄聯庄，於扼要路徑搭差更樓，派撥庄民支更。」[56]劉振德受命後即積極「會同各庄正副鄉保簽議聯庄」，並於道光 23 年 10 月 24 日將議立之聯庄合約稟繳淡水廳，曹謹認為「清庄聯約條款極為允協，務宜持之以賞，永久遵行。」[57]

　　從所附清庄合約，主要重點，茲說明如次。一、參與清庄合約的成員為竹南三保吞霄街庄總理、各庄正庄副、舖民人等。二、訂立合約是「遵奉憲諭」，是官府啟動，地方頭人被動立約。目的在於「聯絡防拏盜匪，備禦英逆，肅靖地方。」保內民人聯絡防努盜匪的目的是為了防備抵禦英國。三、「酌約防拿盜匪，備禦英逆條規」後，「無分彼此，無挾嫌疑，守望相助，出入相友，如有一庄被盜偷劫，鳴鑼喊救，各庄相應，當全心協力，勿袖手旁觀。庄民壯勇聯絡拏究，如有英逆肆擾，備禦一體，庶盜匪知法斂跡，而英逆聞風□（竄）逃。」[58]

　　可見，1843 年（道光 23 年）吞霄街庄的聯庄條款，是新任總理受命之後欲積極作為表現的產物。由於清英鴉片戰爭期間（道光 22 年春），英艦進大安港造成衝突，引起附近居民不安，劉振德因而將「備禦英逆」列為此次聯庄的重點。因此約定：「遵憲諭巡拏盜匪，各庄派撥壯勇，日夜支更梭織巡查，如遇盜匪劫搶，以及英逆脩擾，鳴鑼為號，各庄聯絡協力攻擊。」

　　再者，透過聯庄讓約內居民成一命運共同體。因此，規定遇有村庄被盜竊劫，或道路行旅往來被盜劫搶，該庄應協力圍拏，如袖手旁觀，該庄「究盜賠贓」。又「如盜匪逃入某庄，該庄不拏，即就該庄究盜賠贓。」追捉盜匪而殞命、受傷者的撫卹或醫藥費；擊斃或拏獲盜匪者給予獎賞金，這些費用由街庄舖戶人等均出。將約內各庄視為一整體，如需賠贓或相關費用，是

---

[55] 《淡新檔案》，12203-4，第 3 冊，頁 88-89。

[56] 《淡新檔案》，12203-9，第 3 冊，頁 91。

[57] 《淡新檔案》，12203-16，第 3 冊，頁 95。

[58] 〈道光 23 年 10 月竹南三保吞霄街庄總理等全立合約字〉，《淡新檔案》，12203-17，第 3 冊，頁 95-97。

該庄的共同責任，無人可以置身其外。

　　由於吞霄街為「南北通行大路，誠為要關」，而葫蘆墩（今臺中市豐原區）為北上吞霄的必經之道，因此規約中有「葫蘆墩等處宜暗託妥人打聽，遇有盜賊入淡，先報總理」的條款。「防拏盜匪，備禦英逆」、「酌約防拿盜匪，備禦英逆條規」、「庶盜匪知法斂跡，而英逆聞風竄逃」，「盜匪」「英逆」為聯庄的主要目標，也是地方頭人認定違害地方安寧的因素。

　　可見，民間僉議的聯庄條款，有相當的地方自主性，主事者得視當時環境的需要，而擬定條款。曹謹於英軍侵臺時任淡水廳同知，他參與雞籠、大安的防護，對「英逆」的威脅感同身受，對於「英逆肆擾，備禦一體」的吞霄聯庄規約，並未加刁難而批准。

## （二）清法戰爭下的聯庄組織

### 1、八里坌和竹北的聯防組織

　　因清法戰事而形成的聯庄，有兩份文獻可資討論。一是葉志杰提供的1884 年（光緒 10 年）7 月八里坌等庄的聯庄合約；一是新竹竹北六家林保民珍藏的 1884 年（光緒 10 年）12 月的聯庄合約書。有助於了解清法戰爭時，地方頭人如何透過聯庄來防衛安靖地方。

　　甲、淡水八里坌保等庄聯防

　　此一合約開宗明義說明聯庄的啟動是「奉府憲諭」，由「八里坌保總理」會邀「庄耆畢至，約首咸集」，參與者稱「八里坌保總理暨南灣等坑庄耆約首等」，實際上包括「八里坌保保長」、「八里坌保保正」和六庄頭人等 31 人，因此合約字計六份，由各庄各執一紙。[59]

---

[59] 本聯庄合約只有「縣正堂給八里坌保保長柯合吉戳記」、「正堂陳給八里坌保總理王正德戳記」，之外列有署名者計 31 人，並未特別標誌那些人是「庄耆、約首」。

立約背景是：「法國夷寇無端啟釁，攻撲基隆。……勢成仇敵，致恐內奸滋蔓。」可知聯庄起因於「法國夷寇無端啟釁」，為「正地方，而安良善」以免「內奸滋漫」。當外力威脅時，地方官員惟恐社會內部不安的力量爆發，「倘有遊食之民，妄生邪心，引誘外庄匪徒突入窩藏，結群成黨，行為不軌，不遵約束」。因此，要求人民對於「違法之事，不論何人，奮呼前救，不可袖手旁觀縮身不出。」

從所立條規，可見參與立約者，企求形塑約庄利益與共的想望。因此，禦盜過程傷亡與撫卹、獎賞費用，由約庄共同負擔。「約內之人若被盜無辜罔證者，公同保結」；凡有犯禁，使費銀項，事主出貳，眾庄出捌。[60]可見，對應外力挑戰時，維持社會內部和諧共濟，方能聚集力量共同對外，是立約者的共識。

### 乙、新竹竹北六張犁等庄聯防

1884 年（光緒 10 年）12 月今新竹竹北各庄面對法軍侵擾，也立有聯庄約定。參與的庄計有「東興、六張犁、十張犁、番仔寮庄、隘口庄、鹿場庄、大坽庄、十興庄、蔴園庄、芒頭埔」等 10 庄，其範圍在今新竹縣竹北市之東平、隘口、十興、中興、鹿場、北興、興安等里。[61]是六家林姓族人主要的居住空間。參與立約者除街庄總理、保正、甲首、水長、紳耆之外，還包含當地 21 位結首。[62]

當地總理保正等頭人「蒙諭聯約」，屬被動立約。約中反應當地「閩粵雜處，良莠不齊」的社會特質，致子弟易流入為匪而不覺。而其關鍵在於「近因臺北法防日緊，又屆隆冬」。可見聯庄的原因是該處閩粵雜處、臺北法防日緊以及時處隆冬。立約的目的在於「聯約而後，勿因口角，以私廢公」，達到「靖內而攘外」。

聯防條款的主要內容，包括以下幾項：一、該地若有匪徒，乘間竊發，

---

60 〈光緒 10 年 7 月總理暨大小南灣紳耆約首仝立嚴禁庄規合約字〉，葉志杰先生提供。
61 黃奇烈，〈竹北鄉文獻採訪錄〉，《新竹文獻通訊》，第 8 號（1953.11），頁 3-5。
62 此聯庄的結首非開墾組織的結首，而是由開墾的結首發展而成的社會秩序維護的結首。此當另文討論。

糾眾滋擾，務宜督率壯丁出為救援，共同截拏解究。約內人等，被匪滋擾，被賊搶劫，就近九家壯丁，速即齊到護救。各戶互相接應，由近及遠，各丁悉帶器械追擒，並分派各路截拏。如有一戶不出，就結查實，公罰不貸。二、聯結各庄，無論何家被賊搶劫，結內壯丁赴救，或被賊打傷，聯結約內公全請醫調治，並給賞銀。禦賊而斃者，給喪費香祀銀，其費用約內照股實均派；壯丁拏得劫盜者給予賞銀；被賊挾恨誣攀拏盜者，結內人會同紳耆，具呈保釋，一切需費由眾均派。三、聯結人等倘遇有滋事生端，須投報結首，大事化小、小事化無；至處理不息，再投總保秉公處息，倘敢刁頑不遵，稟官究治。四、賞格花紅、稟官需費，按事主出三、眾庄出七之額，係約內按照各結下股實，分為上中下三等均派，不得推諉頑抗。五、庄中不許窩藏匪類、結交匪徒、透生入熟，如有此情，將人解送，與賊同情。

　　從參與立約的總理、保正、甲首、水長、紳耆，是循著傳統社會的街庄保甲的方式組織動員，也透過「水長」，水資源系統來強化組織的功能。特別值得關注的是，動員了 21 位結首，目前一時無法判斷結與保甲的關係，但很明顯的是結是由 10 家組成，21 位結首代表了當地 210 個家戶，可見到動員組織相當徹底，幾乎將各家戶納入到防禦體系內。[63]希望透過立約，將鄰近的住戶納入地方共同體系，共同維護地方治安。

## （三）清日戰爭與民間防衛組織

　　清日戰爭清政府戰敗割讓臺灣和澎湖與日本，議和期間臺灣社會已顯不安局勢，隨著日軍佔領澎湖、臺灣民主國組成，到日軍登陸領臺，全島譁然。除了各地義軍保家抗日外，為維護街庄安寧，紛紛組織聯庄。目前蒐到有關日清戰爭的聯防契字有兩張，分別是葉志杰提供的八里坌大小南灣寶斗厝坑等庄約契；另一張是《臺灣慣習記事》收錄的芝蘭三保頂圭柔山等庄

---

[63] 約內提及「凡我約內人等，無論何家被匪滋擾，何人被賊搶劫，就近九家壯丁，速即齊到護救。」當可推知每結十家。

之聯庄契字。

## 1、八里坌大小南灣等庄的聯防組織

此一合約參與立約的是「八里坌大小南灣寶斗厝坑庄、嘉溪仔坑庄、瑞樹坑庄等處各庄耆、約首暨總理、地保等，為奉憲禁庄以靖地方事。」實際參與者除總理、地保之外，只有總約首和四庄約首，合計七人在合約上鈐印、具名。上述地點，主要分布在今新北市八里區和林口區。

立約的動機為「外夷擾境」，恐庄民玩法橫生，或開場設賭，或聚黨為盜，或乘危劫奪，或姦拐宣淫，或貪利挺兇，或恃強凌弱，種種惡習在所嚴禁。由於是「奉憲禁庄」，啟動立約的是官方，總理、地保因而相邀妥議，嚴立條規，要求「凡屬各庄人等，俱宜恪守章程，共遵約束，守分營生，安居樂業；……如是人皆善良，異姓無殊於同姓。」

其議定之合約條款與一般庄約大致相當。（1）鼓勵庄民用力擒拏入庄之搶匪，賞銀給擊斃或生擒搶匪者；對於抗匪傷亡或殘廢者，給予鼓勵銀。（2）為庄內的和諧，凡遇有衝突，聽庄耆公斷；不准勾結私通叛逆、不准開場聚賭，窩藏匪類，姦拐婦女；嚴禁盜竊五穀牛豬羊雞鴨，以及傷毀樹木竹林茶叢菓子瓜菜；不准外方異端邪行，入庄詐索。（3）規定擒賊送官的費用，事主出三，庄眾貼七。（4）特別值得注意的是規定「各庄凡與官軍兵勇買賣，不准私設輕秤，不准高板貨價，一概公道兩平，違者公革出庄」、「官軍兵勇如入各庄，蹂躪五穀、樹木、竹林等物，以及欺辱居民者，會眾公誅，坐視者公罰」。（5）本契鈐有「縣正堂李給八里坌保太平頂各庄總理宋明芳戳記」、「縣正堂李給八里坌保地保林成春戳記」，並有總約首及四庄約守署名。[64]可見本次聯庄雖經啟動，但地方頭人並未強力動員。

## 2、芝蘭三保頂圭柔山等庄的聯防組織

芝蘭三保頂圭柔山在今淡水，《臺灣慣習記事》蒐錄 1895 年（光緒 21

---

[64] 〈光緒 21 年 4 月八里坌堡大南灣小南灣等庄仝立違庄合約字〉，葉志杰先生提供。

年）芝蘭三保頂圭柔山等庄之聯庄契字，該契已被翻譯成日文，借未能保存原貌。該契的重點，整理如下：（1）立約人為芝蘭三堡頂圭柔山等九街庄紳董、總理、庄耆和約首等地方頭人。（2）立約背景在甲午戰後，「值此干戈騷擾之際，雖各處嚴戒，恐僻地生匪」。因此當內憂外患並起，各庄遵憲諭啟動立合約的機制，來安定地方。

約文與一般庄約類同，包括：不得窩藏、庇護匪類；各庄相互扶持遇有匪警，不論晝夜風雨，各庄壯丁齊馳赴救；各庄壯丁應常整備炮銃等武器，以備防禦。平時壯丁巡察，遇事以鑼為號趕赴救護；禦匪過程傷斃者給銀，捕獲盜匪者以銀獎勵；聯庄一體，有被誣陷者，同力保結；所需費用，各庄均出。[65]

這兩份合約其主要內容可見：一、奉諭所立合約、庄規並無太大的差異，條規序言，均載「外夷擾境」（八里坌）、「值此干戈騷擾之際」（頂圭柔庄）而立約聯庄。而聯庄背後，均出現「奉憲禁庄，以靖地方」（八里坌）、「各庄遵憲，共立合約」（頂圭柔庄）。可見聯庄的啟動均為官方主導，均透過街庄的總理、地保來召集。二、其條規多在團結庄眾，不可勾結、藏匿匪徒，有事憑公為斷，共同分攤聯庄經費等，以形塑聯庄一體，以共同抵抗外來匪徒，安靖地方。值得注意的是八里坌的合約關注到與官軍兵勇買賣，一定要公平交易，勿引起庄民與兵勇衝突。兵勇若有傷害到五穀和樹木竹林，或欺壓庄民，由庄眾共同抵擋。

總之，因禦外侮而訂立的聯庄合約，其約文、條規，以一般的庄規和庄禁為基調，因此內容並無太大的差異。立約者關心的是如何透過庄規來約束庄民，是「靖內而攘外」的思維。因此，其內容多屬聯庄秩序的維持，勿使國家統治的子民，成為外夷的協力者。然而，官方主導聯庄的目的，更著重在安內攘外，但民間則企望形塑「異姓無殊於同姓」的社會氛圍，同姓在傳統社會是血緣凝聚的象徵，也是一個利益共同體，這是立約的終極目標。

[65]　〈光緒 21 年芝蘭三堡聯庄規約〉，頁 10-13。

# 柒、結語

　　移墾社會人民的社會組織，以祭祖之血緣嘗會和祀神之地緣神明會為基礎。而傳承自原鄉的風水觀，影響移民生活甚巨。因此在移墾建庄之際，來龍與風水格局，事涉全庄的安寧與發展，有賴庄民共同維護。水是農民維生體系的重要資源，陂塘水圳應運而生，共同遵守的水利秩序，必需不斷宣示強化。拓墾進入內山，遭到原住民劇烈抗拒，墾民必需團結自保，甚至與原住民協議，取得彼此有利的條件。這些具共同利害關係者，往往自主性訂立規約，共同遵守，以確保彼此的共同利益。清代臺灣械鬥頻繁，統治末期又屢遭外力的覬覦。在械鬥與外力衝擊下，國家強化社會力量，組織民眾，以穩定社會秩序。北臺灣民間安全體系的建構，有以下幾項值得觀察。

　　民間安全體系的建構，不必然以治安維護為目的。水資源與龍脈的維護、與原住民關係的建構，事涉聚落能否延續發展，是鄉村安全體系的一環。為維護宗族的利益，其成員往往跨越聚落動員，鄰近庄社的同姓族人多被動員，共同團結守護族人。這類整合的方式，多由地方士紳、頭人主動發啟，與人民有直接的利害關係。因此，組織動員力甚強，容易深度動員。

　　因應械鬥、外患而立定的規約，多由地方官員啟動，地方士紳頭人配合辦理。尤其到清末，在外力威脅下，安全體系的建構，多著重內部的安靖，聯庄的目的在於「靖內而攘外」。這類奉諭而設的社會組織，主要透過街庄總理、地保等來動員立約，地方頭人多被動參與。雖然組織動員的空間較大，但其力道，反而不如自發性的組織。

　　北臺灣民間安全體系的建構，無論是自發性組組織，或是奉憲諭被動組成。其組成規約的內容，同中有異，異中有同；差異性甚大。可見地方頭人在議定規約時，具相當的自主性。

　　先民移居臺灣，尋找讓後代子孫存續發展的地方。先民最佳開基建庄的地方，得是來龍好脈，確保丁盛財旺，地方得以繁榮發展；得有險要形勢，建構有形防禦措施，屏除外力侵襲；聚落外能有良田環繞，水源充足且無水患。藉以建立安全，又利維生的空間。此外，乃須輔以各種社會機制，建構

安全網絡，本文所討論的各種民間自主性安全措施即是。當社會失序，以及械鬥、外患來臨之際，在官方動員下組織聯庄，建立安全體系。凡此，居民得以建構有利的安全體系，確保庄社安全。

　　本文所討論的安全體系，多著重於街庄聚落社會面的機制。臺灣民間另有無形的安全體系思維，多透過信仰與民俗的儀式來建構，這部分有待另文討論。

# 徵引書目

## 一、契約文書

〈光緒 21 年 4 月八里坌堡大南灣小南灣等庄仝立違庄合約字〉，葉志杰先生提供。
〈光緒 10 年 7 月總理暨大小南灣紳耆約首仝立嚴禁庄規合約字〉，葉志杰先生提供。
《岸裡社文書》，臺灣大學圖書館。
《苗栗造橋謝家古文書》，苗栗造橋謝成登先生提供。
《新竹北埔姜家史料》，新竹北埔姜家提供。
《劉中立家族譜與史料》，中央研究院臺灣史研究所。
淡新檔案校註出版編輯委員會，《淡新檔案》（臺北：國立臺灣大學圖書館，1995-2009）。
陳龍貴、鄭永昌、洪健榮等編，《臺中東勢詹家清水黃家古文書》（臺北：國立故宮博物院，2008）。
臺灣慣習研究會，《臺灣慣習記事》，第 7 卷第 3 號（1903.07）。

## 二、方志

不著撰人，《嘉義管內采訪冊》，臺灣銀行經濟研究室，臺灣文獻叢刊第 58 種。
沈茂蔭，《苗栗縣志》，第 8 卷，臺灣銀行經濟研究室，臺灣文獻叢刊第 159 種。
周鍾瑄，《諸羅縣志》〈風俗志〉，臺灣銀行經濟研究室，臺灣文獻叢刊第 141 種。
林百川、林學源，《樹杞林志》，臺灣銀行經濟研究室，臺灣文獻叢刊第 63 種。
張雙旺等編輯，《造橋鄉志》（苗栗：苗栗縣造橋鄉公所，2009）。
陳培桂，《淡水廳志》，臺灣銀行經濟研究室，臺灣文獻叢刊第 172 種。
陳淑均，《噶瑪蘭廳志》，臺灣銀行經濟研究室，臺灣文獻叢刊第 160 種。

## 三、文集

藍鼎元，《東征集》，臺灣銀行經濟研究室，臺灣文獻叢刊第 12 種。
鄭用錫，《北郭園詩鈔》，臺灣銀行經濟研究室，臺灣文獻叢刊第 41 種。
姚瑩，《中復堂選集》，臺灣銀行經濟研究室，臺灣文獻叢刊第 83 種。
陳盛韶，《問俗錄》（南投：國史館臺灣文獻館，1997）。

## 四、時人著述

石萬壽，〈臺南府城的城防〉，《臺灣文獻》，第 30 卷第 4 期（1979.12），頁 140-166。

池永歆，〈傳統客家聚落空間的構成：以臺中東勢大茅埔為例〉，收於國立臺灣師範大學地理學系主辦，「全球客家地域學術研討會論文集」，2003 年 10 月 25-27 日，頁 243-258。

吳國城，〈洪水生番相繼為患，石壁坑開庄歷盡艱辛－如今沃野千里譽稱穀倉〉，《山城週刊》（1984.06.04），第 4 版。

吳學明、陳凱雯，〈姜紹祖及其先人之禦侮事蹟〉，《臺灣史上重要人物系列（二）》（臺北：國立歷史博物館，2011），頁 72-89。

何培夫，《臺灣地區現存碑碣圖誌（新竹縣市篇）》（臺北：國立中央圖書館臺灣分館，1998）。

李進億，《水利秩序之形成與挑戰—以後村圳灌溉區為中心之考察（1763-1970）》（臺北：國史館，2015）。

林玉茹，《清代臺灣港口的空間結構》（臺北縣：知書房出版社，1996）。

林偉盛，《羅漢腳—清代臺灣社會與分類械鬥》（臺北：自立晚報文化出版部，1993）。

林聖蓉，〈從番界政策看臺中東勢的拓墾與族群互動（1761-1901）〉，國立臺灣大學歷史研究所碩士論文，2008。

洪健榮，《龍渡滄海：清代臺灣社會的風水習俗》（臺北：花木蘭文化出版社，2015）。

黃奇烈，〈竹北鄉文獻採訪錄〉，《新竹文獻通訊》，第 8 號（1953.11），頁 3-5。

溫振華，〈清代臺北盆地經濟社會的演變〉，國立臺灣師範大學歷史研究所碩士論文，1978。

溫振華，《清代東勢地區的土地開墾》（臺北：日知堂文化事業有限公司，1992）。

葉志杰，〈清代臺灣鄉治與庄規—從林口庄規解讀〉，《臺北文獻》直字第 149 期（2004.09），頁 85-102。

蔡淵挈，〈清代臺灣基層政治體系中非正式結構之發展〉，《臺灣師大歷史學報》，第 11 期（1983.06），頁 97-111。

鄭威聖，《鄉賢與土豪：清代臺灣街庄總理與地方社會》（新北市：花木蘭文化出版社，2014）。

戴炎輝，《清代臺灣之鄉治》（臺北：聯經出版事業公司，1979）。

第
二
輯 | 日治臺灣的教育
與信仰

# 近代臺灣初等教育中的國語讀本編寫與內容分析

鄭政誠[*]

## 摘要

　　為求政令宣達與殖產興業，日人在殖民統治臺灣之初，隨即展開新式教育。在初等教育部分，主要透過「公學校」強化漢人子弟的學習，至於原住民學童，則透過「蕃人公學校」與「蕃童教育所」的設置達其成效。由於日、臺的多元差異與殖民統治，加以清領時期漢人或原住民學童皆非使用日語，為此，殖民政府須透過教科書的編寫，一方面讓臺灣學童儘速嫻熟日語，另方面則是透過日語吸收殖民政府所要傳達的各種思想與內容。其中在公學校部份，共五期 60 卷的國語教科書，無疑是最主要的工具與媒介之一；而在原住民部份，諸如《蕃人讀本》4 卷與《教育所用國語讀本》8 卷，也提供了此種功能。

　　透過對日治時期公學校國語教科書與蕃童教育所國語讀本內容的分析與解讀，大致可歸納出日人欲透過教科書以宣揚其治臺理念，即日本化、近代化、城市化與農業化，藉此強化其對帝國邊疆的有效作為及治理。另方面，

---

[*] 國立中央大學歷史研究所教授。

透過比較臺灣漢人與原住民學童所閱讀的國語教科書，也可知悉日本政府在處理不同族群時所採用的差別策略與選樣內容。

關鍵詞：國語讀本、日本化、近代化、城市化、農業化

# 一、前言

　　日人自 1895 年治臺後，為求政令宣達與殖產興業，遂在臺灣推展新式教育，其中又以日語傳布與初級技術人員養成為主要教育目標。在初等教育部分，主要透過公學校強化臺人子弟對日語的學習，以利臺日人溝通及政令宣達。至於原住民部份，除設有蕃人公學校外，對山地部落亦設有由警務系統監督管理的蕃童教育所。由於清領時期臺人或原住民皆非使用日語，為此，殖民政府須開展日語教育，除讓臺灣兒童得以嫻熟日語外，更重要者即是藉由日語來吸收殖民政府所要傳達的各種思想與內容。其中在公學校部份，共 5 期 60 卷的國語教科書，無疑是最主要的工具與媒介之一。[1]

表 1　公學校國語讀本各期書名、卷數與出版時間

| 期別 | 出版時間 | 書名 | 卷數 |
|---|---|---|---|
| 第一期 | 1901-1903 | 臺灣教科用書國民讀本 | 卷 1-12 |
| 第二期 | 1913-1914 | 公學校用國民讀本 | 卷 1-12 |
| 第三期 | 1923-1926 | 公學校用國語讀本（第一種） | 卷 1-12 |
| 第四期 | 1937-1942 | 公學校用國語讀本 | 卷 1-12 |
| 第五期 | 1942-1944 | コクゴ／こくご | 卷 1-4 |
| | | 初等科國語 | 卷 1-8 |

資料來源：吳文星等編，《日治時期臺灣公學校國語讀本：解說、總目次、索引》
　　　　　（臺北；南天書局，2003）。

　　歷來對此國語教科書與殖民政策連結的探究已多有成果，如蔡錦堂針對第一、二期教科書，提出具「國民性格涵養」與「授實學」之特質；[2]周婉窈也針對最多學生使用的第三期教科書進行分析，提出「實學」與「鄉土教材」

---

[1] 此套公學校國語教科書原本因戰爭與政權更替而多所散佚，幸賴海內外有志者四處蒐羅，最後在 2003 年由臺北南天書局悉數復刻出版。見魏德文，〈從重刊《日治時期臺灣公學校與國民學校國語讀本》看教材印製史與景印始末記〉，《臺灣教育史研究會通訊》，第 30 期（2003.12），頁 31-33。

[2] 蔡錦堂，〈日本治臺初期公學校「國語」教科書之分析〉，收於鄭樑生主編，《中國與亞洲國家關係史學術研討會論文集》（臺北：淡江大學歷史系，1993），頁 245-299。

是該期教科書最為側重之處；[3]另，許佩賢也曾就第五期教科書進行討論，認為該期教科書配合戰爭書寫，以塑造臺灣兒童為日本少國民，雖有新教育觀與教育方法出現，然其本質仍是為政治而服務。[4]此外，尚有學者特別針對國語教科書可形構出的專題為文，如劉書彥對教科書中臺灣社會的描繪，指出日本殖民母國雖以創造民族國家為目標，但對臺灣這座殖民地所進行的統合與支配卻是虛假的同化。[5]周婉窈也曾針對教科書插畫中的臺灣人形象撰文，指出日人隨殖民統治政策變化，「定義」且「他塑」臺灣人的形象；[6]而林竹君也曾以藝術觀點，討論教科書插畫繪製者的經歷和風格、圖像意涵及畫家如何以自身認知和各種材料輔助，為臺灣學童提供生活記憶圖像，並且打造他們對於未來想像的模型。[7]另外，蔡秀美則針對消防議題，指出殖民者灌輸臺灣學童消防觀念，涵養學童對公共事務的關心，並在戰爭時期透過實際演練，將學童納入總力戰體制的一環；[8]王韶君則對中國議題較有興趣，提出現代中國在該套教科書中只是片面中國，甚至只是出現在日本的大東亞地理概念下的中國，呈現「缺少」、「淡化」與「制約」的特質。[9]最後，許佩賢、陳虹彣、鄭昱蘋也都提出此套國語教科書的設計雖以整體臺灣為主題，卻連結出臺灣學童對殖民母國的進步想像與希望願景，有高度殖民意識的操

---

[3] 周婉窈，〈實學教育、鄉土愛與國家認同──日治時期臺灣公學校第三期「國語」教科書的分析〉，收於該氏著，《海行兮的年代──日本殖民統治末期臺灣史論集》（臺北：允晨文化公司，2003.02），頁 215-294；周婉窈，〈鄉土臺灣在日治時代公學校教科書中的地位〉，收於中央圖書館臺灣分館、國立臺灣師範大學歷史學系主辦，《鄉土史教育學術研討會論文集》（1997），頁 1-32。

[4] 許佩賢，〈從戰爭期教科書看殖民地「少國民」的塑造〉，《臺灣風物》，第 46 卷 1 期（1996.03），頁 63-93。

[5] 劉書彥，〈探究日本語教科書中殖民統治者對臺灣社會之觀點〉，《臺灣風物》，第 46 卷 3 期（1996.09），頁 15-71。

[6] 周婉窈，〈寫實與規範之間──公學校國語讀本插畫中的臺灣人形象〉，《臺大歷史學報》，第 34 期（2004.12），頁 87-147。

[7] 林竹君，〈記憶的編纂──臺灣公學校國語讀本插畫之研究〉，國立中央大學藝術學研究所碩士論文，2006。

[8] 蔡秀美，〈日治時期臺灣公學校的消防教育──以國語、修身教科書為中心〉，《臺灣學研究》，第 14 期（2012.12），頁 117-146。

[9] 王韶君，〈從漢文化流域到北方國境線：日治時期臺灣公學校國語教科書中的「支那」言說與再現〉，《文史臺灣學報》，第 8 期（2014.06），頁 75-112。

作特質。[10]

　　至於在原住民部份，為傳遞日本皇國精神與物質文明，藉此啟蒙、教化臺灣原住民學童，使其取代舊有頭目、長老勢力，成為未來部落中堅，臺灣總督府也編有原住民學童使用之國語教科書。在 1915 年之前，由於與公學校使用者相同，但因內容較為艱深不甚適用，臺灣總督府乃於 1915 至 1916 年另行編纂刊行《蕃人讀本》4 卷，供原住民學童使用。[11]該《蕃人讀本》主要以日語為主，漢字使用甚少，不使用臺灣語及原住民語，插畫部分也只選定日本相關事物，藉此養成原住民學童對日本國家的順良，並使其了解殖民母國的文明與強大。[12]此後，隨教育政策調整更易，臺灣總督府警務局在 1928 年改刊行《教育所用國語讀本》8 卷取代既有《蕃人讀本》4 卷，直至 1945 年日本戰敗。根據北村嘉惠的研究，謂該讀本原以小、公學校教科書為主，但因考量「蕃人生活及思想極其單純」，故最後內容設計編寫較為簡易。[13]由於此套教育所國語讀本沿用近 20 年，對臺灣原住民知識傳遞與學習可謂有一定程度影響，然因歷來研究較寡，故值得高度檢視，並與公學校國語教科書的先行研究對話與連結。

　　要之，本文即是以日治時期公學校國語教科書與蕃童教育所國語讀本內容為分析對象，探悉日人如何鋪排、設計臺灣學童所應瞭解與認識的日本。其次，檢視日人如何透過教科書宣揚近代化、城市化與農業化，以強化其對帝國邊疆的有效作為及治理。最後，也嘗試比較臺灣漢人與原住民學童所閱讀的這兩套國語教科書在書寫策略與內容上的異同。

---

10 許佩賢，〈塑造殖民地少國民—日據時期臺灣公學校教科書之分析〉，國立臺灣大學歷史研究所碩士論文，1993；陳虹彣，〈日本殖民統治下臺灣教育政策之研究—以公學校國語教科書內容分析為例〉，國立中山大學教育研究所碩士論文，2001；鄭昱蘋，〈從「移植」到「重構」—論公學校五期國語教科書的「臺灣」教材〉，國立臺中教育大學語文教育學系博士論文，2012。
11 臺灣教育會，《臺灣教育沿革誌》重印本（臺北：南天書局，1995），頁 500。
12 松田吉郎，《臺湾原住民と日本語教育—日本統治時代臺湾原住民教育史研究—》（京都：晃洋書房，2004），頁 56-57。
13 北村嘉惠，《日本植民地下の臺湾先住民教育史》（札幌：北海道大學出版會，2008），頁 116-119、203。

## 二、皇國與日本文化的灌輸

　　有關公學校國語教科書的設計與內容，學界已多有討論，其中有關日本歷史文化、皇室與國家關係的議題可謂是編寫重點，如蔡錦堂對第一期與第二期國民讀本的分析，發現此等教科書在「皇室關係」與「國家關係」方面的編寫，第一期有 15 課，第二期則較前期增加 9 課為 24 課，佔整體教材內容 11%，反映 1905 年日俄戰爭後日本在尊崇皇室與忠愛國家的風潮上更為向前。[14]無獨有偶，周婉窈也曾針對第三期《公學校用國語讀本》進行分析，指出該套教科書中雖有實學教育知識的傳佈、臺灣鄉土事物的鋪排，但有關日本歷史、文化、神話與皇室、國家關係者，卻仍有高度比重。（見下表 2）

表 2　臺灣公學校第三期國語教科書類別與課數一覽

| 類別 | 課數 |
| --- | --- |
| 日本歷史、文化、地理 | 40 |
| 天皇關係、愛國教育 | 19 |
| 實學知識、近代化 | 68 |
| 臺灣事物 | 67 |
| 道德教育 | 46 |
| 勞動者 | 6 |
| 中國事物 | 5 |

資料來源：周婉窈，〈實學教育、鄉土愛與國家認同—日治時期臺灣公學校第三期「國語」教科書的分析〉，頁 226。

　　此外，陳虹彣也曾經針對第一期至第四期公學校國語教科書進行內容分類與量化分析，提出雖然有關日本國內事情的介紹各期比重增減不一，但國民精神與軍事教材二類卻有逐期增高之傾向。（見下表 3）

---

[14] 蔡錦堂，〈《臺灣教科用書國民讀本》與《公學校用國民讀本》〉，收於吳文星等編著，《日治時期臺灣公學校與國民學校國語讀本—解說・總目次・索引》（臺北：南天書局，2003），頁 46、53。

表 3　臺灣公學校第一期至第四期國語教科書類別與比重一覽（百分比％）

| 期別＼類別 | 第一期 | 第二期 | 第三期 | 第四期 |
|---|---|---|---|---|
| 道德教育 | 21.04 | 13.27 | 21.89 | 16.18 |
| 實學教育 | 35.3 | 31.12 | 37.28 | 36.84 |
| 生活與衛生習慣 | 6.03 | 3.05 | 3.08 | 2.47 |
| 國民精神 | 8.84 | 9.60 | 6.22 | 16.45 |
| 軍事教材 | 0.71 | 0.81 | 1.14 | 7.13 |
| 性別教材 | 1.42 | 1.08 | 0.54 | 0.09 |
| 內地事情 | 5.28 | 2.87 | 1.81 | 2.10 |
| 臺灣事情 | 13.11 | 9.15 | 7.43 | 5.58 |
| 一般語言教材 | 8.23 | 29.06 | 20.62 | 13.16 |

資料來源：陳虹彣，〈日本殖民統治下臺灣教育政策之研究—以公學校國語教科書內容分析為例〉，頁 167。

　　透過前述蔡錦堂、周婉窈與陳虹彣對公學校國語教科書的分析，可發現在「日本化」這個課題上，總督府所傳遞者主要是日本史地、皇國史觀、國民精神與文化祭儀等，藉此灌輸臺灣學童文明日本、皇國精神與忠君愛國之念。由於「國民性格的涵養」本為日本對臺的重要教育政策之一，[15]因此，在公學校國語教科書的設計中，日本皇國精神、傳統文化事物與特殊節慶祭儀確實多成為主要內容，如在第一期的教科書中就出現〈天長節〉（6 卷 8 課）、〈紀元節〉（7 卷 1 課）、〈宮城〉（7 卷 2 課）、〈日本的地圖〉（8 卷 1 課）、〈臺灣神社〉（8 卷 9 課）、〈仁德天皇〉（9 卷 1 課）、〈醍醐天皇〉（8 卷 1 課）、〈我國的歷史〉（12 卷 2、3 課）、〈黃海之戰〉（12 卷 8 課）、〈明治聖代〉（12 卷 20 課）等有關皇室與國家內容。第二期教科書中又增加諸如〈皇后陛下〉（7 卷 1 課）、〈太陽旗〉（7 卷 1 課）、〈皇大神宮〉（9 卷 1 課）、〈水兵之母〉（10 卷 14 課）、〈乃木大將〉（10 卷 23 課）及〈昭憲皇太后御歌〉（11 卷 1 課）等項。

　　至第三期教科書，誠如前述周婉窈的統計，相關介紹日本皇室、國家與歷史文化者已接近 60 課，新增者如〈桃太郎〉（3 卷 28-30 課）、〈浦島太郎〉

[15] 臺灣總督府，《臺灣總督府府報》，第 1738 號（1919.01.12），頁 30-31。

（4卷14、15課）、〈開花爺爺〉（4卷28-30課）等日本傳統寓言故事及〈明治節〉（4卷3課）、〈明治神宮〉（10卷1課）、〈日本海海戰〉（11卷11課）、〈兒玉大將〉（12卷15課）等皇室國家戰爭者。至第四期教科書出版時，由於已進入中日戰爭時期，軍國思想的灌輸更形迫切，是以諸如〈神武天皇〉（6卷4課）、〈神宮參拜〉（9卷2課）、〈日本的軍隊〉（9卷5課）、〈興亞奉公日〉（9卷6課）、〈參拜靖國神社〉（11卷3課）、〈我們的海軍〉（11卷7課）、〈皇民奉公會〉（12卷21課）、〈皇國之姿〉（12卷22課）等課程內容即新增紙上。至最後第五期教科書時，隨戰爭形勢更為迫切險峻，教科書中更出現如〈大神的使者〉（初等科國語1卷18課）、〈三勇士〉（2卷21課）、〈日本武尊〉（3卷7課）、〈護國神社〉（3卷9課）、〈空中軍神〉（7卷7課）等戰時軍國的描繪，藉此讓臺人子弟同仇敵愾，共赴國難。此外，在人物的選定上，教科書也大多選擇日本皇室、商人、實業家、武士、官吏、社會事業者、勞動階級及文學人物等模範，藉此成為臺灣學童效仿學習之對象。

　　至於原住民學生所使用，原以小、公學校教材為本的《教育所用國語讀本》，其實際內容又是如何？檢視8卷本的內容與插畫，其有關日本認識的記述大致可如下表4所列：

表4　《教育所用國語讀本》內有關日本皇國文化之內容

| 卷數 | 課文內容（課數） | 日文課名 | 類別 |
|---|---|---|---|
| 一 | 日本國旗、軍隊 | --- | 國家象徵 |
| 二 | --- | --- | --- |
| 三 | 天長節（9） | テンチャウセツ | 國家祭儀 |
| | 飛機（15） | ヒカウキ | 交通工具 |
| 四 | 玩偶受傷（16、17） | 人形ノ病氣 | 日本文化 |
| 五 | 神武天皇（1、2） | ジンムテンノウ | 日本皇室 |
| | 臺灣總督府（9） | タイホク | 臺灣行政與教育設施 |
| | 臺北第一師範學校（10） | 兄サンヘ | |
| | 浦島太郎（12） | うらしまたらう | 日本童話 |
| | 猴子與螃蟹（16、17） | 猿とかに | |

| 六 | 宮城（1） | 宮城 | 日本皇室與皇族 |
| | 能久親王（2） | 能久親王 | |
| | 臺灣總督府、臺灣神社（7） | はがき | 臺灣行政設施 |
| | 軍艦（10） | クッツドウシャシン | 軍事設施 |
| | 祈年祭、神嘗祭（14） | お祭 | 國家祭儀 |
| | 開花老爺（17、18） | はなさかぢい | 日本童話 |
| 七 | 明治天皇（1） | 明治天皇 | 日本皇室 |
| | 大正天皇（15） | 大正天皇 | |
| | 明治節（1） | 明治天皇 | 國家祭儀 |
| | 櫻花（2） | 櫻 | 國家象徵 |
| | 吉野紙（3） | 蠶 | 日本地名 |
| 八 | 天皇陛下（1） | 天皇陛下 | 日本皇室 |
| | 仁德天皇（8） | 仁德天皇 | |
| | 新年（10） | 新年 | 日本文化 |
| | 大日本帝國（14） | 大日本帝國 | 國家 |
| | 日之丸（2） | 日の丸 | 國家象徵 |
| | 教育敕語（18） | 教育ニ關スル敕語 | |

資料來源：據《教育所用國語讀本》各卷內容歸納而得。

　　從上表 4 大致可歸納出總督府欲傳遞給臺灣原住民學童的日本觀，舉凡天皇、皇族、國旗、國歌、神社、國家祭儀、日本童話故事與地名等，象徵日本皇國精神與文化思想者，在教科書中多可看見，且與公學校國語教科書多有重複。而從認識國旗開始到瞭解教育敕語終結，也可知悉日本欲透過該套教科書傳遞國家主義的體現。

　　要認識日本，屬日本文化或特有事物者，教科書更應注意，是以如〈浦島太郎〉（5 卷 12 課）、〈猴子與螃蟹〉（5 卷 16、17 課）、〈開花老爺〉（6 卷 17、18 課）等日本童話故事，日本新年需立門松（8 卷 10 課），日本吉野、嵐山、上野、向島等地盛產櫻花（7 卷 2 課）及吉野紙的出現（7 卷 3 課）等，亦為該套教科書所重。值得注意者乃該套教科書在人物的衣著上，雖也注意到原住民傳統衣飾，但因各部落服飾多有不同，故插圖所繪不多，且多以「模範蕃社」為主，但最具日本代表的和服卻時常出現，是以教科書內的人物衣著無論男女老少，多以和服為主。在 4 卷首課〈太郎的親切〉中，即描繪穿著和服的太郎與三郎兩位學生在上學途中，三郎因不慎被石頭絆倒而

滿身是泥，原本不敢上學要返回家中，幸賴太郎有另套和服借他穿著，方解決這場困境。[16]雖然課文要表達太郎的親切與助人，但穿著整齊、乾淨、無汙損的和服上學，無疑才是總督府設想的「模範蕃童」行為與準繩。

　　非僅是日本和服象徵日本文化，為使臺灣原住民學生對日本有親切感而巧妙傳輸日本知識，在該套教科書的人名選樣上也大量使用日本姓名。經筆者統計，該套教科書日本男子（姓）名出現的情況為：太郎 23 次、次郎 11 次、一郎 8 次、三郎 8 次、正吉 6 次、四郎 5 次、五郎 2 次，大木一郎、大木二郎與春二都出現 1 次。至於在女子部分，愛子出現 11 次，花子出現 6 次。總計 8 卷本的《教育所用國語讀本》共出現 83 次的日本人名（男 66 次，女 17 次），卻無一是臺灣漢人或原住民名字，可見該套教科書正是希望臺灣原住民學童以身為日本臣民為榮，也是另一種對日本事物熟知的鋪排。

## 三、交通工具與設施的強化

　　由於抗日風起雲湧，日人統治初期多採高壓手段，唯以武力應對終非統治良法，為此，臺灣總督府改採「鞭子」與「糖飴」雙管齊下策略，透過各種近代化設施或教育方式收攬民心，而最能讓臺灣民眾感受到近代化氛圍者，莫過於各項交通設施的強化，是以公學校五期國語教科書中，如郵輪、燈塔、汽船、鐵路、電力、郵政等近代化交通工具與設施描繪便經常出現。

　　首就海運而言，聯繫日本與殖民地臺灣的交通設施當屬輪船與引航的燈塔，在國語教科書所描繪的近代化事物中常出現此類，如第三期教科書的〈基隆到神戶〉一課，不但描繪海上客輪的遠洋航行能力，還特別標示其巨大樣貌，文曰：

---

[16] 臺灣總督府警務局，《教育所用國語讀本》，第 4 卷第 1 課，〈太郎的親切〉（臺北：臺灣總督府警務局，1934），頁 1-3。

船很大，……有一百三、四十米長，二十米寬，煙囪直徑有四米，船
上旗桿高三十五米，……在船尾看到因螺旋槳推進器而產生的波
浪，……在船橋無論何時都看到手拿望遠鏡的舵手，守護著船的行
進，還有精確的海圖與羅盤，因此在這無垠的大海上也不用擔心航
路。……照事務員的說法，此船為大正元年（按：1912）建造，花費
六百萬圓，有一百六十名船員，七百三十六名船客，載重量有六千多
噸。[17]

　　由於近代海航知識與技術的具備，遠洋航行已不構成問題，唯在抵達各
海港前仍須有相對應的航路導引，為此，燈塔此項設施也成為重要角色。由
於臺灣四面環海，教科書在相關海運描繪中，也常標示燈塔所在位置與重要
性，如第三期〈燈塔〉一課中寫到大型燈塔可散發出數萬燭光芒，在數十里
遠方都可看見，若遇大霧而無法看到光亮時，尚可運用敲鐘、鳴笛或發射大
砲等方式示之。臺灣海岸有許多燈塔，當中著名者如北邊的彭佳嶼和南方的
鵝鑾鼻，又在澎湖附近海域因海難多生，也設有不少燈塔。[18]
　　在第二期〈臺灣一周〉一課中，教科書再度介紹臺灣各地燈塔，並附上
地圖，課文提到從基隆出發，約到基隆嶼往西迴轉不久後即看到富基角（富
貴角）燈塔，為臺灣最北燈塔。續往西南，過淡水後在左方可看到紅白相間
亮光，即白沙岬燈塔（位於今桃園市觀音區）。而在離島澎湖部分，在離開
媽宮（馬公）後，可看到漁翁島燈塔與北島燈塔；再往臺灣南端，恆春大板
埒（今恆春南灣）東南方有鵝鑾鼻，該處也有著名燈塔；最後往北進入鼻頭
角燈塔再往西即可看到基隆嶼。[19]在臺灣多處燈塔中，位居最南端的鵝鑾鼻，
因面向南洋，除為二戰前日本最南境之外，為呼應日本南進政策之舉，在第

[17] 臺灣總督府，《公學校用國語讀本》（第三期），第 10 卷第 3 課，〈基隆到神戶（二）〉
（臺北：臺灣總督府，1931），頁 14-16。
[18] 臺灣總督府，《公學校用國語讀本》（第三期），第 8 卷第 5 課，〈燈臺〉，頁 17-18。
[19] 臺灣總督府，《公學校用國民讀本》，第 12 卷第 4 課，〈臺灣一周〉（臺北：臺灣總
督府，1914），頁 7-12。

三期教科書中還特別將〈鵝鑾鼻〉列為一課，並以詩歌方式描述。[20]

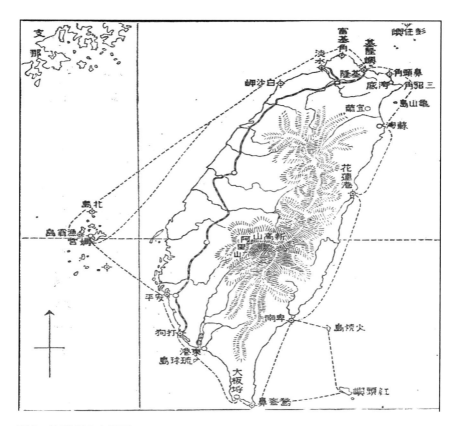

圖 1　臺灣環島交通圖
資料來源：臺灣總督府，《公學校用國民讀本》，第 12 卷第 4 課，〈臺灣一周〉，頁 9。

　　除郵輪、燈塔外，從海港進入內河，教科書也常提到以蒸汽為動力的汽船此種近代航行工具，如在第三期〈船〉一課中，教科書還特別以臺灣學童「阿生」為主角，敘述他與父親同至高雄港時，在港口看到從未見過的大船，尤其對大汽船冒煙多感興趣，最後透過父親告知，其動力來源正如同火車加煤產生蒸氣般，[21]教科書所要傳達給學童的近代化動力傳輸知識也於焉成

---

20　臺灣總督府，《公學校用國語讀本》（第三期），第 11 卷第 3 課，〈鵝鑾鼻〉，頁 11-13。
21　臺灣總督府，《公學校用國語讀本》（第三期），第 6 卷第 3 課，〈船〉，頁 6-8。

形。另外，在同期教科書第 8 卷的〈臺北〉一課中，也提到繁榮的臺北大稻埕河岸旁，無論何時都聚集著戎克船（Junk）與汽船，且與下游淡水港的來往絡繹不絕，[22]再次傳遞臺灣學童此種蒸汽動力船的內河航行能力。

　　從海上或河流進入到陸地後，由於汽車運輸至 1920 年代後期才迅速發展，[23]因此鐵路反成為日人在臺最重要的近代化交通事業。清末劉銘傳（1836-1896）在臺時曾命人建造北起基隆南至新竹的鐵路，[24]日人據臺之初也曾利用此段舊鐵路，以加速軍資運輸對付抗日義舉，然因戰事持久與補給困難，為強化對臺統治，總督府乃倡建縱貫鐵路，並展開線路調查，[25]此後直至 1908 年完成北起基隆南至高雄的西部縱貫鐵路。西部縱貫鐵路線完成後，不但縮短臺灣南北各地的距離時間，各地景觀也得以透過此種新式交通工具而得以連結。在第二期教科書〈臺灣縱貫鐵道中〉一文中，已書寫鐵路北端基隆到南端高雄間，火車行駛至各大城市所需花費的時間，文曰：

> 乘基隆出發的火車，約一小時到達臺北。……從臺北出發，約三小時到達新竹。……從新竹出發，約三小時到達臺中。……從臺中出發，約四小時到達嘉義。……嘉義到臺南間約二小時，臺南至打狗間不到二小時。[26]

　　在第三期教科書〈從臺北到屏東〉一文中，除書寫時間外，更以作者隨

---

[22] 臺灣總督府，《公學校用國民讀本》，第 8 卷第 3 課，〈臺北〉，頁 8。

[23] 相關研究可參閱蔡龍保，〈日治時期臺灣道路改良事業之展開（1926-1936）〉，《國史館學術集刊》，第 17 期（2008.09），頁 37-83。

[24] 有關清末臺灣鐵路之鋪設、設施、運輸、營業、保險及組織型態等，可參江慶林譯，《臺灣鐵路史》，上卷（南投：臺灣省文獻委員會，1990）。

[25] 相關研究可參閱林淑華，〈日治前期臺灣縱貫鐵路之研究（1895-1920）〉，國立臺灣師範大學歷史研究所碩士論文，1999，頁 9-66；陳家豪〈日治初期臺灣鐵道政策的轉變：以「國營」、「民營」的討論為中心（1895-1898）〉，《臺灣文獻》，第 63 卷第 2 期（2012.06），頁 95-140。

[26] 臺灣總督府，《公學校用國民讀本》，第 10 卷第 5 課，〈臺灣縱貫鐵道〉，頁 11-14。

父親南下拜訪在屏東的伯父而寫下搭乘火車的過程與沿途景緻：

> 搭早上從臺北出發的急行列車，行經新店溪，看見農村景色之變
> 化，……僅約一小時就抵達桃園，……不久抵達新竹，……之後搭海
> 岸線火車，……不知何時過追分已到彰化。……到達斗六後，平原廣
> 袤，……之後來到嘉義，……傍晚時到達臺南，至高雄轉換潮州線火
> 車，……至水面映照月影，火車已慢慢來到屏東。[27]

　　要之，隨臺灣西部鐵路縱貫線的完成，代表臺灣的人流與物流更加便利，在 1910 年代，從基隆到高雄三百多公里的路程走走停停約 15 個小時內可到達，雖不若今日的鐵路速度，但相較清末基隆至新竹路段僅百餘公里（106.7Km）就需花費一天，且一天只能往返四班次，[28]仍可窺知此時火車運行速度的增進。此時教科書藉由近代化交通工具火車的運輸與連結，披露「朝辭臺北，夕抵臺南」的情景，臺灣南北縮短至此，此無疑是殖民母國想要宣示對臺灣的近代化貢獻之一。

　　除海路與陸路的近代化設施外，電力設施的科學工程技術，在第二期教科書〈電的運用〉一課中，也說明臺灣有不少用電設施，如臺灣電報與電話多可行，即便在偏僻海岸或山區不便之處也多架有電線；又設置與日本國內或海外通信所需的海底電纜，航行中的輪船也需透過無線電通訊，此皆為電在通訊上的應用。電也可應用在交通工具上，如電車與汽車的行駛；也可運用在工業上，如精米所與鐵工廠的機械運轉；還有醫療上的運用，可檢查各種疾病；另有電燈及電扇等，此皆為電器上之運用。再則，還有鍍金、鍍銀與肥料的製造，並有利用火力及水力發電者等。[29]要之，電力與電氣裝置等近代化科學與技術，也已透過日本殖民政府作為而施用於臺灣。

---

[27] 臺灣總督府，《公學校用國語讀本》（第三期），第 9 卷第 13 課，〈從臺北到屏東〉，頁 44-53。

[28] 江慶林譯，《臺灣鐵路史》，上卷，第 33 頁。

[29] 臺灣總督府，《公學校用國民讀本》，第 12 卷第 10 課，〈電的運用〉，頁 23-25。

圖 2　電力的運用
資料來源：臺灣總督府，《公學校用國民讀本》，第 12 卷第 10 課，〈電的運用〉，頁 24。

　　最後，同屬近代化交通設施者，郵政制度亦可一談。在第一、二期教科書中，已分別有〈郵便〉與〈郵局〉二課論及郵政，首期課文〈郵便〉中提及從學校回家的「阿玉」替不識字的母親寫信給遠方親戚，因為郵局寄送的便利性，所以母親很高興，在該課插畫中還特別描繪出郵務士至郵筒收信的景象。[30]而在第二期教科書〈郵局〉一課中則延續前期，特別書寫至郵局寄送郵件時所需的相關知識與郵局承辦的業務，如依信函重量貼付等值的郵票，若寄送金錢則稱為匯兌，寄送物品時可以小包處理。此外，郵局還承辦郵政儲金，即將錢先存入待使用時再將其提領。[31]

　　綜上所述，國語教科書在臺灣總督府的規劃下，秉持國策，強調殖民母國在文明上的優越性，透過如輪船、燈塔、汽船、火車、電器與郵政的書寫，一方面讓臺灣學童知悉各項近代化交通工具與設施，另方面也藉此突顯殖民政府的有效作為。

---

[30] 臺灣總督府，《臺灣教科用書國民讀本》，第 6 卷第 16 課，〈郵便〉，頁 27-29。
[31] 臺灣總督府，《公學校用國民讀本》，第 6 卷第 11 課，〈郵局〉，頁 28-30。

　　至於在原住民學童所使用的《教育所用國語讀本》中，雖然內容不如公
學校編寫的份量，但象徵日本文明進步的近代動力設施與工具內容亦常躍然
紙上，如 3 卷 15 課就提到飛行於空中的飛機；[32] 7 卷 10 課〈蒸氣之力〉也
提到製糖會社工場所使用的大型機具、能承載數百人的火車及與能安全航行
於大海之上的輪船，其推進所依賴者都是蒸氣；[33] 6 卷 10 課的〈活動寫真〉
則提到讓人震驚可航行於海上的軍艦；[34] 8 卷 16 課〈石炭與石油〉，更提到
火車、汽船、工廠等機械設施的推進多是依賴煤、瓦斯、石油等為動力，[35]
以此象徵日本工業文明的進程。而在郵政業務方面，6 卷 7 課的〈明信片〉
一文中提到寄明信片需貼一錢五厘的郵票；[36] 而在 7 卷 6 課的〈郵局〉一
課中，也同公學校國語讀本般，介紹郵票、包裹、郵政儲金、匯兌等郵政
業務。[37]

## 四、近代城市意象的體現

　　近代化城市的規劃與建設，無疑是殖民帝國向外宣揚治績的最佳方式之
一，日治時期臺灣總督府利用市區改正觀念，將清朝傳統城牆城市改造成具
現代化型態的都市，如臺北城內不但設立各種雄偉壯麗的公共建築，還擁有
如公園開放空間及象徵知識殿堂的總督府博物館等，在在顯示其藉由城市規
劃與建設，達到權力展現與懷柔民心之雙重目的。[38]
　　日治時期公學校國語教科書對臺灣各城市近代化建設的描繪不少，若以
「課」為單元介紹者，計有臺北、臺南、臺東等城市，附於各地地景介紹者
則尚有基隆、桃園、新竹、嘉義、高雄等。由於臺灣自清末開港通商後，因

---

[32] 臺灣總督府警務局，《教育所用國語讀本》，第 3 卷第 15 課，〈飛機〉，頁 31-33。
[33] 臺灣總督府警務局，《教育所用國語讀本》，第 7 卷第 10 課，〈蒸氣之力〉，頁 24-26。
[34] 臺灣總督府警務局，《教育所用國語讀本》，第 6 卷第 10 課，〈活動寫真〉，頁 24-26。
[35] 臺灣總督府警務局，《教育所用國語讀本》，第 8 卷第 16 課，〈石炭與石油〉，頁 51-53。
[36] 臺灣總督府警務局，《教育所用國語讀本》，第 6 卷第 7 課，〈明信片〉，頁 9。
[37] 臺灣總督府警務局，《教育所用國語讀本》，第 7 卷第 6 課，〈郵局〉，頁 14-15。
[38] 黃郁軒，〈日治時期臺北城內街屋現代化過程之研究〉，國立臺北藝術大學建築與
古蹟保存研究所碩士論文，2011。

南北地位的升降，加上日人對臺的近代化設施多集中臺北，是以臺北的都市規劃與建設最粲然可觀。臺灣總督府在 1896 年即設立臺北市區計畫委員會，透過調查、繪圖、統計，開始建構一個新的臺北空間，使其成為殖民地建設成果的模範與對外宣傳樣本，據葉肅科的統計，日治時期臺北市的主要公共建築便多達 115 處。[39]

　　由於臺北為指標性城市，是以各期國語教科書皆編寫〈臺北〉一課，如第一期就描繪臺北三市街（臺北城、艋舺、大稻埕），謂臺北城面積廣大，城內有總督府、兵營、學校、醫院、法院等，市街道路寬廣，約有 2,700 戶。城西淡水河旁有艋舺市街，約有 3,700 戶人家。城北沿淡水河有大稻埕市街，約有 7,600 戶人家，商賈雲集。城內與大稻埕間有火車站，往東北可達基隆，往西北可達淡水、往西南可達苗栗，這三方向都鋪設鐵路，西南邊的鐵路甚至可通達臺南。又艋舺與大稻埕西邊緊鄰淡水河，往北約四里（按：日制 1 里約 3.927 公里）為淡水港，可通到大海，淡水河上經常有船隻往來，交通便利。[40]

　　第二期的〈臺北〉則提到臺北人口約 10 萬，因人口激增，所以城外的東門及南門附近的市街也開始形成。臺北城內的建築除總督府外，還有總督官邸、市役所（市政府）、學校、銀行、會社等。在艋舺與大稻埕部分，則提到往昔熱鬧的艋舺近來已被商業繁興的大稻埕所取代。而最重要者即是此期因市區改正計劃（都市計畫）的施行，所以電燈與自來水、下水道工程皆具，此為過往所不及者。[41]

　　到第三期則書寫臺北人口已超過 23 萬，鐵路通於四方，河岸旁有戎克船與小蒸汽船停泊。市中央為城內，周圍原有城壁圍住，現只剩城門，在原城壁位址改闢成寬廣的三線道路。市內道路整理良好，汽車往來頻繁，建物年年改良，樓高二、三層的紅瓦厝漸增。地名部分，有稱為本町、榮町、京

---

[39] 葉肅科，《日落臺北城：日治時代臺北都市發展與臺人日常生活（1895-1945）》（臺北：自立晚報社文化出版部，1993），頁 158-166。

[40] 臺灣總督府，《臺灣教科用書國民讀本》，第 10 卷第 9 課，〈臺北〉，頁 19-21。

[41] 臺灣總督府，《公學校用國民讀本》，第 8 卷第 3 課，〈臺北〉，頁 6-8。

町、太平町、新起町之市街者，大馬路旁有眾多商店比鄰而居，熱鬧非凡。在太平町部分尚有精製茶葉者，買賣眾多。市內自來水與下水道運作良好，大市場有七處，此外，還有動物園、植物園、博物館、圖書館、公園及大型運動場等各種公共建築。臺北市內寬廣，東西四公里，南北六公里，市內民居大增，最北端為臺灣神社，最南端則為臺北帝國大學。[42]

　　在第四期教科書則以學童「春雄」與祖父的對話方式，敘述臺北是臺灣第一大都市，人口已有 30 萬，居於北方的臺灣神社參拜者絡繹不絕，附近還有動物園跟運動場，至於總督府則居城內中心，為一豪華建築。除繁華的大稻埕外，城內的榮町[43]也很熱鬧，該地兩邊店面為臺北最美麗之所。與總督府併排者還有臺灣銀行、法院，都是雄偉的建築物；還有，臺北公園裡的博物館也是。臺北公園內有水池、噴泉、花園，還有音樂臺跟放送局（電臺）。其他，如植物園也很值得一看，裡頭的建功神社務必前往參拜。總之，臺北無法一日逛完，暑假一定要到該處遊玩。[44]至於在第五期部分的書寫，除主角改為正男，臺北人口增至 37 萬外，其餘部分與第四期幾乎相同。[45]

　　透過各期教科書對臺北城市的書寫，大致可歸納出幾個重點：一是隨著各種行政（總督府）、軍事（兵營）、法律（法院）、財政（臺灣銀行）與皇國思想（神社）的公共建築出現，象徵日人在臺權力空間的擴大與固著化；二是各種與民生相關的設施出現，如學校、醫院、公園、音樂臺、放送局、博物館、植物園等，傳遞出日人對臺的親善作為與設想；三是都市經規劃後，市街寬廣熱鬧、商店林立、上下水道與電力設施齊備，使臺灣步向近代化之林，也成為日本向外展示殖民地治理良善的最佳例證。

---

[42] 臺灣總督府，《公學校用國語讀本》（第三期），第 7 卷第 28 課，〈臺北〉，頁 102-105。

[43] 約為今日臺北市中正區衡陽路、寶慶路、秀山街、博愛路、延平南路一帶。

[44] 臺灣總督府，《公學校用國語讀本》（第四期），第 6 卷第 24 課，〈臺北〉，頁 124-132。

[45] 臺灣總督府，《初等科國語》，2 卷 24 課，〈臺北〉，頁 128-129。除各期教科書專立「臺北」一課進行書寫外，因臺北為臺灣第一大都市，部分課文也提到臺北的公共建設，如第四期教科書〈臺灣〉一課，也提到臺北為臺灣第一大都會，除總督府外，還有市役所、學校、銀行、會社等。見臺灣總督府，《公學校用國語讀本》（第四期），第 7 卷第 7 課，〈臺北〉，頁 35。

　　除上述臺北外，臺灣其他城市也或多或少被編寫到教科書中，雖然內容份量遠不及臺北，但也值得吾人關照、比對臺北，甚或窺探出日人對各城市的書寫方式。由於臺南在清末前為臺灣最重要的城市，因此在國語教科書中也可看到，如第一期教科書就連續出現三課，即〈臺北到臺南（一）〉、〈臺北到臺南（二）〉與〈臺南〉，其中在〈臺南〉一課中對該地的描繪為：

> 臺南城廣二十町，四方皆有城門，從城內直到西門外約有一萬一千戶，商賈般盛。城內有學校、兵營、醫院、法院等，……有大宅也有大廟。市街東北有火車站，火車往南可至高雄，往北可至嘉義，出西門約一里為安平港，其間有道路也有運河，運送貨物極為便利。臺南鄰近之地多可製砂糖，臺南居中，北至嘉義南至鳳山，多為蔗田，有不少製糖廠。[46]

　　第二期教科書對臺南的描繪與第一期差別不大，多書寫者謂此時人口6萬，商業繁盛，特別是砂糖買賣，有新式製糖會社工場出現，由於重視皇國民思想的灌輸，所以特別提到臺南有日本皇族北白川宮能久親王（1847-1895）的遺址，每年10月28日會舉辦盛大祭典（即臺灣神社祭）。[47]至於第三期與第五期雖無臺南的書寫，但第四期的〈臺南〉一課，卻如同對臺北的書寫模式一般，不但花十頁篇幅介紹，而且還以主角與正吉的臺南之行鋪排，首先談論原為北白川宮遺址的臺南神社參拜，之後介紹旁鄰的孔廟與祭拜鄭成功（1624-1662）的開山神社及歷史，謂臺南人口已約12萬。此後二人登赤崁樓眺望市景，謂來到之地猶如東京最熱鬧的銀座或是臺北的榮町般。隔天兩位主角至安平看運河及魚塭，最後到製鹽會社看鹽田而結束行程。[48]

　　要之，臺南在國語教科書的呈現，雖也強調日人都市規劃下的公共建築、

---

[46] 臺灣總督府，《臺灣教科用書國民讀本》，第10卷第12課，〈臺南〉，頁27-29。
[47] 臺灣總督府，《公學校用國民讀本》，第10卷第6課，〈臺南〉，頁15-16。
[48] 臺灣總督府，《公學校用國語讀本》（第四期），第8卷第16課，〈臺南〉，頁87-98。

人口與商業繁盛，也因應產業發展需求描繪製糖、製鹽概況，但面對古都易有漢文化的發想與連結，故特別書寫神社參拜，即便祭拜鄭成功的延平郡王祠，也化身為開山神社並述說鄭成功的開臺故事。

　　除臺北、臺南外，雖然教科書也提及臺中、嘉義為都會，[49]但並未單獨成課，反倒是出現了「臺東」及「阿里山」。在第三期〈臺東來郵〉一課中，描繪臺東新港該地的築港工程、市街漸為熱鬧、海岸景色優美及汽車已可由臺東通行至該地；[50]在同期〈阿里山鐵路〉一課中，因日人為開採阿里山森林資源而闢建鐵路，故提及阿里山陡峭山勢、火車運行多有困難及多種林葉盛況。[51]第四期〈阿里山來郵〉一文中，除介紹阿里山美景，如檜木與櫻花如織，不時雲海，晝看日出，夜看澎湖島燈塔之光外，也介紹阿里山車站附近也有市役所、郵局、宿舍、商店等，[52]機能已漸為齊備。

　　此外，如第一期〈臺北到臺南〉、第二期〈基隆到神戶〉、第三期〈臺北到屏東〉等課，也多少提到各城市樣貌，如〈臺北到臺南〉提及新竹的稻米與茶葉，苗栗的石油與樟樹，嘉義的甘蔗、製鹽與竹紙等；[53]〈基隆到神戶〉提及基隆港、輪船、汽船及燈塔；[54]〈臺北到屏東〉則描繪桃園的茶園茶樹與採茶工人，竹南至臺中海線的海水浴場，大安溪、濁水溪與下淡水溪（今高屏溪）上的鐵橋，斗六的甘蔗園與製糖會社，高雄港與海軍無線電電塔等。[55]要之，教科書對這些城市的敘述，除自然景緻外，仍多以近代化交通設施與產業介紹為主。

　　綜上所述，國語教科書在城市的規劃與描寫中，在臺北部分主要突顯公

---

[49] 臺灣總督府，《公學校用國民讀本》，第 7 卷第 18 課，〈臺灣〉，頁 45。

[50] 臺灣總督府，《公學校用國語讀本》（第三期），第 7 卷第 23 課，〈臺東來郵〉，頁 82-83。

[51] 臺灣總督府，《公學校用國語讀本》（第三期），第 10 卷第 12 課，〈阿里山鐵道〉，頁 51-56。

[52] 臺灣總督府，《公學校用國語讀本》（第四期），第 8 卷第 17 課，〈阿里山來郵〉，頁 101-104。

[53] 臺灣總督府，《臺灣教科用書國民讀本》，第 10 卷第 10 課，〈從臺北到臺南（一）〉，頁 23-24；第 10 卷第 11 課，〈從臺北到臺南（二）〉，頁 26。

[54] 臺灣總督府，《公學校用國民讀本》，第 9 卷第 4 課，〈基隆到神戶〉，頁 9。

[55] 臺灣總督府，《公學校用國語讀本》，第 9 卷第 13 課，〈從臺北到屏東〉，頁 45-53。

共建築的權力中心、商業殷盛與民生設施的出現，寓意殖民母國的用心規劃
與努力建設。臺南則特別強調神社參拜與運河、魚塭、製糖與製鹽，至於其
他城市多只呈現地方產業特色。

　　至於原住民學童所使用的《教育所用國語讀本》對城市的書寫雖不若公
學校國語教科書，唯仍有一定比例，如 3 卷 16 課的〈明信片〉，就以主角哥
哥就讀臺北學校寄來的明信片，呈現宏偉的臺北總督官邸、乾淨熱鬧的臺北

圖 3　都市與公園
資料來源：（上圖）臺灣總督府警務局，《教育所用國語讀本》，第 3 卷第 16 課，〈明
　　　　　信片〉，頁 34。
　　　　　（下圖）臺灣總督府警務局，《教育所用國語讀本》，第 7 卷第 14 課，〈公
　　　　　園〉，頁 39。

市街及整齊的學校校舍。[56]而在 5 卷 9 課〈臺北〉一文中,更描繪臺北道路寬廣,市街熱鬧,販賣各式各樣商品等,至於更北的城市—基隆,則有開往日本國內的巨型郵輪。[57]除此之外,城市意象中屬民眾休憩的公園,亦在此套教材中有所呈現,如 7 卷 14 課〈公園〉圖像,就描繪主角太郎與其弟弟傍晚時分至臺北新公園(今二二八和平公園),看見榕樹相間、水池噴泉、眾人納涼、白紅花映襯的美麗景象。[58]

## 五、農學知識與農村生活

臺灣自十七世紀荷蘭東印度公司領臺時期即以外銷米糖著稱,時至清末,清廷因受西力衝擊而被迫開放通商口岸,原本臺灣與中國大陸間的國內貿易又再度轉變成國際貿易。當時的茶葉、砂糖與樟腦,因各國需求甚殷,遂成為臺灣的三大出口商品。[59]至日本領臺後,因三項經濟作物有高額收益,對臺灣總督府財政多有挹注,且因臺灣官民引進不少新式機器製作,且此等作物又生長臺灣民間,學生多有所見,在強調「實學」的教學原理下,臺灣公學校各期國語教科書也常出現這類題材。

首就茶葉部分而言,在第一期教科書中就連續出現二課談論〈茶〉,顯見其重要性。上一課主要介紹日本國內與臺灣茶樹的生長期,再提及茶葉採摘後成為茶的過程,最後則述說日本與臺灣皆盛產茶,而臺灣最有名者為烏龍茶。[60]至於下一課則介紹傳統製茶,謂採摘後的茶葉先於圓竹籃中挑揀,稍微日曬後將茶葉入鍋以強火多次翻炒,待軟化後於竹籃上揉,冷卻固化後再置於焙爐以弱火待其乾,剔除不佳者,其餘則為細茶。細茶再置於焙爐上

---

[56] 臺灣總督府警務局,《教育所用國語讀本》,第 3 卷第 16 課,〈明信片〉,頁 34-35。

[57] 臺灣總督府警務局,《教育所用國語讀本》,第 5 卷第 9 課,〈臺北〉,頁 23-24。

[58] 臺灣總督府警務局,《教育所用國語讀本》,第 7 卷第 14 課〈公園〉,頁 38-39。

[59] 清末臺灣茶葉出口總值平均佔 54%,糖佔 36%,樟腦則為 4%,為三大出口商品。詳見林滿紅,《茶、糖、樟腦業與臺灣之社會經濟變遷(1860-1895)》(臺北:聯經出版事業公司,1997)。

[60] 臺灣總督府,《臺灣教科用書國民讀本》,第 7 卷第 9 課,〈茶一〉,頁 15-16。

以弱火處理待其乾，則為茶葉。[61]傳統臺灣製茶的過程在第二期教科書中，除加入包種茶之外，也試著與近代化商業內容結合，文曰：

> 茶為臺灣有名的物產之一，於北部旅行時在山腰到處可見茶園。……採茶季節為四月到十一月，最佳時節則為五月到九月。於茶園採下的茶葉先日曬，之後放入大鼎內炒，待其軟化後從大鼎取出，再用焙爐烘，待其乾燥固化，成為粗茶。裝入大袋後送至大稻埕茶商，茶商先分門別類，再請女工揀茶，將茶枝或較差者剔除，分出好壞後，再放入焙爐乾燥後，此即為名貴之烏龍茶。若加上茉莉花有香氣者則為包種茶，與烏龍茶同樣銷售至國外。[62]

　　至於第三期教科書中的〈茶〉與第二期描繪幾乎相同，僅增加包種茶的香料來源除茉莉花外，還有秀英花。此外，臺灣除烏龍茶及包種茶外，還有綠茶與紅茶品種。[63]而在同期教科書第 11 卷〈臺灣的農業〉一文中，更提到臺灣茶的產區與產量，謂北部為主要產區，粗製茶的年產額約 2,000 萬斤，大部分再精製成烏龍茶和包種茶後銷往海外，年產額約有 700 萬圓，是臺灣輸出品的第一位。[64]再度印證自清末以來臺灣茶即是對外輸出品的最大宗。

　　至於在砂糖部分，在首期國語教科書〈砂糖〉一課中即描繪傳統製糖之法，謂：「砂糖製法為取甘蔗之莖壓榨成汁，以布過濾之，後放入大鍋熬煮而成各式砂糖。首先，甘蔗汁在熬煮後經些許攪拌會形成大量糖泡，取糖泡熬煮後會形成稀爛的紅糖汁，再置入淺箱待其結晶冷卻，即成紅糖。」[65]在第二期教科書〈製糖〉一課中，則開始擺脫傳統製糖方式書寫，除特別強調新式糖廠取代舊有糖廍外，還特別提出用新式機器製糖帶來砂糖產量的倍增：

---

[61] 臺灣總督府，《臺灣教用書國民讀本》，第 7 卷第 10 課，〈茶二〉，頁 16-18。
[62] 臺灣總督府，《公學校用國民讀本》，第 8 卷第 5 課，〈茶〉，頁 11-14。
[63] 臺灣總督府，《公學校用國語讀本》（第三期），第 7 卷第 13 課，〈茶〉，頁 43-47。
[64] 臺灣總督府，《公學校用國語讀本》（第三期），第 11 卷第 25 課，〈臺灣的農業〉，頁 127。
[65] 臺灣總督府，《臺灣教用書國民讀本》，第 6 卷第 12 課，〈砂糖〉，頁 20-21。

　　從農場不斷送來的甘蔗，先經由壓榨機取汁，後加入石灰汁熬煮，形
成蔗渣。蔗渣一部分浮於上，另部分則下沉。蔗渣用各種機器熬煮，
會形成暗黑之物。經分蜜機分出糖蜜，成為褐色砂糖，稱為分蜜糖，
若再精製則可得白砂糖。歷來均使用水牛拉石磨小規模製糖的糖廍，
今製糖會社甚多，已用新式機器大規模製糖，且漸次改良甘蔗的品種
與栽培方式，致砂糖產量顯著增加，在明治三十六年（按：1903）時
已有五千萬斤的產量，在十年間增加十倍之多。[66]

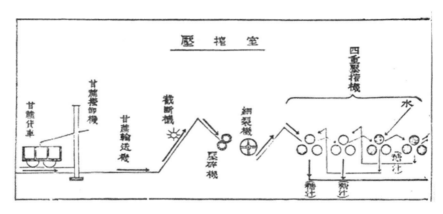

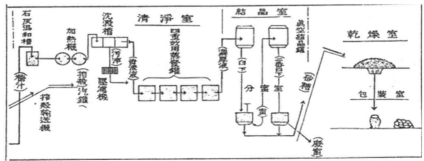

圖 4　製糖過程圖解
資料來源：臺灣總督府，《公學校用國語讀本》，第 12 卷第 25 課，〈參觀製糖工廠〉，
　　　　　頁 30-31。

---

[66]　臺灣總督府，《公學校用國民讀本》，第 12 卷第 18 課，〈製糖〉，頁 43-47。

　　在第三期的教科書中，出人意外的是將砂糖與鹽放入同一課中，且僅用一頁篇幅述說鹽與糖色相似而味不同，一甜一鹹，但都是不可或缺的食物調味料。還說鹽雖有產自於山者，但臺灣為海水取鹽，至於砂糖原料雖有數種，但主要由甘蔗製成，鹽與糖二者皆是臺灣的重要物產。[67]第三期雖簡單帶過砂糖，但在同期〈臺灣的農業〉一課中，還是再度看到砂糖的產量敘述，謂：

　　　　甘蔗全島皆可生長，主要產地在中部以南，年產額約八十億斤，從甘
　　　　蔗提煉出的砂糖近八億斤，其中大部分銷往日本國內。過往我國砂糖
　　　　多從國外進口，在臺灣製糖興盛後，已有過半份量仰賴這裡，回頭看
　　　　過往三十年，臺灣甘蔗產量僅三、四億斤而已，其後一方面從國外引
　　　　進優良品種加以栽培，另方面研究耕種方法，致一甲收穫量已是當初
　　　　數倍之多，栽種面積也是年年增加而呈現今日盛況。[68]

　　在第四、五期的教科書中，為強化學生對製糖知識的習得，在〈製糖工廠〉該課文中，均以 10 頁篇幅詳盡說明新式糖廠的製糖過程，包括細裂、壓榨、加熱、過濾、結晶、分蜜以迄乾燥等過程，並以圖解方式搭配課文說明，使學生得以完全知悉製糖所牽涉到的科學化知識與技術。[69]
　　最後在樟腦部分，雖然樟腦平均出口數值遠不及茶葉與砂糖，但臺灣乃全世界少數樟樹生長區，在清末已引起外國注意，至日治時期更成為專賣事業之一。在首期國語教科書中也提到樟腦製法，謂：

　　　　臺灣乃樟木產地，往昔製腦頗為興盛，傳統製腦方式為造一大竈（按：

---

[67] 臺灣總督府，《公學校用國語讀本》（第三期），第 8 卷第 14 課，〈鹽與砂糖〉，頁 56。
[68] 臺灣總督府，《公學校用國語讀本》（第三期），第 11 卷第 25 課，〈臺灣的農業〉，頁 126-127。
[69] 臺灣總督府，《公學校用國語讀本》（第四期），第 12 卷第 11 課，〈製糖工廠〉（臺北：臺灣總督府，1941），頁 57-66；臺灣總督府，《初等科國語》，第 8 卷第 10 課，〈製糖工廠〉（臺北：臺灣總督府，1944），頁 60-70。

灶），竈上有鍋，鍋上置木筒，筒底多有小洞，木筒上有蓋，筒上外接一長管連接至箱中（按：腦田），箱中再注入冷凝水。樟木置於筒中，於鍋中加水，生火於竈。之後，鍋中之水產生蒸氣，蒸筒中之樟成腦氣，腦氣隨上方之管進入箱中，遇箱內之水冷卻，其氣凝結成樟腦。如此熬製之樟腦色白粗糙，香味強，可製為藥用或各種細物。[70]。

　　至於在第二期部分的書寫，除繼續敘述樟腦的製作方法外，還特別標明樟腦為日本特產物，世界所需樟腦九成出自日本，其中臺灣為最大產地。又謂樟木產於人煙罕至之山區森林，到處可聽聞鋸樹聲，此即腦丁持斧伐樟樹成木片之聲。又山區有茅草小屋，煙霧裊裊，此即腦寮，為製樟腦之處。最後提及臺北專賣局為製樟腦之所，而樟腦除為賽璐珞（Celluloid）原料外，也可為驅蟲劑、醫療劑、無煙火藥跟香料等，又樟腦油可提煉成香料、驅蟲劑與消毒劑等。[71]

　　第三期教科書的樟腦敘述與第二期多有雷同，所不同者除標明樟樹產於原住民地界外，製腦部分則描繪得更為詳盡，如稱木筒為〈甑〉，木管為〈筧〉，落於冷卻水箱之腦氣，一部分結晶為粗製樟腦，另部分則浮於水上成樟腦油，而臺北專賣局則為精製粗製樟腦與樟腦油之所。[72]在第四期部分特別提到山區樟林之處已可聽到機械音，此乃腦丁利用石油發動機機具砍伐樟樹之聲，而樟腦的另種用途則可作為選礦劑。[73]

[70] 臺灣總督府，《臺灣教科用書國民讀本》，第 11 卷第 14 課，〈樟腦〉，頁 32-33。

[71] 臺灣總督府，《公學校用國民讀本》，第 11 卷第 22 課，〈樟腦〉，頁 61-64。

[72] 臺灣總督府，《公學校用國語讀本》（第三期），第 9 卷第 10 課，〈樟腦〉，頁 34-36。

[73] 臺灣總督府，《公學校用國語讀本》（第四期），第 9 卷第 12 課，〈樟腦〉，頁 68-71。
　　 第五期教科書對樟腦的書寫基本上與此期相同，見臺灣總督府，《初等科國語》，第 5 卷第 7 課，〈樟腦〉，頁 35-38。

圖 5　樟腦的採製
資料來源：臺灣總督府，《公學校用國語讀本》（第三期），第 9 卷第 10 課，〈樟腦〉，
　　　　頁 35。

　　由於臺灣有豐富物產，也有農產加工業，是以教科書在介紹茶、糖、樟
腦等經濟作物時，不但詳盡介紹製茶、製糖與製樟的過程，藉此傳授近代化
農學知識，拓展臺灣農業效能，讓學童知悉日本統治後的臺灣經濟發展已更
為向前。另方面，透過相對應近代化設施的描繪，如製糖會社的新式製糖法、
利用機具砍伐樟樹、樟腦的各種工業用途等，也使學童知悉傳統以人工方式
產製的經濟作物已漸被機械所取代，日本所帶來者乃是近代化與文明化。

　　至於在原住民部分，為使原住民脫離既有的狩獵生活形態，改行農耕生
活，亦為日本文明生活的體現，為此，《教育所用國語讀本》內也有不少農
業內容的刊載，如卷 1 插畫單字內的稻米、甘藷；[74] 2 卷 7 課〈親子（二）〉，
描繪父親用鋤頭翻土、哥哥幫忙運土與弟弟放牛的農耕景緻；[75] 3 卷 7 課的
（旱田）耕種；[76] 同卷 17 課的〈水牛〉、牛車與牛耕景象；[77] 4 卷 12 課〈菜〉

---

[74] 臺灣總督府警務局，《教育所用國語讀本》，第 1 卷，第 7 頁。
[75] 臺灣總督府警務局，《教育所用國語讀本》，第 2 卷第 7 課，〈親子（二）〉，頁 10-11。
[76] 臺灣總督府警務局，《教育所用國語讀本》，第 3 卷第 7 課，（旱田），頁 13-15。
[77] 臺灣總督府警務局，《教育所用國語讀本》，第 3 卷第 17 課，〈水牛〉，頁 25-27。

的採收與溪流洗菜；[78]同卷 15 課〈田埂〉，農夫穿簑衣在雨中插秧的情景等。[79]由於日治時期臺灣的經濟政策多為「工業日本，農業臺灣」，是以在原住民學童所使用的國語教科書內乃大量鋪陳農業生活。[80]

值得注意的是，由於山區茶樹栽種不少，是以教育所國語讀本也同公學校國語讀本般，特闢茶葉一課，在 8 卷 4 課〈茶〉一文中，以原住民學生至臺灣北部旅行的視角出發，看到分布各地的茶園，女工戴著斗笠摘茶，採茶的季節為 4 月至 11 月，採摘後用火炒軟成粗製茶葉，之後送大稻埕茶商，由女工挑茶後再行精製茶業。茶葉品種有包種茶、烏龍茶、紅茶、綠茶等，當中最負盛名者當屬烏龍茶。[81]

## 六、結語

日人為傳布日語與培養初級技術人員而在臺灣實施新式教育，在初等教育部分主要以日語的學習為主，藉此灌輸皇國民思想、實學與近代化知識，其中五期共 60 卷的公學校國語教科書與原住民學童所使用的 8 卷教育所用國語讀本，便成為扮演傳遞上述內容的最佳工具與媒介。

本文為探究日人以何種方式傳遞臺灣學童近代化知識與其呈現的內容與隱含目的，故以公學校國語教科書與教育所用國語讀本為分析素材，舉措「皇國與日本文化的灌輸」、「交通工具與設施的強化」、「近代城市意象的體現」及「農村知識與農業生活」為教科書論述重點，除實證介紹、歸納與分析內容外，並重新檢視與修訂先行研究，得出教科書實蘊含日本化、近代化、城市化與農業化等「四化」教學內涵。

另就各期教科書的內容呈現而言，由於編訂的時程不一，隨各種新事物、

---

[78] 臺灣總督府警務局，《教育所用國語讀本》，第 4 卷第 12 課，〈菜〉，頁 24-26。
[79] 臺灣總督府警務局，《教育所用國語讀本》，第 4 卷第 15 課，〈田埂〉，頁 32-34。
[80] 陳淑瑩在為該套教科書進行解題分析時，更直指該套教科書其實就是為了施行農業教育而編纂。見陳淑瑩，〈解題《教育所用國語讀本》について〉，收於《國立臺灣大學圖書館藏教育所用國語讀本》（福岡：粒粒舍，2005），頁 454。
[81] 臺灣總督府警務局，《教育所用國語讀本》，第 8 卷第 4 課，〈茶〉，頁 13-15。

設備、制度的出現，下一期教科書的編寫除延續前期內容外，通常也會與時俱進，收納新編，如公學校國第三期國語教科書〈臺東來郵〉一課，恰因 1920 年後新港各項建設大興，使該地成為臺東重要商業與行政中心，[82]是以此期教科書遂特別新增此課。又如 1934 年臺灣總督府為與全球人造樟腦競爭，不但將樟腦權回收專賣，更擴大研究與宣揚樟腦用途，[83]是以在第四期教科書介紹樟腦用途時，隨即新增「選礦劑」一種。再如臺北人口的變化記述，從第一期約略 10 萬增長到最後一期的 37 萬等，也可看出各期教科書在近代事物上的新增編寫。

　　據鄭昱蘋的研究，在公學校五期國語教科書中，以臺灣為主的教材共有 105 課，但僅占總課數的百分之一左右，且多未提及地方特色，雖然也提到不少臺灣的都市與地景，卻多著墨在日本對臺的近代化建設上。[84]透過本文重新檢視五期國語教科書之內容，也發現臺灣總督府為誇耀對殖民地的作為並收攬民心，另方面也在西化潮流下以臺灣為實驗地進行各種規劃與建設，是以無論從日本皇國精神的灌輸、交通工具設施的強化、近代城市的興建規劃，抑或農作知識與農村生活的傳遞等，皆可看到此種企圖與意涵。而在原住民學童所使用的教育所用國語讀本部分，雖然內容較公學校國語讀本簡易，但上述相關內容實仍兼具。

　　若論二造的差異性，則原住民與漢人生活環境本有一定差異，所以也可看出一些不同之處。在教育所用國語讀本中特別強化總督府對醫療衛生的注意，以免受傳染疾病的威脅，如 5 卷 13 課的〈疫苗接種〉，就描繪天花為可怕疾病，警察束手無策，所以大家應該接受疫苗接種，插圖也畫出原住民學

82 據孟祥瀚的調查研究，新港市區的發展在 1920 年前後為關鍵期，先後有大型輪船停靠、通往臺東的道路完成，1921 年臺東廳新港郡新港支廳移往新港，1922 年起該地又相繼實施排水溝工程、給水水道工程、計畫道路、新港支廳廳舍等都市計畫工程，新港遂成為臺灣東部海岸線的行政、商業中心。見孟祥瀚，《成功鎮志‧歷史篇》（臺東：成功鎮公所，2003），頁 110-156。
83 何鳳嬌，〈赤司初太郎在臺灣的樟腦經營〉，《臺灣學研究》，第 16 期（2013.12），頁 8。
84 鄭昱蘋，〈從「移植」到「重構」─論公學校五期國語教科書的「臺灣」教材〉，頁 116。

童排隊等待公醫檢查注射的樣貌；[85] 6 卷 5 課的〈蠅與蚊〉就直指吃下蒼蠅曾沾黏過的食物會生病，而蚊子更是瘧疾的傳染源等。[86] 6 卷 4 課的〈醫生〉，也以哥哥苦求母親讓妹妹去看病的情節，告誡原住民學童有病時不要求神拜佛，一定要求助醫生。[87]此外，由於原住民以物易物的生活習慣尚存，是以教育所國語讀本在 5 卷 14 課中還特別設立〈交易所〉一課，呈現原住民在交易所進行諸如動物皮革、鹿角、鹽、竹製品等日常生活用具之交換。[88]最後，因總督府對原住民強力推展部落集團移住以行農業生活等，是以在教育所國語讀本中攸關農業文明生活展現的比重不可謂不高。

　　最後，值得提出的是，雖然總督府在編定國語教科書時一方面灌輸日本對臺的文明啟蒙與近代化貢獻，另方面也定期收納新編事物於內，且對近代化效能的取樣上也多以臺灣學童熟悉的事物為主，如鐵路、市街、茶園、蔗田，又以觀看內河航行汽船的阿生、幫不識字母親寫信的阿玉等臺人常用名號吸引學童注意，使其產生親切感，以收潛移默化之效。唯總督府在編定國語教科書時，多強調殖民母國的文明優越與在臺的貢獻努力，忽略臺人的角色與重要性，可謂僅站在帝國統治者的利益書寫，此種教科書雖對殖民統治有一定的助益，但仍是偏頗不全的教科書編纂設計。

---

85　臺灣總督府警務局，《教育所用國語讀本》，第 5 卷第 13 課，〈疫苗接種〉，頁 37-39。
86　臺灣總督府警務局，《教育所用國語讀本》，第 6 卷第 5 課，〈蠅與蚊〉，頁 11-13。
87　臺灣總督府警務局，《教育所用國語讀本》，第 6 卷第 4 課，〈醫生〉，頁 9-11。
88　臺灣總督府警務局，《教育所用國語讀本》，第 5 卷第 14 課，〈交易所〉，頁 39-41。

# 徵引書目

## 一、教科書與史料

臺灣教育會，《臺灣教育沿革誌》重印本（臺北：南天書局，1995）。
臺灣總督府，《コクゴ》，第 1-2 卷（臺北：臺灣總督府，1942-1943）。
臺灣總督府，《こくご》，第 3-4 卷（臺北：臺灣總督府，1943-1944）。
臺灣總督府，《公學校用國民讀本》，第 1-12 卷（臺北：臺灣總督府，1913-1914）。
臺灣總督府，《公學校用國語讀本（第一種）》，第 1-12 卷（臺北：臺灣總督府，1923-1926）。
臺灣總督府，《公學校用國語讀本》，第 1-12 卷（臺北：臺灣總督府，1937-1942）。
臺灣總督府，《初等科國語》，第 1-8 卷（臺北：臺灣總督府，1942-1944）。
臺灣總督府，《臺灣教科用書國民讀本》，第 1-12 卷（臺北：臺灣總督府，1901-1903）。
臺灣總督府，《臺灣總督府府報》，第 1738 號（1919.01.12），頁 30-31。
臺灣總督府警務局，《教育所用國語讀本》，第 1-8 卷（臺北：臺灣總督府警務局，1934）。

## 二、專書與專書論文

北村嘉惠，《日本植民地下の臺湾先住民教育史》（札幌：北海道大學出版會，2008）。
江慶林譯，《臺灣鐵路史》，上卷（南投：臺灣省文獻委員會，1990）。
吳文星等編，《日治時期臺灣公學校國語讀本：解說、總目次、索引》（臺北：南天書局，2003）。
周婉窈，〈實學教育、鄉土愛與國家認同—日治時期臺灣公學校第三期「國語」教科書的分析〉，收於該氏著，《海行兮的年代—日本殖民統治末期臺灣史論集》（臺北：允晨文化公司，2003），頁 215-294。
孟祥瀚，《成功鎮志‧歷史篇》（臺東：成功鎮公所，2003）。
松田吉郎，《臺湾原住民と日本語教育—日本統治時代臺湾原住民教育史研究—》（京都：晃洋書房，2004）。
林滿紅，《茶、糖、樟腦業與臺灣之社會經濟變遷（1860-1895）》（臺北：聯經出版事業公司，1997）。
陳淑瑩，〈解題《教育所用國語讀本》について〉，收於《國立臺灣大學圖書館藏教育所用國語讀本》（福岡：粒粒舍，2005），頁 409-458。
葉肅科，《日落臺北城：日治時代臺北都市發展與臺人日常生活（1895-1945）》（臺北：自立晚報社文化出版部，1993）。
蔡錦堂，〈《臺灣教科用書國民讀本》與《公學校用國民讀本》〉，收於吳文星等編著，《日治時期臺灣公學校與國民學校國語讀本—解說‧總目次‧索引》（臺北：南天書局，2003），頁 45-58。

## 三、期刊論文

王韶君，〈從漢文化流域到北方國境線：日治時期臺灣公學校國語教科書中的「支那」言說與再現〉，《文史臺灣學報》，第 8 期（2014.06），頁 75-112。

何鳳嬌，〈赤司初太郎在臺灣的樟腦經營〉，《臺灣學研究》，第 16 期（2013.12），頁 1-40。

周婉窈，〈鄉土臺灣在日治時代公學校教科書中的地位〉，收於中央圖書館臺灣分館、國立臺灣師範大學歷史學系主辦，《鄉土史教育學術研討會論文集》（1997.04），頁 1-32。

周婉窈，〈寫實與規範之間─公學校國語讀本插畫中的臺灣人形象〉，《臺大歷史學報》，第 34 期（2004.12），頁 87-147。

林竹君，〈記憶的編纂─臺灣公學校國語讀本插畫之研究〉，國立中央大學藝術學研究所碩士論文，2006。

林淑華，〈日治前期臺灣縱貫鐵路之研究（1895-1920）〉，國立臺灣師範大學歷史研究所碩士論文，1999。

許佩賢，〈從戰爭期教科書看殖民地「少國民」的塑造〉，《臺灣風物》，第 46 卷第 1 期（1996.03），頁 63-93。

許佩賢，〈塑造殖民地少國民─日據時期臺灣公學校教科書之分析〉，國立臺灣大學歷史研究所碩士論文，1993。

陳虹彣，〈日本殖民統治下臺灣教育政策之研究─以公學校國語教科書內容分析為例〉，國立中山大學教育研究所碩士論文，2001。

陳家豪，〈日治初期臺灣鐵道政策的轉變：以「國營」、「民營」的討論為中心（1895-1898）〉，《臺灣文獻》，第 63 卷第 2 期（2012.06），頁 95-140。

黃郁軒，〈日治時期臺北城內街屋現代化過程之研究〉，國立臺北藝術大學建築與古蹟保存研究所碩士論文，2011。

劉書彥，〈探究日本語教科書中殖民統治者對臺灣社會之觀點〉，《臺灣風物》，第 46 卷第 3 期（1996.09），頁 15-71。

蔡秀美，〈日治時期臺灣公學校的消防教育─以國語、修身教科書為中心〉，《臺灣學研究》，第 14 期（2012.12），頁 117-146。

蔡錦堂，〈日本治臺初期公學校「國語」教科書之分析〉，收於鄭樑生主編，《中國與亞洲國家關係史學術研討會論文集》（臺北：淡江大學歷史系，1993），頁 245-299。

蔡龍保，〈日治時期臺灣道路改良事業之展開（1926-1936）〉，《國史館學術集刊》，第 17 期（2008.09），頁 37-83。

鄭昱蘋，〈從「移植」到「重構」─論公學校五期國語教科書的「臺灣」教材〉，國立臺中教育大學語文教育學系博士論文，2012。

魏德文，〈從重刊《日治時期臺灣公學校與國民學校國語讀本》看教材印製史與景印始末記〉，《臺灣教育史研究會通訊》，第 30 期（2003.12），頁 29-39。

# 新竹州移民的信仰傳布：
# 以高雄地區之義民爺信仰為例[*]

王和安[**]

## 摘要

　　流動的人群，帶來了信仰空間的變化。本文主要釐清日治時期新竹州客家移民的信仰，在戰後是如何在移住地高雄地區生根、成長，乃至於茁壯的歷史過程。義民爺信仰在高雄地區共有三間分香廟的傳布，即高雄市三民區之高雄褒忠義民廟、旗山區之旗美褒忠義民廟與甲仙區之甲仙褒忠義民廟。新埔枋寮義民祖廟在全臺灣各地之分香廟共 20 餘間。義民爺信仰研究涉及的歷史脈絡包含國家、地方社會、移民、以及經濟發展等。移民行為是一種連續性，不斷遷移的過程。現今移民後裔在移住地落地生根，與當地社會融合，並發展出具有地方特色之文化；此一歷史過程反映出臺灣客家的發展源流與脈絡。

關鍵詞：義民爺信仰、新竹州移民、義民廟、社會網絡

---

[*] 本文承蒙與談人吳學明教授及與會學者，提供寶貴意見；另於文稿修改期間，承蒙黃卓權老師、邱彥貴老師的指正，令本文獲益匪淺，特此致謝。
[**] 國立成功大學歷史學系博士。

# 一、前言

　　流動的人群帶來了信仰空間的變化，本文主要釐清這群新竹州客家移民的義民爺信仰，是如何在移住地高雄地區生根、成長，乃至於茁壯的歷史過程。筆者在 2003 至 2006 年從事碩士論文撰寫階段時，曾處理甲仙義民廟之問題，[1] 撰寫博士論文論時期（2007-2016）探究美濃輔天五穀宮及旗美褒忠義民廟之課題。[2] 甲仙義民廟及旗美褒忠義民廟皆屬於新竹縣新埔鎮枋寮義民廟之分香廟宇；輔天五穀宮之主祀神明為五穀神農大帝及三恩主公（關聖帝君、孚佑帝君、司命真君），其神農大帝香火源自於苗栗縣公館鄉玉穀村之五鶴山五穀宮，三恩主公則分香於苗栗縣卓蘭鎮朝南宮。就信仰層面而言，新竹州移民及其信仰傳布之課題，乃是伴隨著日治時期臺灣島內移民而做發展。所謂「義民爺信仰」主要針對新竹新埔枋寮義民廟的主祀神—「義民爺」。對於多數新竹地區或鄰近鄉鎮的在地客家人而言，當他們要去枋寮義民廟拜拜時，習慣口吻多為「拜義民爺」；另，本文欲探究由枋寮義民廟主祀神的信仰分香傳布至高雄地區的過程，故以義民爺信仰為題。

　　日本殖民統治臺灣時期島內之新竹州移民為臺灣客家研究之重要議題，在客家研究領域中普遍以「二次移民」或「客家再移民」為命題。新竹州移民研究涉及產業經濟、文化與信仰、語言、族群關係、聚落發展等各層面。新竹州之行政區域，泛指今桃園市、新竹縣市、苗栗縣等區域。桃竹苗三縣在日治時期歸為新竹州之管轄。另，「新竹州移民」係指日治時期從新竹州行政區域往外移民的人，主要為客家人。在現今研究成果中，「新竹州移民」、「二次移民」、「客家再移民」，雖係指同一研究群體，然使用「新竹州移民」之理由有二，其一為新竹州為當時五州二廳中人口外移最多的一州。[3] 其二

---

1　王和安，〈日治時期南臺灣的山區開發與人口結構：以甲仙六龜為例〉，國立中央大學歷史研究所碩士論文，2007。

2　王和安，〈移民與地方社會：以南臺灣新竹州客家移民為中心（1895-1945）〉，國立成功大學歷史學系博士論文，2016。

3　陳彩裕，〈臺灣戰前人口移動與東部（花蓮）的農業成長〉，《臺灣銀行季刊》，第34卷第1期（1983.03），頁156-157。

為許多移民的遷移行為相當頻繁，從原居地往返高雄州、南投廳、花蓮港廳
及臺東廳等地區者大有人在；部分移民由新竹州移往外地，待一段時間後，
又移回原居地新竹州。另外，已有許多研究成果及口訪資料指出，1945 年二
次世界大戰結束後，陸續亦有移民現象產生，這反映出移民行為是一個連續
性，不斷遷移的過程。現今移民後裔在移住地落地生根，與當地社會融合，
並發展出具有地方特色之文化。此一歷史過程亦反映出臺灣客家的發展源流
與脈絡。二十世紀上半葉的移民活動接連二十世紀下半葉之生根發展，而深
遠地影響二十一世紀的客家文化運動。


## 二、義民爺信仰與客家人

　　根據曾任臺灣府淡水撫民同知陳培桂[4]纂輯《淡水廳志》卷六〈典禮志〉
之「祠廟」記載：

> 義民亭，在竹北二堡枋寮莊。乾隆間，林逆亂後，林先坤等捐建，祀
> 粵之陣亡義民。巡撫徐宗幹賞給「同心報國」扁額。[5]

---

[4] 陳培桂，字香根，廣東省高要縣附城人；道光 26 年（1846）舉人，同治 8 年（1869）
任淡水同知。新埔枋寮義民廟在乾隆年間之行政區劃，歸屬於淡水廳所管轄。有
關陳培桂之生平，詳見臺灣史料集成編輯委員會編，《淡水廳志》（臺北：遠流出
版社，2006）。

[5] （清）陳培桂纂輯，《淡水廳志》（南投：臺灣省文獻會，1993），頁 154。徐宗幹
（1796-1866），字伯楨，號樹人，江南通州（今江蘇南通縣）人，嘉慶 25 年（1820）
進士。歷任山東曲阜、武城、泰安知縣。道光 28 年（1848）四月授福建臺灣道。
至即振興文教；整頓綠營班兵，變通船政，清理人犯，對內山番社，設官治理。
同治元年（1862）陞福建巡撫。是年彰化戴潮春起事，全臺騷擾，即命前署臺灣
鎮曾玉明渡臺，又奏簡丁曰健為臺灣道，會辦軍務，次第平之。同治 5 年卒，年
七十一。諡清惠，祀福建名宦祠。著有《斯未信齋文集》，編有《濟州金石錄》、
《兵鑑》、《測海錄》等，並輯《治臺必告錄》五卷以授丁曰健，曰健復補輯三卷
刊之，為治臺史之重要文獻。張子文、郭啟傳、林偉洲撰文，《臺灣歷史人物小傳：
明清暨日據時期》（臺北：國家圖書館，2003），頁 371-372。

新埔義民廟早期稱為「義民亭」，「林逆」係指 1786 年（乾隆 51 年）之林爽文事件。清廷為獎勵各籍義民軍「隨同官軍打仗殺賊，甚為出力」，所以乾隆帝特別下旨賞給粵庄義民「褒忠」、泉籍義民「旌義」里名的御筆匾額；對漳籍義民則賞給「思義」村名「以示勸勵」；而且對「所有打仗出力之熟番」，亦頒給「效順」匾額「以示旌獎」。竹塹粵庄地區獲頒「褒忠」匾後，遂由「王廷昌、黃宗旺、林先坤、吳立貴等」出面呈請平臺將軍福康安批准「立塚建廟」。於是公推義首林先坤為首，邀請地方仕紳、領袖共同籌畫建廟事宜，經地方人士多方奔走捐輸，乃在 1788 年（乾隆 53 年）冬於墓塚前方奠基破土；至 1790 年（乾隆 55 年）冬完成「後落正廳」，稱為褒忠亭。[6]

對大多數人來說，落葉歸根、埋骨故里，仍是人生最大也是最後的願望。在宗教民俗學上，骨骸被認為是活人的生命所寄、死者靈魂棲宿的地方，對骨骸賦予宗教的信仰和咒術的能力也是許多民族共存的觀念，所以如何處置死者的遺骨，是葬儀上的重大問題。[7]

新埔枋寮義民廟今日仍懸掛「褒忠」匾額，[8]此為林爽文事件結束後，乾隆皇帝論功行賞，特賜殊榮。根據 1788 年三月初一日上諭：

> 大學士伯和字寄欽差協辦大學士總督將軍公福、閩浙總督李、福建巡

---

[6] 黃卓權，〈義民廟早期歷史的原貌、傳說與記載－歷史文本與敘事的探討〉，《臺灣文獻》，第 59 卷第 3 期（2008.09），頁 94-96。

[7] 當時林爽文部進犯六張犁庄（今新竹縣竹北市六家地區），林先坤聯合王廷昌、陳資雲、劉朝珍等數股粵眾之力，集結千三人奮勇抗敵，以衛鄉土。征戰過程犧牲義軍達兩百餘人；林、王等回師之時，僱請牛車沿途遍拾忠骸（有黑布圈為記），回鄉歸葬，擇吉安葬合塚，即枋寮義民塚之由來。詳見林光華，〈褒忠義民廟沿革〉，褒忠義民廟特刊編輯委員會，《褒忠義民廟創建兩百貳拾週年紀念特刊》（新竹：褒忠義民廟二百二十週年慶典籌備委員會編印，2012），頁 8-9。另外，「生者的骨相是其人格和命運的象徵。先人遺骨，則是子孫作為乞求祖靈保佑的信物。」詳見王孝廉，〈骨的民俗意義〉，收於王秋桂等編，《神話、信仰與儀式》（臺北：稻鄉出版社，1996），頁 9-10。

[8] 康豹的研究曾指出，廟宇在近代的中國與臺灣社會中，長期被當作最重要的權力競合賽場與公眾場所；許多寺廟裡的碑、匾都可以作為幾個世紀來，官方毫不遲疑地支持重要地方廟宇，特別是那些奉祀被納入官方祀典神祇的廟的明證。康豹，《從地獄到仙境－漢人民間信仰的多元面貌》（臺北：博揚文化公司，2009），頁 311。

撫卹：乾隆五十三年三月初一日奉上諭：現在臺灣大功告竣，所有應
辦善後事宜，節經諭令福康安會同徐嗣曾悉心籌酌，妥協辦理。因思
從前賊匪滋擾時，廣東、泉州等莊義民，隨同官軍打仗殺賊，甚屬奮
勉，業經降旨賞給「褒忠」、「旌義」里名匾額，以示獎勵。[9]

1788 年（乾隆 53 年）六月，兵部「為內閣抄出將軍公福康安等奏」移會：

乾隆五十三年六月初七日，內閣抄出臣福康安、魁麟、徐嗣曾跪奏為
遵旨賞給義兵、熟番匾額及優賞生番物件、恭摺覆奏事……數十年
來，閩、粵民人流寓日眾，生齒日繁，凡屬編氓，無不涵濡聖澤。而
各番等漸摩聖化，愈久愈深。此次逆匪滋事，俱能志切同仇，協助官
兵，奮力搜捕。前奉諭旨，賞給廣東泉州等莊褒忠、旌義里名，臣等
已恭摹御書匾額，遍行頒發。[10]

　　由上述可知，義民廟褒忠匾額之由來，為乾隆皇帝嘉許義民，由福康安、
魁麟、徐嗣曾等臨摹御書，泉州義兵等庄賜予「旌義」、廣東義兵等庄賜予
「褒忠」匾額以示獎勵。日人增田福太郎曾調查臺灣宗教提到：「祀奉於內
亂外患之際為義而死的義民之靈，總稱為義民爺。在廣東人部落者多。因各
地不同而史實有異。」[11]客家民間的祖先崇拜，包括祖先的牌位崇拜與墳墓
崇拜，[12]枋寮義民廟在建廟時，包含「粵東義民」牌位以及義塚形式。[13]
　　臺灣有些社會組織是跨村庄的，即幾個村庄聯合一起，就是聯庄組織；
在臺灣有不少聯庄組織，有時是二、三個村庄或四、五個村庄，或更多的村

9　臺灣銀行經濟研究室編，《臺案彙錄庚集》（臺北：臺灣銀行經濟研究室，1964），
　　頁 788。
10　臺灣銀行經濟研究室編，《臺案彙錄庚集》，頁 167。
11　所謂「廣東人」即係指「客家人」。江燦騰編，增田福太郎著，黃有興譯，《臺灣
　　宗教信仰》（臺北：東大圖書公司，2005），頁 150。
12　汪毅夫，《客家民間信仰》（臺北：水牛出版社，2006），頁 93-94。
13　廣義而言，義民爺信仰對於後世的桃竹苗客家人而言，可說是祖先崇拜的一種延
　　伸，為客家族群「共祖」的概念。

庄聯合共同建造一座廟，而有共同的祭拜活動。[14]臺灣民間宗教最核心的部分為地方的公眾祭祀，也是臺灣民間信仰之社會本質的呈現。[15]客家鄉民與全國各地漢族農民一樣，是多神主義者。多神主義是指農民對各種正統宗教和民間諸神的融化性信仰心理。[16]

　　邱彥貴研究「義民祭典」指出，每年陰曆七月於平鎮、新埔、頭份及苗栗四地義民廟舉行之義民節中元祭典，堪稱北臺灣客家族群最大的宗教盛事。以此四地廟宇為核心的「義民爺信仰」，係指北臺灣客家對於1786年（乾隆51年）林爽文事件，以及1862年（同治元年）戴潮春事件，這兩度政治性武裝衝突事件中陣亡義軍的紀念性崇祀。其中，以新竹縣新埔鎮枋寮褒忠亭，其濫觴之地位、分靈廟宇之眾多及祭典動員之龐大，成為最具代表性者。[17]近兩百年來，義民爺信仰凝聚北臺灣客屬的社會之族群認同，且不斷地擴展；從十九世紀末以來，北臺灣客屬形成了各個以「庄」或「大庄」為祭祀單位，自願性的團體「義民嘗」也不再少數，而各家宅或宗祠中紛見象徵義民爺的黑令旗供奉，凡此，皆成為有別於世界各地客屬的獨特文化事象。[18]

　　另外，根據1906年4月《臺灣日日新報》曾報導「義民亭」：

　　義民亭，即所謂褒忠廟，……以祀粵族之陣亡者。……迨光緒年間爵帥劉銘傳巡臺時，亦躬親奠祭，並獻納赴義捐軀之匾額。蓋該廟雖不入祀典然與嘉義之忠義亭，同為官吏所敬禮，此誠足以表彰廣東人種之大名譽。每當祭典之日，有自宜蘭、臺北、苗栗、臺中、嘉義、臺南、等處之粵人，前來參拜，其祭費實屬浩繁。[19]

---

[14] 林美容，《臺灣人的社會與信仰》（臺北：自立晚報，1993），頁179。
[15] 林美容，《臺灣人的社會與信仰》，頁162。
[16] 劉佐泉，《客家歷史與傳統文化》（開封：河南大學出版社，1991出版、2003重印），頁308-309。
[17] 邱彥貴，〈從祭典儀式課北臺灣義民信仰：以枋寮褒忠亭丁丑年湖口聯庄值年中元為例〉，收於徐正光編，《第四屆國際客家學研討會論文集：宗教、語言與音樂》（臺北：中研院民族所，2000），頁1。
[18] 邱彥貴，〈從祭典儀式課北臺灣義民信仰：以枋寮褒忠亭丁丑年湖口聯庄值年中元為例〉，頁7。
[19] 〈義民亭之義舉〉，《臺灣日日新報》漢文版（1906.04.28），第4版：雜報。

　　由上述可知「義民亭」雖非為官方祀典，但頗受官吏重視，此報導認為「此誠足以表彰廣東人種之大名譽」，而二十世紀初期義民廟祭典之舉辦，並非單純為新竹地區之盛事，宜蘭、臺北、苗栗、臺中、嘉義、臺南等處，來自臺灣北中南各地之客家人，亦前往新埔義民廟參拜共襄盛舉。另外，1908年8月19日之報導亦記有「義民廟，昨日盛開盂蘭盆會，四方來觀者，以數萬人計，為新竹廳下有名之大祭日」。[20]

## 三、新竹州移民之信仰傳布

### （一）新竹州移民的歷史過程

　　根據陳彩裕的研究指出（表一），在1910年至1930年間，臺灣各州廳之遷出人口大於遷入人口之州廳為臺北州及新竹州，尤其是新竹州，在這21年間，就有101,273的淨流出人口；而其他州廳則為遷入人口數多於遷出人口數，如臺中州有28,158人、花蓮港廳則有22,561人的淨流入人口。

　　另外，溫振華曾就日治中期（1920-1931）高雄地區的人口流動為例，指出就州廳人口的出生比例而言，1920年高雄州出生率為97.27%，他州廳移入出生比例為2.64%，而臺南州移入的比例最多，占1.57%，其次為新竹州之0.67%；臺南州與高雄州相鄰，距離較近，移入較多，然新竹州的移入則非是距離所能解釋，新竹州的移出應與本身的因素有很大的關係。[21]因此，理解新竹州移民佔本島人移民中之大多數的歷史過程，則顯得格外有意義許多。陳彩裕的統計指出新竹州為外移最多一州，而溫振華的研究說明新竹州移民與移住地之關係，並非距離為移民原因之考量。[22]

---

20　〈新竹通信 枋藔大豬〉，《臺灣日日新報》漢文版（1908.08.19），第6版。

21　溫振華，〈日據中期高雄地區的人口流動（1920-1931）〉，收於宋光宇編，《臺灣經驗（二）－社會文化篇》（臺北：東大圖書公司，1994），頁295-296。

22　要理解有關新竹州移民的遷移原因及歷史源由，則需回歸日本殖民當局對於新竹州移民的態度來做論述。有關新竹州移民的遷移原因探究。王和安，〈移民與地方

表 1　臺灣本島州廳別遷出遷入人數差額表

單位：人

| 年份＼地區 | 臺北州 | 新竹州 | 臺中州 | 臺南州 | 高雄州 | 臺東廳 | 花蓮港廳 |
|---|---|---|---|---|---|---|---|
| 1910 | -466 | -5,062 | 387 | 1,836 | 790 | 33 | 609 |
| 1911 | -461 | -2,458 | 846 | 1,224 | -23 | 87 | 472 |
| 1912 | -343 | -5,816 | 1,229 | 887 | 205 | 136 | 441 |
| 1913 | -151 | -5,400 | 1,023 | 1,026 | 596 | 46 | 655 |
| 1914 | -191 | -3,380 | 156 | -209 | -300 | 212 | 848 |
| 1915 | -1,011 | -8,105 | 428 | 623 | -41 | 640 | 2,112 |
| 1916 | 127 | -4,364 | 536 | 966 | 269 | 191 | 440 |
| 1917 | -781 | -2,048 | 1,029 | 1,334 | 544 | 140 | 175 |
| 1918 | -531 | -2,834 | 1,525 | 1,500 | 513 | 89 | 256 |
| 1919 | -378 | -3,760 | 2,413 | 1,335 | 220 | 80 | 481 |
| 1920 | 556 | -6,464 | 3,006 | 344 | 629 | 125 | 2,164 |
| 1921 | 112 | -1,756 | 1,493 | -1,140 | 222 | 164 | 413 |
| 1922 | 1,268 | -3,827 | 1,959 | -846 | 371 | 214 | 502 |
| 1923 | 1,382 | -5,205 | 2,068 | -376 | -30 | 908 | 515 |
| 1924 | 1,347 | -5,436 | 1,821 | -412 | 705 | 184 | 846 |
| 1925 | -171 | -7,340 | 1,576 | 949 | 736 | 539 | 2,448 |
| 1926 | -1,298 | -5,021 | 1,060 | 1,033 | 1,627 | 204 | 2,336 |
| 1927 | -1,070 | -4,152 | 667 | 1,310 | 2,231 | 122 | 1,629 |
| 1928 | -369 | -4,983 | 1,127 | 1,466 | 3,000 | 133 | 808 |
| 1929 | -154 | -5,118 | 1,965 | 1,317 | 2,560 | 122 | 1,140 |
| 1930 | 180 | -8,744 | 1,844 | 1,266 | 4,289 | 517 | 3,271 |
| 合計 | -2,403 | -101,273 | 28,158 | 15,433 | 19,133 | 4,886 | 22,561 |

說　　明：1. 數據為「遷入人口數減去遷出人口數」所得。

　　　　　2.「-」表示遷出人口數多餘遷入人口數，例如 1910 年臺北州為「-466」
　　　　　　人，表示 1910 年臺北州之淨流出人口為 466 人；1910 年臺中州為
　　　　　　「387」人，表示該年臺中州淨流入人口為 387 人。

資料來源：陳彩裕製表，據總督府各年《臺灣人口動態統計》：「地方種族（細別）及
　　　　　體性に依リ分チタル本島人の動態表」統計製成。陳彩裕，〈臺灣戰前人
　　　　　口移動與東部（花蓮）的農業成長〉，頁 156-157。

社會：以南臺灣新竹州客家移民為中心（1895-1945）〉，頁 65-90。

## （二）信仰傳布

「新竹州移民信仰傳布」之現象，以新埔枋寮義民廟的分香信仰最為明顯，其次為苗栗公館五鶴山五穀宮神農大帝的分香信仰。位於現今高雄市三民區之褒忠義民廟、旗山區東平里之旗美褒忠義民廟、甲仙區東安村之甲仙褒忠義民廟等，可視為義民爺信仰在高雄地區傳布之代表。[23]神農大帝信仰傳布則以美濃南隆輔天五穀宮、花蓮縣吉安鄉吉安村五穀宮以及玉里鎮春日里五穀宮為代表。[24]三間五穀宮的神農大帝香火，皆由位於今天苗栗縣公館鄉玉穀村的「五鶴山五穀宮」分靈而建。

筆者所追蹤之客家移民議題，乃至於新竹州移民信仰傳布，如神農大帝信仰與義民爺信仰，皆包含在美濃地區（旗美褒忠義民廟所在之行政區屬旗山區）。因此，就信仰層面而言，新竹州移民及其信仰傳布在高雄地區發展的過程，實有進一步論述之必要，此課題是伴隨著島內移民而作發展。當在田野地點所見這些已存在之現象時，配合其他區域歸納出其共通性，如旗山美濃地區有義民分香廟、甲仙亦有義民分香廟，高雄市三民區也有義民分香廟，而「義民分香廟」即為其共通性所在。彙整出其共通性，再輔以歷史發展的因果緣由作論述，即可理出與島內移民的歷史脈絡發展有其密切關係。因此，這些議題可以從各層面來作廣泛討論，在不同的歷史脈絡中有其歷史及社會意義，即所謂多重的歷史脈絡視野。筆者使用以「信仰傳布」為題，主要希望釐清移民所帶來的信仰以及建廟發展，與地方人群社會網絡之間的種種關係。因此，探究信仰傳布的歷史過程及背後意義，有助於釐清移民與地方社會間的相互關係。

日治時期，以「義民爺」為主神信仰的寺廟，依照 1934 年增田福太郎之調查資料，全臺共有 32 間，包括臺北州一間、新竹州九間、臺中州九間、

---

23 有關枋寮義民廟其他分香廟宇的傳布議題。林柔辰，〈枋寮義民廟義民爺信仰之擴張與演變研究〉，國立中央大學客家社會文化研究所碩士論文，2012。

24 邱秀英，《花蓮地區客家信仰的轉變－以吉安鄉五穀宮為例》（臺北：蘭臺出版社，2006），頁 54、90-91。春日五穀宮之建廟緣由說明，詳見行政客委會網站，網址：http://www.hakka.gov.tw/ct.asp?xItem=12931&ctNode=1922&mp=1914。

臺南州七間、高雄州五間，澎湖廳一間。[25]新竹州有九間以寺廟主神為義民爺之所在區域，分別為新竹郡一間、中壢郡一間、桃園郡一間、竹南郡兩間、苗栗郡一間、大湖郡三間。[26]根據 1934 年的調查，此 32 間並非全為客家人之義民爺信仰。根據林柔辰田野調查研究指出，如表二資料所示，以新埔枋寮義民廟為主神的分香廟宇共 22 座。就歷史時序建廟時間而言，清代時期的分香廟共 6 座、日治時期 4 座、1945 年以後共 12 座。就區域分布來看，新北市 1 座、桃園市 2 座、新竹縣 1 座、苗栗縣 3 座、南投縣 9 座、嘉義縣 1 座、高雄市 3 座、花蓮縣 2 座。以新竹州移民之信仰傳布而言，移民者離開故居至各地開發產業，大多攜帶枋寮義民爺令旗，在 1945 年後才逐漸分香建廟。

### 表 2　枋寮義民廟之分香廟表

| 廟名 | 時期 | 分香時間 | 建廟時間 | 位置（縣／市） |
|---|---|---|---|---|
| 南崁褒忠亭 | 清領時期 | 1826 年 | 1890 年 | 桃園市 |
| 頭份義民廟 | | 1884 年 | 1886 年籌備建廟，1887 年竣工 | 苗栗縣 |
| 埔里南村義民祠 | | 1879 年供奉於民宅 | 1887 年 | 南投縣 |
| 南湖護安廟 | | | 1888-1895 年間 | 苗栗縣 |
| 魚池德龍宮 | | | 光緒年間 | 南投縣 |
| 獅潭義民廟 | 日治時期 | 1895 年 | 1907 年 | 苗栗縣 |
| 國姓乾溝義民祠 | | | 1917 年 | 南投縣 |
| 國姓南港褒雄宮 | | 1912 年 | 1920 年 | 南投縣 |
| 中寮永平義民宮 | | 1929 年 | 1936 年 | 南投縣 |
| 埔里廣福宮 | 1945 年後 | 1906 年前 | 1947 年 | 南投縣 |
| 甲仙褒忠義民亭 | | 約 1913 年-1914 年間 | 1967 年建臨時拜亭 1970 年籌建廟宇，1984 年竣工 | 高雄市 |
| 富里竹田義民亭 | | 1905 年由林家供奉，設神壇 | 1949 年 | 花蓮縣 |
| 鳳林長橋褒忠亭 | | 1919 年輪爐主 | 1950 年建褒忠亭，1970 年建廟 | 花蓮縣 |

25　江燦騰編、增田福太郎著、黃有興譯，《臺灣宗教信仰》，頁 109、123。
26　江燦騰編、增田福太郎著、黃有興譯，《臺灣宗教信仰》，頁 114。

| 關西金錦山義民廟 | | 1919 年供奉於馬武督公館 | 1966 年籌建，1968 年竣工 | 新竹縣 |
|---|---|---|---|---|
| 旗美褒忠義民廟 | | 1921 年由張家供奉，設神壇 | 1950 年建褒忠亭，1969 年建廟 | 高雄市 |
| 草屯中原褒忠宮 | | 大正年間葉家攜帶香火；1936 年陳家隨之祭拜，並在陳家正廳辦事 | 1949 年 | 南投縣 |
| 水里義民廟 | | 1936 年 | 1954 年籌備建廟，1964 年完工 | 南投縣 |
| 嘉義市褒忠義民廟 | | 日治時期 | 1957 年籌備建廟，1960 年落成 | 嘉義市 |
| 高雄褒忠義民廟 | | 1946 年，供奉於林讓才宅 | 1946 年，供奉於林讓才宅 | 高雄市 |
| 草屯無極褒忠義民宮 | | 1964 年，前往枋寮義民廟分香 | 1967 年 | 南投縣 |
| 臺北褒忠義民廟 | | 原為中和溥濟宮同祀神，1999 年另建義民廟供奉義民爺 | 1994 年籌備建廟，至今廟體尚未完成 | 臺北市 |

※本表依照建廟時間排序。

資料來源：林柔辰，〈枋寮義民廟義民爺信仰之擴張與演變〉，頁 2-3。

# 四、高雄地區之義民爺信仰

## （一）義民爺信仰建廟之歷史過程

由新埔枋寮義民廟分香至高雄市的廟宇共三間，分別為甲仙區甲仙褒忠義民亭（1914-1915 年分香、1967 年建廟）、[27]旗山區旗美褒忠義民廟（1921年分香、1949 年建廟）、[28]三民區的高雄褒忠義民廟（1946 年分香、1957年建廟）。

---

[27] 此處甲仙義民廟之分香年代為 1914-1915 年，而表二林柔辰之研究為 1913-1914 年。筆者在此以廟方提供之〈甲仙褒忠義民亭簡史〉為主。

[28] 此處旗美義民廟之建廟年代為 1949 年，而表二林柔辰之研究為 1950 年。筆者在此以廟方提供之歷史沿革之記錄為主。

## 1、甲仙褒忠義民亭

　　甲仙褒忠義民亭之奉祀神明，主祀神為義民爺，奉祀義民爺金身，手持令旗，位於一樓廟庭大殿正中央，同祀神為觀音、法主公[29]；二樓玉旨北極殿主祀神為玄天上帝，同祀神為王爺、註生娘娘。[30]「甲仙褒忠義民亭」位於甲仙山區，地址為高雄市甲仙區東安里油礦巷 29 之 1 號。有關建廟之緣起，依照〈甲仙褒忠義民亭簡史〉之記錄：

> 寺廟沿革：據老乩童「張玉水」口述有一位名叫「維義」之人（不知姓，大約在民國三、四年間）[1914-1915]，自新埔義民廟，奉請義民爺香旗隨身帶來甲仙山地（蕃界）。他從事熬製樟腦油行業，所供奉的義民爺十分靈顯，如有人病能為人治病排難解紛，因此聚集不少信徒。嗣後維義遷移花蓮，香旗留下由張玉水供奉。迨至光復後民國三十六（1937）年間有名「莊石桂」者認為義民爺靈驗非凡，當可召集誰神會舉辦祭典，數年間盛況一時，後因人事關係神會卻塵寂無蹤。此後十幾年香旗始終保持在張文明家中供奉，祭典年年如儀，神靈顯赫如舊。[31]

　　由上文可知，因當時樟腦業開發，具有保佑平安象徵的義民爺令旗，奉祀於甲仙與那瑪夏區（原三民鄉）界之製腦寮內。[32]從「為人治病排難解紛」可以清楚了解，開發樟腦的艱辛過程，日治時期開發樟腦的過程中「衛生」

---

[29] 葉倫會編著之《臺灣義民廟的故事之臺北市客家義民祭》，頁 144 左下方之義民爺玉照為甲仙褒忠亭之同祀神法主公。葉倫會編著，《臺灣義民廟的故事之臺北市客家義民祭》（臺北：博客思出版社，2008）。

[30] 游永福、林柔辰、王和安訪問，王和安整理，〈張賜福口述訪問紀錄〉，男性 1963 年生（2011 年 12 月 29 日，甲仙褒忠義民亭，未刊搞）。張賜福先生為甲仙褒忠義民亭之廟方管理人員。

[31] 游永福提供，〈甲仙褒忠義民亭簡史〉，褒忠義民亭管理委員會，未刊稿。

[32] 林理傑主修，《甲仙鄉志》（高雄：甲仙鄉公所，1985），頁 29。

與「理蕃」兩大課題，一直以來都為殖民當局首重之課題。[33]當腦丁在面對此種環境時，為求工作上能夠順利平安，並且與客家人有密切相關的「義民爺信仰」，自然而然成為主要精神上的寄託。

## 2、旗美褒忠義民廟

依照《旗美褒忠義民廟歷史沿革簡介》記載：

> 旗美褒忠義民廟位於高雄縣旗山鎮東平里義民巷二十三號。廟宇莊嚴，來龍象山主脈旺盛雄壯，山情巍然，門案秀麗，左旗右鼓文峰林立，神威遠播千里，面廣沃野之平原，嘉禾吐秀，背旗尾山列峰，采石含英，鐘靈聚義，福地洞天，實為善德之門。忠靈的寄託，是啟發眾生修養敬善之佳地。

> 蓋本廟之源起，為昔日本鎮客家籍善士張阿財者，始自北部南遷時，由新竹新埔鎮褒忠義民廟祈求香袋令旗，來今廟址供奉參拜，當時美濃鎮崙仔頂一帶地廣人稀，設壇之初，適又天候不測，瘟疫流行，居民常遭災疾，於是美濃信士劉阿昌、黃義聖、劉清文、張阿財等四人，深知人力有濟不足，有待神力無邊相扶，乃祈求義民爺英靈保佑，虔誠參拜香火不停，感沐神恩，厄數既除，合境平安眾生感恩。四信士乃決輪值爐主，每年中元節舉辦祭典十餘載，致信仰者越來越多，且更使信徒懷念諸忠義民為國捐軀，為民樹義之忠烈精神，乃籌謀召集信徒策劃建廟，以藉安英靈。承信徒吳郭足女士慷捐建廟基地（現廟址），復賴六鄉鎮（高樹鄉、六龜鄉、美濃鎮、旗山鎮、杉林鄉、甲仙鄉）信士傾囊襄助，乃鳩工興建廟宇。於民國三十八年（1949）正殿竣工，得安奉義民爺香座位，廟宇煥然一新，香火日益鼎盛。[34]（後略）

---

33 王和安，〈日治時期南臺灣的山區開發與人口結構：以甲仙六龜為例〉，頁31、45、83-105。

34 廟方提供，徐彩純謹誌，〈旗美褒忠義民廟歷史沿革簡介〉（高雄：管理委員會恭製，2006）。

　　旗美義民廟亦由新埔義民廟令旗分香至建廟，建廟過程除美濃鎮之北部客家人外，尚包含高樹、六龜、旗山、杉林、甲仙等信士參與。由此可知，旗美義民廟之社會網絡關係與鄰近鄉鎮結合。林柔辰的研究指出，張阿財於1920 年代由新竹關西南遷定居於旗尾山下畜仔頂聚落，為求旅途平安，攜帶枋寮義民廟義民爺黑令旗，並將義民爺供奉在張家正廳，黑令旗安置在中間，祖先牌位安置在右側。[35]而「設壇之初，適又天候不測，瘟疫流行，居民常遭災疾」，推估設壇年代應為 1920 年代張阿財南遷之際，由於「瘟疫」關係，張阿財所供奉之黑令旗，成為鄰近新竹州移民祈求平安之寄託。

　　根據蔡承豪的研究，在 1918-1920 年，臺灣接連遭逢流感與霍亂兩大傳染病交相侵襲，造成極大傷亡。霍亂與流感皆為高傳染性疾病疫病，且皆來自島外，而非源發於阿緱廳（今高雄市）境內，是藉由當時便捷的港口及陸路運輸，由港口、陸路運輸、人員移動侵入市街，接著擴散至鄉村，甚至深入山區原住民聚落。以 1918 年阿緱廳的流感疫情為例，共造成 62,938 名患者，即幾乎佔四分之一的廳民感染，並有 2,237 人死亡（3.55%），死亡率更高居西部行政廳中的第三位。[36]就歷史時序進程而言，廟方文獻所記載的事由源起，有其歷史事件為佐證。1940 年代，客家居民以五穀不熟，六畜不旺，恭請義民爺令旗南下庇佑，農作物果然欣欣向榮，六畜漸旺，村民乃倡議建廟；旋因鄰近地區發生瘟疫，凡祈求者都獲得保佑，信眾無分閩、客，與旗山天后宮和內門紫竹寺合稱旗山地區香火最盛的三大廟。[37]

## 3、高雄市褒忠義民廟

　　依照〈高雄市褒忠義民廟之沿革〉記載：

　　　本廟民國三十五年（西元一九四六年），信士林讓才先生，遠自新竹縣

---

[35] 林柔辰，〈枋寮義民廟義民爺信仰之擴張與演變〉，頁 150。

[36] 蔡承豪，〈雙疫來襲—1918~20 年間阿緱廳的流感與霍亂疫情〉，《臺灣學研究》，第 11 期（2011.06），頁 121-142。蔡承豪，〈流感與霍亂：臺灣傳染病情個案之探討（1918~1923）〉，《臺灣學研究》，第 15 期（2013.06），頁 119-170。

[37] 葉倫會編著，《臺灣義民廟的故事》，頁 145。

新埔鎮枋寮之褒忠義民廟，求得香旗（香火）安祀於高雄火車站前南
華路，初蓋茅屋奉祀，復於民國三十七年由信士吳幸喜、陳庚仁、張
安清等數十人倡議籌建廟宇，經三百餘人捐資，在原址東側興建廟宇
三欄，奉祀先烈義民神位，初期稱「褒忠亭」，自創建以來，神靈顯赫，
有求具驗，兼之交通便利，地點適中，遠近崇拜信徒不辭千里而來朝
拜。建廟後每逢中元佳節，為溯念先烈義民爺壯烈為國成仁精神。發
揚民族正氣，公祭國軍陣亡將士暨為國殉難同胞英靈，祈求國泰民安，
同時舉辦大豬比賽（重達千斤以上），獎勵增產報國，公演戲劇，軍民
同樂，參觀之民眾將廟宇附近建國路、南華路、林森路交通阻塞，足
見本廟香火之盛，祭典之隆重，家喻戶曉事實。[38]

　　林秀昭之研究論及，1966 年秋廟宇內部裝飾完成，舉行義民爺陞座大
典，並供有牌位、令旗，更安座義民爺「武將」金身，寶獅里褒忠街的義民
廟，為高雄市客家人精神寄託之處，香客信眾福佬與客家均有。[39]「大豬比
賽」則同新埔枋寮祖廟之「豬公」比賽習俗舉辦。據筆者 2016 年 12 月之調
查，高雄義民廟之柱聯、對聯多採祖廟之形式，顯示出分香廟強調與新埔義
民祖廟之連結。另，有可能因市區用地之限制，並未有「義塚」祭祀。

## （二）廟宇與人群社會網絡的結合

　　以往對於臺灣漢人社會的建立中，有關民間信仰模式的村廟發展模式，
並不太適用於我們對於新竹州移民信仰傳布的理解。若將此模式用於探究義
民爺信仰的發展與分布，有其修正之必要。而新竹州移民的信仰傳布有別於
一般宗教研究，義民爺信仰研究所涉及之歷史脈絡包含國家、地方社會、移
民、以及經濟發展等。林美容認為，公廟與地方社區有密切之關連，居民之

---

[38] 傅有舜，《高雄褒忠義民廟建廟六十五週年紀念專刊》（高雄：高雄市褒忠義民廟
　　管理委員會，2012），頁 13。
[39] 林秀昭，《臺灣北客南遷研究》（臺北：文津出版社，2009），頁 123。

祭祀、社會、娛樂之需求都可得到滿足，居民與社區之歷史的、心理的連帶，也藉由廟宇的活動而建立起來。[40]從新竹地區開墾的探討中，清楚說明新埔義民廟的義民爺信仰形成，不是源於大陸客家原鄉的神祇，而是由客家人在當地移墾社會發展過程中，因歷史事件形成的一種信仰。[41]

　　林美容的研究曾討論臺灣區域性祭典組織之區域性與族群特色，「信仰圈的組織與活動迄今存在於臺灣社會，其空間形構必須從聚落發展史或村際關係的歷史或族群關係的歷史中去考察，才能瞭然。它呈現傳統社會生活與文化活動的空間範域，述說著歷史過程中人群的空間集結。時間和空間都是動態的，人群的活動也是動態的，但是信仰圈的結構在時空的交錯流移當中，卻述說著某種穩定的社會關係與人文風貌。」[42]依據林氏的論點來分析，高雄市這三座義民廟的建立與清代的歷史事件較無關連，而是在於「義民爺」的「靈驗」，擁有眾多信徒，乃有建廟之舉。

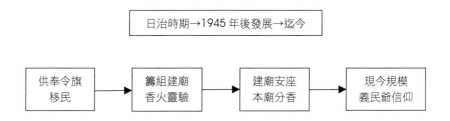

　　如上圖所示高雄地區三間褒忠義民廟的建廟過程，表現出新竹州移民與地方社會之間的關係，由當時新竹州移民攜帶令旗供奉於甲仙腦寮或自宅內，爾後發展成為地方公廟，反映新竹州移民對於地方文化的影響過程。由日治時期的供奉令旗至 1945 年後籌組建廟的情形，發展至今日的信仰規模，將近一百年的歷史過程。

---

40　林美容，《臺灣人的社會與信仰》（臺北：自立晚報，1993），頁 164。
41　邱榮裕，《臺灣客家民間信仰研究》（臺北：翰蘆圖書出版有限公司，2014），頁 185。
42　林美容，〈臺灣區域性祭典組織的社會空間和文化意涵〉，收於徐正光、林美容編，《人類學在臺灣的發展：研究經驗篇》（臺北：中研院民族所，1999），頁 82-83。

## （三）義民爺信仰在高雄地區的演變

流動的人群，帶來了信仰空間的變化，若從社會網絡的層面而言，這些信仰建廟以後，除了扮演移居地與原居地人群的網絡聯繫外，也另外扮演著移民與當地住民的聯繫平臺，可說是具有雙重聯繫之角色。時至今日，義民爺信仰對於客家子弟而言，客家子弟無論遷徙、搬家、購車、婚姻、事業、災厄，甚至當兵服役、出國、遠遊，皆會先行到枋寮褒忠義民廟祭拜，向義民爺稟報一番，並祈求義民爺的保佑，久而久之成了堅定不移的特殊信仰，誠心人士帶著義民廟割香而來的義民爺黑令旗，無遠弗屆的在每個移徙的地方崇祀義民爺，乃至建立分廟。[43]

以高雄地區分香最早之甲仙褒忠義民亭為例，甲仙義民信仰所代表的意涵，可說明「新竹州移民」所形塑之地方文化一種在地化的過程，以及與地方信仰文化兩種層次上的意義。首先就「義民爺信仰」而言，甲仙褒忠義民亭於建廟時，於 1972 年迎請新埔義民本廟香火，並且建墓安靈。由清末至日治時期所建立之義民廟，為桃竹苗三縣客籍人士移墾：面對艱困之環境為保鄉衛土：蟲害、瘟疫、與原住民的衝突等，期藉義民爺之顯赫庇佑，乃自家鄉枋寮義民廟迎請義民爺令旗、香火奉祀，祈求保境安民。光復以後所立之義民廟，皆是枋寮義民廟的分香廟，分佈於東部、南部較多，除環境的困頓冀求解厄、保平安外，義民爺的靈顯事蹟是為信眾奉祀之主因。[44]

其次，有關地方文化而言，可就甲仙褒忠義民亭正殿前圓柱上之對聯，探其端倪，對聯內容為：

> 「東陽義膽一代生靈叨光蔭
>
> 安泰民啟萬家德澤頌神功」[45]

---

[43] 鍾仁嫻，〈褒忠義民廟歷史初探〉，收於林光華等撰文、鍾仁嫻文編，《義民心鄉土情：褒忠義民廟文史專輯》（新竹：新竹縣文化局，2001），頁 74。

[44] 范國銓、陳雯玲，〈臺灣各地義民廟簡介〉，收於林光華等撰文、鍾仁嫻編，《義民心鄉土情：褒忠義民廟文史專輯》，頁 201。

[45] 王和安，〈甲仙褒忠義民亭田野紀實〉，調查日期：2011 年 12 月 29 日。

「義民」佑我東安村三陽開泰，地方受德澤將會頌其功德。另於 1987 年興建二樓主祀神為玄天上帝。於二樓大殿玄天上帝神像兩旁圓柱，及正殿內之圓柱上之對聯分別為：

「玄耀七星靈感光寶島　　　「甲巒明繞堂宇森嚴祀
　　天分五野神威護甲仙」　　　仙水長流神靈顯赫佑」[46]

由其內容可知，地方信眾冀望神明護佑甲仙，保佑地方。由對聯顯示義民廟與東安村乃至於和甲仙之關係，因此，甲仙褒忠義民亭對於地方社會而言，為地方信仰文化的主要之一環。

每年農曆 7 月 19 日，為甲仙褒忠義民亭的祭典日。每逢農曆 7 月 18 日，廟方都會舉辦割香謁祖活動，每年均有兩、三輛遊覽車之善男信女，前往祖廟割香，將令旗帶回祖廟過火等儀式，並參加祖廟的祭祀活動。次日下午再回到甲仙本廟，廟方依舊舉行隆重的祭祀義民爺大典與普渡活動，雖然沒有飼養豬隻之比賽，廟方也會殺豬、宰羊來慶祝，並有布袋戲劇團之演出，附近的信眾都會前往祭祀，有些甚至遠道而來還願，也虔誠地參與整個義民祭典和普渡活動。整個祭典活動於 7 月 20 日全部結束，所祭拜的豬羊等牲禮就地料理，大家共同聚餐有數十桌之多，為一年一度的祭祀活動達到最高潮並劃下完美的句點，更使平日寂靜無譁的山區，帶來熱鬧的氣氛。[47]

甲仙褒忠義民亭，最初由日治時期的供奉令旗，至 1945 年後由地方人士與各地信徒出資捐獻，籌組建廟，形成至今日之規模。隨著近二十年來客家文化運動的蓬勃發展，具有代表客家文化的「義民爺信仰」，為甲仙褒忠義民亭注入了新的研究議題取向。不過，目前在甲仙的客家人與甲仙義民褒忠亭信仰並無很密切的關係，以在地的閩南人比較多，來此祭拜的信徒遍及全省。[48]甲仙褒忠義民亭所代表的意涵，並非是單純代表甲仙地區之客家人

---

[46] 王和安，〈甲仙褒忠義民亭田野紀實〉，調查日期：2011 年 12 月 29 日。

[47] 林秀昭，《臺灣北客南遷研究》（臺北：文津出版社，2009），頁 210-211。

[48] 黃萍瑛、王和安訪問，〈游永福口述訪問記錄〉，男性 1951 年生（2006 年 2 月 26

的信仰所能解釋，所反映出的歷史意義為百年前新竹州移民至甲仙開發樟腦業，義民爺令旗為當時人們所帶來的精神力量，以及移民對於地方社會文化的影響。由供奉義民爺令旗，歷經籌組建廟，而發展成為地方守護神之地方公廟，在此一過程中，「香火靈驗」為信徒們所信仰的憑藉，而形成一股擬具地方力量之基石。

　　高雄市褒忠義民廟規模宏偉、廟貌巍峨，供奉的義民爺金身為全臺各地義民廟中供奉金身最大者，由於義民爺之靈驗，使得該廟香火日益興盛，也可能是最多閩南人祭祀的義民廟，每年義民爺舉辦的豬公比賽與廟會活動，成為高雄市重要的觀光資源。[49]邱彥貴之研究提出，雖然也有人前往義民爺處求財、求子，但最多見的是，十五大庄內的男性，泰半在入伍服兵役之前，長輩會要求他去義民廟內許願祈求平安歸來。或許最直接的功能上，義民爺提供此項：希望當年那群去而不返的子弟，能夠庇佑這個同樣要踏上征途的子弟。[50]

# 五、結語

　　1980 年代，筆者國中時期常與三五好友騎單車至新竹縣新埔鎮枋寮義民廟遊玩。每逢農曆七月義民祭典時，廟埕前會有不少的「豬公」，老人家說：「那是神豬比賽，看誰比較會蓄（養）！」對於當時目睹義民廟「殺大豬」慶典之盛況，至今可說是記憶猶新。筆者碩博研讀階段主要研究新竹州（今桃園、新竹、苗栗）的客家人，在日治時期，大量南下至高雄地區從事產業開發的歷史過程，包含樟腦業、蔗糖業的發展情形。在高雄的田調過程中，探訪枋寮義民廟之分香廟，如甲仙義民廟、旗美褒忠義民廟、高雄市褒

日，甲仙鄉，未刊稿）。
[49] 葉倫會編著，《臺灣義民廟的故事》，頁 142-143。
[50] 邱彥貴，〈從祭典儀式課北臺灣義民信仰：以枋寮褒忠亭丁丑年湖口聯庄值年中元為例〉，頁 42。

忠義民廟，逐漸掌握新竹州客家先民南遷之歷史源由及脈絡。

　　流動的人群，帶來了信仰空間的變化。本文主要釐清日治時期新竹州客家移民的信仰，在戰後是如何在移住地高雄地區生根、成長，乃至於茁壯的歷史過程。新埔枋寮義民祖廟在全臺灣各地之分香廟共20餘間。義民爺信仰在高雄地區共有3間分香廟的傳布，即高雄市三民區之高雄褒忠義民廟、旗山區之旗美褒忠義民廟與甲仙區之甲仙褒忠義民廟。

　　義民爺信仰對於多數桃竹苗客家人而言，其意義不可言喻。釐清移民所帶來的信仰問題及爾後的建廟發展，可說與地方人群之社會網絡息息相關。以往對於臺灣漢人社會的建立，其中有關民間信仰的村廟發展模式，是否適用於新竹州移民信仰傳布的理解，必須進一步探究與論述。而新竹州移民的信仰傳布有別於一般宗教研究，義民爺信仰研究所涉及之歷史脈絡包含國家、地方社會、移民、以及經濟發展等。

　　有研究者認為義民爺有金身，可以視為客家「福佬化」或「在地化」之現象。這種情形，就筆者研究民間信仰的經驗而言，可以作為地方集體記憶的生活經驗討論。如同「土地公廟」，有些地方的土地公廟，有供奉「福德正神牌位」，有的則供奉神像，就地方民間信仰而言，這並無硬性規定一定要為神像或牌位，端視地方社會的發展脈絡而定，地方社會的歷史有其地方發展的歷史脈絡，要討論此問題，需要回歸地方社會的歷史脈絡來理解。而義民爺信仰型態變化的課題，在臺灣的各地義民廟具有其象徵意義。信仰空間的變化其實與義民爺信仰型態因應分香後，在地方社會的呈現與祖廟（新埔義民廟）的差異與發展，彼此環環相扣，值得探究。

# 徵引書目

## 一、史料

臺灣史料集成編輯委員會編，《淡水廳志》（臺北：遠流出版社，2006）。

臺灣銀行經濟研究室編，《臺案彙錄庚集》（臺北：臺灣銀行經濟研究室，1964）。

江燦騰主編、增田福太郎原著、黃有興譯，《臺灣宗教信仰》（臺北：東大圖書公司，2005）。

臺灣日日新報，《臺灣日日新報》漢文版（臺北：臺灣日日新報社，1905-1911）。

## 二、專書

王秋桂等編，《神話、信仰與儀式》（臺北：稻鄉出版社，1996）。

汪毅夫，《客家民間信仰》（臺北：水牛出版社，2006）。

林光華等撰文、鍾仁嫻文編，《義民心鄉土情：褒忠義民廟文史專輯》（新竹：新竹縣文化局，2001）。

林秀昭，《臺灣北客南遷研究》（臺北：文津出版社，2009）。

林美容，《臺灣人的社會與信仰》（臺北：自立晚報，1993）。

林理傑主修，《甲仙鄉志》（高雄：甲仙鄉公所，1985）。

邱秀英，《花蓮地區客家信仰的轉變－以吉安鄉五穀宮為例》（臺北：蘭臺出版社，2006）。

邱榮裕，《臺灣客家民間信仰研究》（臺北：翰蘆圖書出版有限公司，2014）。

徐正光、林美容主編，《人類學在臺灣的發展：研究經驗篇》（臺北：中研院民族所，1999）。

康豹，《從地獄到仙境—漢人民間信仰的多元面貌》（臺北：博揚文化公司，2009）。

張子文、郭啟傳、林偉洲撰文，《臺灣歷史人物小傳：明清暨日據時期》（臺北：國家圖書館，2003）。

傅有舜，《高雄褒忠義民廟建廟六十五週年紀念專刊》（高雄：高雄市褒忠義民廟管理委員會，2012）。

葉倫會編著，《臺灣義民廟的故事》（臺北：博客思出版社，2008）。

劉佐泉，《客家歷史與傳統文化》（開封：河南大學出版社，1991）。

褒忠義民廟特刊編輯委員會，《褒忠義民廟創建兩百貳拾週年紀念特刊》（新竹：褒忠義民廟二百二十週年慶典籌備委員會編印，2012）。

## 三、論文

王和安，〈日治時期南臺灣的山區開發與人口結構：以甲仙六龜為例〉，國立中央大學歷史研究所碩士論文，2007。

王和安，〈移民與地方社會：以南臺灣新竹州客家移民為中心（1895-1945）〉，國立成功大學歷史學系博士論文，2016。

林柔辰，〈枋寮義民廟義民爺信仰之擴張與演變研究〉，國立中央大學客家社會文化研究所碩士論文，2012。

邱彥貴，〈從祭典儀式課北臺灣義民信仰：以枋寮褒忠亭丁丑年湖口聯庄值年中元為例〉，收於徐正光主編，《第四屆國際客家學研討會論文集：宗教、語言與音樂》（臺北：中研院民族所，2000），頁 1-47。

陳彩裕，〈臺灣戰前人口移動與東部（花蓮）的農業成長〉，《臺灣銀行季刊》，第 34 卷第 1 期（1983.03），頁 155-196。

溫振華，〈日據中期高雄地區的人口流動（1920-1931）〉，收於宋光宇編，《臺灣經驗（二）－社會文化篇》，（臺北：東大圖書公司，1994），頁 293-307。

黃卓權，〈義民廟早期歷史的原貌、傳說與記載－歷史文本與敘事的探討〉，《臺灣文獻》，第 59 卷第 3 期（2008.09），頁 89-127。

蔡承豪，〈流感與霍亂：臺灣傳染病情個案之探討（1918~1923）〉，《臺灣學研究》，第 15 期（2013.06），頁 119-170。

蔡承豪，〈雙疫來襲——1918~20 年間阿緱廳的流感與霍亂疫情〉，《臺灣學研究》，第 11 期（2011.06），頁 121-142。

## 四、其他

王和安，〈甲仙褒忠義民亭田野紀實〉，調查日期：2011 年 12 月 29 日。

游永福提供，〈甲仙褒忠義民亭簡史〉，褒忠義民亭管理委員會，未刊稿。

游永福、林柔辰、王和安訪問，王和安整理，〈張賜福口述訪問紀錄〉，男性 1963 年生（2011 年 12 月 29 日，甲仙褒忠義民亭，未刊稿）。

黃萍瑛、王和安訪問，〈游永福口述訪問記錄〉，男性 1951 年生（2006 年 2 月 26 日，甲仙鄉，未刊稿）。

廟方提供，徐彩純謹誌，〈旗美褒忠義民廟歷史沿革簡介〉，高雄：管理委員會恭製，2006 年 9 月 6 日。

附錄一　照片

照片 1　新竹縣新埔鎮枋寮義民廟。（王和安拍攝 2013.01.19）

照片 2　枋寮義民廟內供奉「敕封粵東褒忠義民位」牌位。（王和安拍攝 2013.10.18）

照片 3　枋寮義民廟內懸掛「褒忠」匾額，有「乾隆御筆」之玉印。（王和安拍攝 2013.10.18）

照片 4　枋寮義民廟之義民爺義塚，「十四大庄全立」。（王和安攝 2013.01.19）

照片 5　甲仙褒忠義民亭。（王和安拍攝　　照片 6　甲仙褒忠義民亭供奉手持黑令
　　　　2011.12.29）　　　　　　　　　　　　　旗之義民爺金身。（王和安拍攝
　　　　　　　　　　　　　　　　　　　　　　　2011.12.29）

照片 7　位於甲仙褒忠義民亭後方之義民塚，1972 年建墓安靈。（王和安拍攝
　　　　2011.12.29）

照片 8　甲仙義民塚墓碑中間記為：「粵東　褒忠義民之位」，右側為：「中華民國六十一年壬子歲季春立」，左側為：「甲仙油礦褒聖男壇合境共造」。（王和安拍攝 2011.12.29）

照片 9　甲仙褒忠義民亭二樓「玉旨北極殿」。（王和安拍攝 2011.12.29）

照片 10　甲仙義民褒忠亭二樓奉祀之玄天上帝神像。（王和安拍攝 2011.12.29）

照片 11　旗美褒忠義民廟。（王和安拍攝 2016.12.11）

照片12　旗美褒忠義民廟正殿。（王和安拍攝 2013.04.20）

照片13　高雄市三民區褒忠義民廟。（王和安拍攝 2016.11.13）

照片 14　高雄市三民區褒忠義民廟正殿。（王和安拍攝 2016.11.13）

第三輯　戰後臺灣的宣傳、政治與選舉

# 從蔣中正日記看國府 1950 年轉危為安的過程與因應

陳學林*

## 摘要

　　1950 年初，甫自大陸新敗來臺的中華民國政府，內則代理總統李宗仁赴美就醫，中樞無人主政，且部隊戰力殘破，外則面臨中共在大陸對岸集結重兵，將發動渡海攻臺戰役，而以美國為首的國際採袖手旁觀政策，美國中央情報局在當時甚且評估國府在臺灣的統治最多不會超過三年，倘若中共決意進討，則可以在 1950 年底將臺灣殘存的反共勢力完全掃除。當時的中華民國政府如以「危如累卵」來形容，當毫不為過。而蔣中正經由復職總統，集中權力，並把海南、舟山兵力撤退回臺加強防衛，再有韓戰於當年 6 月 25 日爆發，導致東亞局勢發生扭轉性的變化，緊接著美國改變對華政策及介入韓戰，使得中共戰略重心北移而派兵援朝，攻臺戰役遂無限期擱置，中華民國政府因而免於淪亡。本文以《蔣中正先生年譜長編》為素材，探討中華民國政府在 1950 年該年轉危為安的過程、關鍵與因應。

關鍵詞：蔣中正、杜魯門、李宗仁、舟山撤軍、韓戰

---

*　法務部調查局專員、國立中央大學歷史研究所碩士。

# 一、前言

　　1949 至 1950 年是中華民國歷史的「重中之重」，在 1949 年這一年裡，中華民國政府因國共戰爭失利而丟掉了整個中國大陸，行政院會於當年 12 月 8 日決議遷來臺北辦公，這等同是實質的宣告了中華民國政府（以下簡稱國府）在中國大陸的統治就此結束。

　　撤遷來臺的國府，在緊接到來的 1950 年裡，並沒有療傷的時間，必需以殘破的陸軍，[1]尚稱完整但數量有限的海、空軍，[2]面對中共集結在東南沿海準備攻臺的重兵。[3]這一年裡，發生幾件直接攸關國府存亡的大事，首先是蔣中正（1887-1975）在 3 月 1 日復職總統，接著海南島於 5 月 2 日失陷，國府自海南島撤出 5 萬餘部隊，蔣氏再為集中兵力確保臺灣，於 5 月 17 日完成舟山撤軍，把將近 14 萬兵員連同武器輜重裝備完整撤回臺灣，緊接而來的是韓戰於 6 月 25 日爆發，美國總統杜魯門（Harry S. Truman, 1884-1972）於當月 27 日發表中立臺灣聲明，命令第七艦隊防止任何方面對臺灣的攻擊，在臺灣的國府暫時獲得生存的保障。

　　如果說 1949 年是國府大死之年，那麼 1950 年無疑是國府大死後重生之年。本文將以蔣中正 1950 年日記為本，即《蔣中正先生年譜長編》，將該年四個重大事端，類分為「蔣氏復職，主持中樞」、「集中兵力，固守臺

---

[1]　據《陳誠回憶錄》記述，在 1950 年 1 月份點檢，東南軍政長官公署所轄各單位，共計官兵 45 萬 9 千餘人，除指揮機構及後勤單位外，陸軍部隊僅 32 萬 3 千餘人，特種兵及要塞官兵 6 萬 5 千餘人，防區包括臺灣、金門、定海 3 處，至於海南島雖不在公署管轄之下，卻多方面求助於臺灣，長官公署在臺灣、金門、定海的守備上，面臨島嶼眾多，備多力分的困境。見薛月順編，《陳誠先生回憶錄－建設臺灣》，上冊（臺北：國史館，2005），頁 247。

[2]　1950 年初，海軍 4 個艦隊計各型艦艇 68 艘，其中可經常保持者 35 艘，包括：驅逐艦 DD、護航驅逐艦 DE8 艘、各型砲艦 14 艘、各型登陸艦 13 艘。同時期空軍計 8 個大隊，各式飛機 352 架，其中妥善者 264 架。見陳鴻獻，〈1950 年代蔣中正的軍事反攻計畫〉，收於黃克武主編，《同舟共濟：蔣中正與 1950 年代的臺灣》（臺北：中央研究院近代史研究所，2014），頁 301-303。

[3]　中共中央當時規劃以 50 萬兵力發動對臺戰役，估計需要 125 萬噸以上的運輸船隻，此係當時的首要問題。中共江蘇省委黨史工作辦公室編，《粟裕年譜》（北京：當代中國出版社，2012），頁 319-320。

灣」、「韓戰得利，免於潰滅」分述於後，藉此回顧國府當年轉危為安的過
程與因應。

## 二、從引退到復職

蔣中正與李宗仁（1891-1969）本非一系，1948 年 4 月國府在實行憲法
後的首屆正、副總統選舉，李宗仁並非蔣規劃的副總統人選，[4]惟李勝出擔任
蔣的副手，兩人可謂神貌兩離。蔣於 1949 年初徐蚌會戰慘敗後，在李宗仁
與華中剿匪總司令白崇禧（1893-1966）為首的桂系軍人及國內反對派勢力
的逼迫之下，於 1949 年 1 月 21 日宣告引退，由李宗仁代行總統職權。蔣雖
下野，惟仍以中國國民黨總裁身分及長期掌權累積的影響力，居幕後操控黨
政軍務，使得代總統李宗仁認為對其職權產生諸多掣肘，在 1949 年此年中，
蔣、李在職權上可謂發生多重抵觸。

李宗仁後於 1949 年 12 月 5 日（西南保衛戰後期），以胃病復發需出國
治療為由，自香港飛美國接受手術，[5]而國府在此危難的時刻，中樞無人主
持，蔣對李的不滿亦充分表露在日記中。例如蔣在 1950 年 1 月 30 日記：
「李宗仁避難不回，而反要我放棄黨權不問一切，美援才能充分到來，以美
國杜（魯門）、馬（歇爾）、艾（奇遜）全為反蔣也。此種奴性與醜態，可知
其已至死不悟。」蔣當天日記中又稱李宗仁為「廣西子」，指李宗仁「誤國
害民、無恥無賴」。[6]

蔣中正在 1949 年初，對於保全臺灣及自身的出處，曾有過幾種考慮，
包括：（一）親自擔任陸海空軍總司令而不復總統職位，用軍法治理臺灣以
安定局勢。但蔣顧慮此舉會引起美國的反蔣派人士攻訐為法西斯復活，蔣

---

[4] 蔣中正原屬意的副總統人選是國父孫中山之子孫科（1891-1973）。
[5] 李宗仁此後滯留美國時間長達 16 年。後於 1965 年 7 月 18 日偕妻郭德潔（1906-1966）搭機返回大陸定居。
[6] 呂芳上，《蔣中正先生年譜長編》，第 9 冊（臺北：國史館，2015），頁 440。

認為「惟產生手續與方式應加研究，最好由立法院選舉也」。[7]（二）蔣又曾與時任國民大會主席團主席的王世杰（1891-1981）、行政院政務委員黃少谷（1901-1996）等討論致電李宗仁，要求李宗仁與美方交涉，如果美國願意援助，使臺灣獲得保衛，則蔣中正願退出軍政，不問一切，全權交由李宗仁負責，但討論結果卻認為無濟於事而作罷。[8]

蔣中正在 1950 年 2 月 14 日的日記中，明確決定復位，理由是：

> 此時實為國家命運決於俄頃之際，若不毅然復位，不惟僅存的臺灣根據地不保，中華民族真將永無翻身自由之日，……至於美國國務院之政策，此時已決不為余之行藏而定其態度與方針，……至其承認中共偽政權之遲早緩急，亦無所顧慮。[9]

此後，蔣又再 2 月 19 日記中提到「決定復位」，理由包括：俄、毛發表偽約，和平目的已喪失，且國家將為毛斷送；前以政治原因引退，未經憲法程序向國民大會請辭，今仍不能不以政治原因復位，已轉危為安，再召集國大正式辭職。[10]至於名義問題，蔣在 2 月 20 日接見非常委員，商討對李宗仁的覆電，決定以繼續視事名義，而不言復位。[11]

在此期間，國府、中國國民黨與在美國的李宗仁亦有聯繫，先是蔣中正於 2 月 2 日主持國民黨中常會中，閱李覆監察院電，李稱自己身體尚未康復，暫時無法回國，惟在美期間並未廢弛政務，並曾爭取美援。緊接著行政院長閻錫山（1883-1960）於 2 月 4 日見蔣時表明辭意，經蔣慰留，蔣當晚即約其子蔣經國（1910-1988）等幹部商討閻錫山辭職後之運用及李宗仁的動態。

2 月 12 日，蔣中正再與黃少谷、國民大會秘書長洪蘭友（1900-1958）、中國國民黨中央執行委員會秘書長鄭彥棻（1902-1990）等人研討閻錫山的

---

7　呂芳上，《蔣中正先生年譜長編》，第 9 冊，頁 432。
8　呂芳上，《蔣中正先生年譜長編》，第 9 冊，頁 446。
9　呂芳上，《蔣中正先生年譜長編》，第 9 冊，頁 448。
10　呂芳上，《蔣中正先生年譜長編》，第 9 冊，頁 451。
11　呂芳上，《蔣中正先生年譜長編》，第 9 冊，頁 451。

辭職手續，並與中國國民黨中央非常委員會討論李宗仁的程序，決定由閻錫山向國民黨中央常務委員會辭職後，再由中央非常委員會根據閻的辭呈電告李，要求李限期回國，否則請蔣視事。2月14日，中央非常委員會委員聯名致電李宗仁，請李在2月24日立法院第5會期開議前返國，否則就請蔣中正依據1949年11月27日中國國民黨中央常務委員會臨時會議之決議，繼續行使總統職權，以維大局。

2月18日，李宗仁覆電中國國民黨非常委員會，指其身體尚未完全復原，因而不能長途旅行，而拒絕回臺，蔣的日記有此記載，謂：「李（宗仁）覆非常委員電文，果不出所料，仍用其廣西子『汙泥便醜』之慣技，可謂廉恥道喪，不能再以禮讓為國之道處之，故決定復位」。[12]同月21日，中國國民黨中央委員會舉行談話會，決定議請蔣中正復行總統職權。李宗仁在次（22）日即致電總統府秘書長邱昌渭（1898-1956），並告知孔祥熙（1880-1967）轉述對蔣復職的看法，謂「主張循合理合法途徑，如宣傳攻擊李個人，彼即昭告中外」。[13]

李宗仁事後在回憶錄中曾交代其當時停留在美國的理由是：臺灣在蔣中正掌握絕對的權力下，其貿然回臺必遭蔣迫令「勸進」，其失去自由及個人犧牲不足惜，惟對國脈無補。[14]李並述及蔣雖在臺灣掌權，但他自己卻身肩國家名器，倘人民、僑胞及友邦能給予支持，則自己未始不能把臺灣建設成民主示範區，以爭取大陸民心，「作收復大陸的準備……因為國家、民族既以一國元首的名器託之於我，我一息尚存，即不能在其位而不謀其政，這就是我病癒以後，在美國勾留所努力的方向！」[15]此外，李宗仁還自述：

> 吾人醉心於民主改革，非至絕無可為，不願眼看國脈民命如斯而放棄奮鬥。所以我在一九五○年病癒之後，即擬應杜魯門總統之約，赴華

---

[12] 呂芳上，《蔣中正先生年譜長編》，第9冊，頁450-451。

[13] 呂芳上，《蔣中正先生年譜長編》，第9冊，頁452。

[14] 李宗仁口述，唐德剛撰，《李宗仁回憶錄》，下冊（臺北：遠流出版事業公司，2010），頁917。

[15] 李宗仁口述，唐德剛撰，《李宗仁回憶錄》，下冊，頁918。

府聽聽美國人對我們的意見。然後以跳火坑的精神回臺灣去，領導同
胞，將臺灣建成一個民主政治的示範區，使其不致變成如今日的貪官
污吏，反動政客的逋逃藪。[16]

　　由於李宗仁不願返國，蔣中正遂於 2 月 26 日決定於 3 月 1 日復行視事。
其後，中國國民黨中央常務委員、中央監察委員、中央政治委員、中央非常
委員於 2 月 28 日在臺北賓館舉行聯席會議，由蔣主持並徵詢對局勢意見，
各委員以李宗仁於去年 11 月出國，[17]中樞無人主持，一致要求蔣復行總統職
權，重新主持國政，蔣中正接受勸進，亦即席宣佈於 3 月 1 日復行視事。
　　蔣中正在 3 月 1 日當天發表復行視事文告，並電告美國紐約總領事張平
群（1900-1987）轉李宗仁，祈早日康復，並代表蔣訪問美國朝野後速回臺共
濟危艱。次日，蔣在中山堂舉行茶會，對國大代表、立法委員、監察委員及
臺灣省參議會參議員致詞，提出未來治理方針包括：（一）軍事上鞏固臺灣，
進圖光復大陸。（二）國際上，先盡其在我，自力更生，聯合世界上民主國
家共同反共。（三）經濟上，勞動為第一要義，提倡節約，獎勵生產。（四）
政治上，尊重民意，力行法治。在同一天蔣也接到李宗仁的來電，謂其即將
返臺，請蔣勿復任總統。李的用意當然是阻擋蔣復位，但屬徒然。蔣中正復
職後也十分重視美國的支持態度，所以蔣在 3 月 3 日當天的日記就載：「迭
接美國對桂李（宗仁）不同之消息，最後其國務院正式發表中國總統為蔣而
非李也」[18]，蔣復職一事，就此塵埃落定。

16 李宗仁口述，唐德剛撰，《李宗仁回憶錄》，下冊，頁 921。
17 李宗仁是在 1949 年 11 月 20 日從廣西南寧飛香港，入住養和醫院，再於同年 12
　　月 5 日飛美治療胃病。
18 呂芳上，《蔣中正先生年譜長編》，第 9 冊，頁 459。

# 三、從撤退到固守

蔣中正復職擔任總統後，面對中國大陸的緊張軍事情勢，遂決定以撤退方式轉進臺灣固守，因而在先後有「海南撤退」與「舟山撤退」等大規模的軍事撤退行動。

## （一）海南撤退

海南保衛戰發生在 1950 年 4 月間，國府由薛岳（1896-1998）擔任海南防衛軍總司令，下轄 5 個軍的兵力，分別是第 4、32、62、63、64 軍，總兵力約為 13 萬餘人，而攻打海南的共軍，則是屬於林彪（1907-1971）第四野戰軍的第 40、43、47、48 計 4 個軍及砲兵，兵力也在 13 萬餘人左右，兩方兵力雖然相當，但是國府守軍面臨的是自臺灣運補困難，而解放軍的困難點是渡海載具不足，又有 1949 年 10 月攻打金門遭到挫敗的經驗教訓，中共對此役因而非常謹慎。

中國人民解放軍為確保渡海成功，在 1950 年 3 月 5 日及 26 日，先以小規模部隊偷渡方式，分別在海南島西側的白馬井，及位於海口市附近的臨高角登陸，與島內潛伏的瓊崖縱隊會合，至此完成初步的登陸條件，解放軍第 40 軍 117、118 師及 43 軍 120、128 師等部，於 4 月 20 日夜間分乘機帆船 4 百餘艘，向海南島北西岸林詩港、玉包港、臨高角等地強行登陸，國軍在 4 月 23 日之後陸續自海南島烏場、新村港、榆林港、八所等 4 個地區登船撤退，大約撤出 5 萬餘人來臺，解放軍遂於 5 月 2 日佔領海南全島。

蔣中正日記中首度提到海南撤退是在 4 月 19 日，謂與美國前海軍上將柯克（Charles M.Cooke Jr.1886-1970）商討此事時，柯克不表贊同，蔣要求其與海軍總司令桂永清（1901-1954）飛往海南視察戰況，並增派海空軍加強阻止共軍渡海之後續部隊，待登陸共軍消滅後，再行撤退。[19]此外，國府在

---

[19] 呂芳上，《蔣中正先生年譜長編》，第 9 冊，頁 478。

海南島撤軍過程中也曾發生過一些枝節，如美聯社在 4 月 24 日由海南島所發布的新聞中，稱海南高級將領指蔣唯恐將領坐大，因而不惜犧牲海南島。蔣閱畢此份報導後，旋即在翌日日記中寫道：「殊為奇怪，此乃薛岳之所言，其忘恩負義，為掩飾其本身罪惡而不惜污辱國家與領袖，此人之背謬，乃為白崇禧之第二也」[20]，顯見蔣中正對此報導頗為在意。

　　針對海南島撤退一事，蔣在 4 月 30 日記中也曾有反省，謂：

> 此次海南放棄方案，以長時間考慮與準備，認為時間已到，故毅然撤退，對於宣傳，事前亦甚注意與預備，不料美聯社記者在海南故作反動宣傳，對我內部則肆意挑撥，對外乘機詆毀，擴大我失敗影響，必使我內外信用喪失無遺，其欲將自復職以來所豎立之威望與人民之殷望，皆為之粉碎殆盡。此乃共黨利用外國記者為其工具之陰謀，而美國務院亦利用其記者反宣傳，以期達成其毀蔣亡華之政策。[21]

　　此外，在 5 月 5 日對「革命政府成立紀念大會」書面致詞中，蔣中正亦談到國軍不得不從海南島撤守的苦衷：

> 關於海南撤退的情形，……力量益見單薄，經濟資源亦將枯竭，事實上已無固守海南之可能，所以在去年十二月海南軍政長官曾來臺灣請示，認為我們的力量既不足以久保海南，則不如早日集中兵力，以增強臺灣防衛的力量，否則備多力分，不僅不能保衛海南，而且臺灣亦恐難確保，與其臺灣、海南二個主島，同時並失，乃不如集中全力確保臺灣，更為得計，這在戰略上，當時是一個極重要的建議。時政府已竭盡力量，且已盡到對各鄰邦掩護的職責，於是不得已乃只好宣告撤退。[22]

---

[20] 呂芳上，《蔣中正先生年譜長編》，第 9 冊，頁 483。

[21] 呂芳上，《蔣中正先生年譜長編》，第 9 冊，頁 486。

[22] 秦孝儀主編，《先總統蔣公思想言論總集》，第 40 卷（臺北：中央委員會黨史會，

面對撤退的狀況，蔣中正在 5 月 6 日的日記也有記錄：「海南撤出部隊已有七成，約 5 萬戰員到達臺灣，達成預期之目標，實為不幸中之幸，惟其武器已大半損失矣。」[23]最後，蔣在 5 月 8 日接見美國訪華記者團談到海南撤退時，也指放棄海南是在兩個月前，即西昌失陷後的決定，理由是西昌失陷，海南對中國反共的價值即告減少，且海空軍對海南的補給困難，非國府財政所能擔負。海南撤退均按照計畫進行，「武器軍隊均無損失，且並無投降，與以前其他各地的撤退情形大不相同，此次撤退之成功，足以證明紀律與士氣業已恢復。」[24]蔣的上述記載，尤其是講到「武器軍隊具無損失」顯非事實，撤退過程亦非井然有序，其所謂「紀律與士氣業已恢復」應該是蔣在 1949 年大崩潰後最在意、期望之事。

## （二）舟山撤退

自海南島陷落之後，國府的控制區僅剩下臺澎金馬及舟山等大陸沿海島嶼，國府任命石覺（1908-1986）為舟山防衛司令，下轄 5 個軍，計 16 個師，連同海、空軍及特種部隊在內，總兵力達到 12 萬 5 千人，而負責對臺戰役的中國人民解放軍第三野戰軍副司令員粟裕（1907-1984），及中共中央軍委的策略是將國府在離島的兵力各個殲滅，使在臺兵力更形單薄，而有利於共軍發動對臺戰役。但由於舟山群島各島嶼分佈散廣，倘若專守主島則會被諸多島嶼圍困，倘若分兵兼守諸島，又備多力分，有限的兵力容易被一一吃掉，且舟山群島位於長江口，後勤補給困難，此形勢有利於攻，不利於守，國軍雖然在 1949 年 11 月有登步島之捷，使舟山群島得到數個月的安定，但是共軍亦加強進犯舟山群島的準備。

中共解放軍為發動定海作戰，在 1950 年 3 月間即組織司令部，檢查參戰部隊的準備狀況，粟裕在 4 月 1 日從北京拍發電報，指中央軍委決定在東

---

1984），書面致詞，頁 11-13。
[23] 呂芳上，《蔣中正先生年譜長編》，第 9 冊，頁 491。
[24] 秦孝儀主編，《先總統蔣公思想言論總集》，第 38 卷，頁 258-263。

南沿海戰役中先攻定海,再打金門,為得到空軍的協同作戰,取得局部的空中優勢,決定攻擊行動推遲到該年的 5 月底或 6 月初進行。[25]

粟裕根據各種情勢於 4 月 25 日在杭州主持中共華東軍區海陸空三軍聯合作戰會議,提出部署舟山的作戰方案為:

> 決定以第 7、第 9 兵團 6 個軍 20 萬人,華東軍區海軍第四艦隊登陸艇 19 艘,華東軍區空軍第四混成旅戰鬥機、轟炸機 50 多架,以及可供一次載運 10 萬人的木船 2000 餘艘,進行舟山群島之戰。[26]

粟裕擬將此回攻擊舟山島的中共解放軍參戰部隊分成南北兩個兵團,南面由第七兵團指揮 4 個軍先攻定海周圍島嶼,再攻定海;至於北面則以第九兵團 3 個軍由吳淞出發直取岱山,兩兵團會攻定海本島。確定在 5 月中旬完成準備,6 月中旬或 7 月間發起攻擊。[27]

蔣在日記中考慮舟山撤退的記載,首見於當年 4 月 27 日,蔣謂當天上午 10 點偕同美國前海軍上將柯克到舟山巡視,柯氏認為共軍機場多於國軍,不論中共是否已經擁有噴射機,就算其空軍質量、數量均與國府相當,在其機場多於國府的情況下,定海是無法固守的,柯克主張主動從定海撤軍,以集中全力確保臺灣。不過對此意見,蔣卻認為:「海南撤退程度未定〔按:指能撤出多少部隊未定〕,而且匪機內究有俄式噴氣機否,皆未判定以前,不能決定。即使匪來進攻,亦應先予決戰,受我打擊敗退一次以後,再行撤退也。」蔣在當天的日記中,還寫下對定海防禦工事、全島公路、北岸碼頭的修築等均甚表滿意,較其 6 個月前視察「殊有天淵之別」。[28]

在蔣氏的日記中首見其決心放棄舟山,應該是在 4 月 30 日,那是因為蔣根據空軍對上海機場的偵察照相,確定俄製噴氣機排列停放在該處,自認

---

[25] 張震,《張震回憶錄》,上冊(北京:解放軍出版社,2003),頁 403。

[26] 中共江蘇省委黨史工作辦公室編,《粟裕年譜》,頁 318。

[27] 張震,《張震回憶錄上冊》,頁 404。

[28] 呂芳上,《蔣中正先生年譜長編》,第 9 冊,頁 484。

無法應對，「乃決心放棄舟山群島，集中全力在臺、澎，以確保國家微弱之命根。惟未知撤退任務能否實現，如匪於五月中旬以前，不對舟山進攻，則幾矣」[29]。為處理舟山島撤軍事宜，蔣隨即與行政院長陳誠（1898-1965）、參謀總長周至柔（1899-1986）商討，蔣「明告其要旨，與其連戰連勝之後，至終無力補充或無法接濟，仍不能不撤時，則不如主動撤退，以固最後基地為得計」，[30]但卻遭陳、周二人的反對。蔣緊接著在 5 月 1 日與周至柔商討定海戰略，周對撤軍持反對的理由是蘇聯噴氣機僅是防衛上海，並沒有採取攻勢，蔣卻不以為然。[31]蔣再於 2 日與國防部總政治部主任蔣經國、3 日與柯克、陳誠、周至柔研商相同問題，蔣持撤退的理由是俄國協助中共建立空軍，舟山將成為死島，而臺灣兵力不足。[32]有關舟山撤軍一事，上述人等除柯克外均持反對意見。至 7 日晚間，蔣中正又與行政院長陳誠、參謀總長周至柔、副參謀總長郭寄嶠（1902-1998）、總統府秘書長王世杰、行政院秘書長黃少谷等商討舟山撤軍，然仍一致否決。[33]

8 日，蔣召見駐美公使陳之邁（1908-1978）與周至柔，蔣指示周作舟山撤退準備，並要求周應在軍事面建議，至於民心、士氣及政治方面則由蔣自己負責。[34]翌日，王世杰、黃少谷向蔣報告，指陳誠、周至柔極端反對撤軍，蔣則在日記大歎：「若輩頭腦不清至此，深嘆亡國之無法挽救，感痛萬分！」[35]當日正午召開軍事會議，晚間再召陳誠、周至柔、石覺開軍事會議，蔣堅決撤軍，並令船開往舟山，蔣再三詢問行政院長陳誠對定海計畫如何，陳誠答覆既已行動，無須再講，終沈默不肯作明確答覆，最後只說運船已經預備，再無其他一語。[36]

---

[29] 呂芳上，《蔣中正先生年譜長編》，第 9 冊，頁 486。

[30] 呂芳上，《蔣中正先生年譜長編》，第 9 冊，頁 486。

[31] 呂芳上，《蔣中正先生年譜長編》，第 9 冊，頁 488。

[32] 林秋敏、葉惠芬、蘇聖雄編輯，《陳誠先生日記》，第 2 冊（臺北：國史館，2015），頁 761。

[33] 呂芳上，《蔣中正先生年譜長編》，第 9 冊，頁 488。

[34] 呂芳上，《蔣中正先生年譜長編》，第 9 冊，頁 489。

[35] 呂芳上，《蔣中正先生年譜長編》，第 9 冊，頁 492。

[36] 呂芳上，《蔣中正先生年譜長編》，第 9 冊，頁 493。

　　舟山撤軍計畫既定，蔣在 5 月 10 日召見浙江省政府主席兼舟山群島防衛司令官石覺，要其實施撤軍，石覺以無辭對定海軍民為難，蔣要石覺以撤退乃不得已，是奉命行事即可。蔣再召集高級將領詳示事宜，除要求保守秘密外，還要三軍聯合一致，「尤以海、空軍能積極出擊與盡力搜炸佯攻，以達成其掩護任務，則撤退計畫必可如計完成。」[37]

　　5 月 11 日，蔣致函副參謀總長郭寄嶠、舟山群島防衛司令官石覺，要點有三，分別是：（1）防範共機轟炸運輸船艦，甚於共軍渡海攻擊。（2）運輸艦遇到困難時，需有一海軍高級將領臨陣指揮，此人定為副總司令馬紀壯（1912-1998），而馬需受石覺指揮。（3）運輸船隻需疏散，部隊需在 12 日晚間開始登艦，期於 15 日，至遲 16 日上午完成全部工作。[38]蔣在書寫前函之後，再函石覺，要已經到達舟山群島附近的各艦必需管制燈火，信尾註明「叔銘〔王叔銘，1905-1998〕、紀壯二同志均此」。[39]

　　蔣在獨排眾議下決定舟山撤退，其內心仍然是掙扎起伏，他在 5 月 13 日自記上星期反省錄就寫到：

> 定海撤退方針，經過幹部全體之反對，乃駁斥其昏迷無理之原由，毅然決行，求知於心，泰然自得。余以為此乃一大事，自信其保衛臺灣，反攻大陸，整個國家之能否轉危為安，皆在此一舉，能不依理斷行乎？萬一將來因此而失敗，亦所心安，而況絕無失敗，只由〔有〕勝利者乎。[40]

　　5 月 15 日，蔣召見海軍總司令桂永清，令其與美國前海軍上將柯克同飛定海督導運輸，以免貽誤。下午懸慮定海撤兵，心神不安，指示陶希聖（1899-1988）代擬告定海人民書大意，晚間召集會議，研商撤軍宣傳計

---

[37] 呂芳上，《蔣中正先生年譜長編》，第 9 冊，頁 493。

[38] 秦孝儀主編，《總統蔣公大事長編初稿》，第 9 卷（臺北：中國國民黨黨史委員會，1978），頁 138-139。

[39] 秦孝儀主編，《總統蔣公大事長編初稿》，第 9 卷。頁 139。

[40] 呂芳上，《蔣中正先生年譜長編》，第 9 冊，頁 495。

畫。[41] 5 月 16 日，柯克自定海返臺，向蔣面報撤退經過，蔣原以海軍尚未撤
完，對於發表撤退的時間還不能確定，但又恐中共搶先發佈佔領定海消息，
最後決定在晚間 9 點半宣布。[42]蔣在 5 月 20 日日記上星期反省：「定海部隊已
照預定計畫，全部安全集中臺灣完成，此為復國第一之基本工作也」[43]。國府
自舟山撤退，使中共解放軍以未能殲滅舟山國軍主力為遺憾，依據粟裕年譜
在 5 月 17 日的記載，謂：

> 簽發華東軍區、第三野戰軍前委關於攻臺準備工作的指示中指出："敵
> 人撤退舟山，雖然減少了或免除了我們對舟山作戰的人力物力財力的
> 消耗，但今後敵人可能集中四十萬左右的陸軍及其海空軍全部守備臺
> 灣，這將使我攻臺的作戰準備更加困難，更需要作充分的準備"。[44]

對蔣中正的舟山撤軍，除粟裕外，中國人民解放軍第三野戰軍的參謀長
張震（1914-2015）亦稱：「蔣介石作了一個不失為明智的抉擇」。[45]

## 四、韓戰爆發的助益

正當國府面臨中共可能在 1950 年夏季之後發起攻臺戰役的時刻，韓戰
於當年 6 月 25 日爆發，北韓人民軍在此日凌晨發動猛烈的炮火，全面攻擊
北緯 38 度線以南的大韓民國軍隊，戰爭發生時南韓部隊只有八個師番號，
約 9 萬人，空軍僅有訓練偵察機 10 餘架，既無戰車，也無戰車防禦砲，對
於北韓南侵的先鋒戰車部隊簡直是束手無策。蔣中正對此立即致電南韓大統
領李承晚（1875-1965）表達關切之意，蔣在電文中表示：「已電令本國駐聯

---

[41] 呂芳上，《蔣中正先生年譜長編》，第 9 冊，頁 496。
[42] 呂芳上，《蔣中正先生年譜長編》，第 9 冊，頁 496。
[43] 呂芳上，《蔣中正先生年譜長編》，第 9 冊，頁 497。
[44] 中共江蘇省委黨史工作辦公室編，《粟裕年譜》，頁 319。
[45] 張震，《張震回憶錄上冊》，頁 405。

合國代表促成安全理事會緊急會議之召開，俾得受理此案」[46]。此外，蔣在次（26）日的日記中也寫到：

> 惜美國仍不敢指俄為北韓指使者，應由俄負其責，而以不關痛癢之提案，僅令兩方停戰令處之。美國毫無道義與責任觀念，南韓如被俄共佔領，則其責全在美國也，亞洲民族完全為杜（魯門）、艾（奇遜）所斷送，悲慘極矣。[47]

　　蔣是在 6 月 27 日晚間收到美國駐華代辦師樞安（Robert C. Strong, 1915-1999）所轉交的美國總統杜魯門函件，杜稱已下令第七艦隊協防臺灣，防止中共對臺攻擊，並請國府停止對大陸的一切海、空軍攻擊。蔣次（28）日閱報，見到杜魯門發表聲明，謂：「催促中國政府停止對大陸的一切海、空活動，第七艦隊將觀察此一要求是否已付諸實施。至於臺灣未來地位，應待太平洋區域安全恢復後，與日本成立合約時再予討論，或由聯合國予以考慮」。[48]

　　蔣對於師樞安前一日晉見時未能說明上述情事甚為不滿，故在日記中有：「其對我臺灣主權地位無視，與使我海、空軍不能對我大陸領土匪區進攻，視我一如殖民地之不若，痛辱盍極！」[49]為此，蔣乃入總統府研討對美聲明，決定以：

> 臺灣地位以及反共抗俄與中國領土完整之立場，不能因任何情勢而動搖之意志為覆文之基點，並認為此舉為一臨時緊急措施，故暫令海、空軍停止對大陸進攻，至根本辦法，必須雙方開始協商再定。[50]

　　由以上聲明可以清楚看到蔣中正是民族主義者，非常重視國家主權尊

---

[46] 秦孝儀主編，《總統蔣公大事長編初稿》，第 9 卷，頁 181。
[47] 呂芳上，《蔣中正先生年譜長編》，第 9 冊，頁 513。
[48] 呂芳上，《蔣中正先生年譜長編》，第 9 冊，頁 515。
[49] 呂芳上，《蔣中正先生年譜長編》，第 9 冊，頁 515。
[50] 呂芳上，《蔣中正先生年譜長編》，第 9 冊，頁 516-517。

嚴，但在面臨中共發動對臺戰役的時刻，為獲得美國援助，似只能接受美國的指示，別無選擇。蔣在 6 月 30 日與正副參謀總長周至柔、郭寄嶠討論援韓部隊的編成，決定以劉廉一（1912-1975）為主幹，再加上 201 師。陸軍總司令孫立人（1900-1990）本有意此職，但蔣在當天的日記中卻記述到：「惜其精神品格與思想，皆令人可慮耳。」[51]蔣在此期間的日記亦提到對孫立人的不滿，他在 7 月 1 日曾述：孫負責的第三期工事本來限定在上月底前完成，但至今尚未開始，「立人之不負責與無人格如此，可痛！」[52]

蔣長期以來對美國對華政策及總統杜魯門、國務卿艾其遜（Dean G. Acheson, 1893-1971）的不滿，亦充分表露在日記中，其多次提到杜、艾二人意在「扶共抱俄」、「毀蔣賣華」，例如 6 月 30 日自記本月反省錄：

> 俄國主使其北韓傀儡對南韓發動侵略攻勢，而美國竟能授權麥帥〔按：麥克阿瑟 Douglas MacArthur, 1880-1964〕動員援韓，此為暴俄所不及料，同時美竟命令其海軍巡防臺灣海峽，以阻制任何方面對臺之攻擊，實亦俄史（達林）所不料，此乃美國政府之變化。艾其生扶共抱俄之政策，已為其杜魯門及其朝野所不容，故有此激底改變之大舉。惟彼艾仍於其杜之聲明中，對華之侮蔑，無所不用其極，必欲作此最後掙扎，非達其毀蔣賣華之目的，絕不終止其陰謀也。[53]

蔣當天日記也對美國以陸、空軍援韓感到欣慰，記下：「第三次世界大戰能否從此開始，尚不可知，而東亞反共戰爭則決不能從此中止，乃可斷言。」[54]唯對美國阻止國府派兵援韓一事多有不滿，指稱：「美國務院仍竭力阻止我派兵援韓，其用意實在壓制我不許參加國際事業，而並非怕中共亦將藉口軍援北韓也。」[55]若從上述文字研判，或可意會蔣中正乃殷切期盼第三次

---

51 呂芳上，《蔣中正先生年譜長編》，第 9 冊，頁 516。
52 呂芳上，《蔣中正先生年譜長編》，第 9 冊，頁 518。
53 呂芳上，《蔣中正先生年譜長編》，第 9 冊，頁 517-518。
54 呂芳上，《蔣中正先生年譜長編》，第 9 冊，頁 518。
55 呂芳上，《蔣中正先生年譜長編》，第 9 冊，頁 518。

世界大戰就此爆發。7月1日，蔣在日記中又對韓戰及國府因應作出預想：

> 甲、韓國戰局之推移，相持乎？速決乎？（即南韓於數日或一星期內，為韓共完全占領，此因美國陸軍之參戰，已無此顧慮。）乙、中共先參加北韓作戰時，美國態度勢必大變，不僅要求我派兵增援南韓，而且對我大陸之海、空軍攻勢亦必開放，不再阻礙乎。丙、如果我軍實行援韓，則整個戰略與最大兵力應預先決定，至少要有十萬人以上為預備隊。丁、軍事與政治之基本組織與制度及基本力量尚未完成，如提早反攻大陸，甚不利乎。戊、對美國交涉與要求其接濟之方針應速定。[56]

7月2日，蔣接見美國前海軍上將柯克面報其與盟軍總司令麥克阿瑟在東京談話內容，麥克阿瑟認為國府支援的部隊在精不在多，盼國府戰車與大砲支援，至於如何援韓，還需與美國國務院研商後通知。蔣臆測美國對華態度已有所改變，當天日記便有：

> 麥帥對余極誠意，如上週韓戰不發生，則彼已預定於上星〔期〕三日飛臺來訪也。果爾，是其已與國防部長面決者。如不得其政府同意，彼必不能作此決定，是其對華政策確已改變。然其國務院仍出其死力掙扎到底，所以其發表文字仍與〔予〕我以難堪也。[57]

從蔣以上記述，可瞭解到其冀望美國改變對華政策之殷，日記中文字例如「死力掙扎」，皆顯現其對美國務院怨憤之深。7月5日，蔣接獲麥帥通知將來臺訪問，「以南韓戰局緊張，如彼離日來訪，心茲不安也」[58]。為此，蔣擬先訪韓再轉日與麥帥晤面。7日，蔣接獲通知麥帥參謀長（按：未具姓名）

---

[56] 呂芳上，《蔣中正先生年譜長編》，第 9 冊，頁 518-519。
[57] 呂芳上，《蔣中正先生年譜長編》，第 9 冊，頁 519。
[58] 呂芳上，《蔣中正先生年譜長編》，第 9 冊，頁 521。

拒將蔣意轉達麥帥。同日，駐日代表團長何世禮（1906-1998）回臺報告麥帥
協助臺灣及未改變訪臺之決定，蔣在當天記有：「彼對余之信心，實為美國
惟〔唯〕一心交之知友也，可敬」[59]。

蔣雖然對自己充滿信心，但對在韓作戰的美軍卻不放心，他在 7 月 8 日
自記上星期反省錄提到：

> 韓戰美軍退守大田之線，戰況不利，甚恐美軍為俄共所算，地形與當
> 地民情均於美軍不利為念。但彼等並不以吾人之經驗與中韓關係為
> 重，不屑余等協助，中國援韓之軍亦被其國務院所反對而拒絕，不知
> 其在亞洲作戰何以為計矣。[60]

由於國府囿於美國的限制，不得再對大陸採取攻擊行動，蔣在 7 月 7 日
萌生自金門撤兵之考慮，蔣預料「共軍必以美國第七艦隊為恫嚇與宣傳，此
不僅對中華民國無多大助益，且國軍必因美國之助而懈怠防務，使共軍更有
攻臺之意。」[61]蔣指示參謀總長周至柔速作準備，以加強臺灣防務。7 月 9 日，
蔣與柯克討論，柯氏認為把金門兵力撤回加強臺灣防務，其心理效用不及固
守金門。[62]

7 月 10 日，蔣與參謀總長周至柔討論金門是否撤兵，周認為美國第七
艦隊司令史樞波（Arthur Dewey Struble, 1894-1983）於前（9）日來訪，國軍
隨即從金門撤兵，中共必以為是出於美國對國軍範圍的限制，不允許國軍在
大陸沿海立足，如此，則中共勢力更張。蔣採用周的意見，決定延緩撤兵。
蔣又在 7 月 15 日自記上星期反省錄：「金門防軍以勢以理，此時皆應撤退，
但為美國與麥帥關係，未得其同意，故國防部與顧問乃多躊躇不決。余意此
時以保全實力為主，始終主張速撤，此應為最近重要之大事也」[63]。

---

[59] 呂芳上，《蔣中正先生年譜長編》，第 9 冊，頁 521。
[60] 呂芳上，《蔣中正先生年譜長編》，第 9 冊，頁 523。
[61] 呂芳上，《蔣中正先生年譜長編》，第 9 冊，頁 522。
[62] 呂芳上，《蔣中正先生年譜長編》，第 9 冊，頁 522。
[63] 呂芳上，《蔣中正先生年譜長編》，第 9 冊，頁 525。

7 月 16 日，蔣接獲駐日代表團長何世禮電，指金門撤防問題，麥帥須待面商後決定。蔣記：「美國務院對我轟炸福州機場及扣留共匪船艦皆不同意，如此只有坐待匪軍圍攻金門，嗚呼可，故決撤防金門，全力固防臺、澎，以待天下之變而已，美之喜怒好惡只有聽之。」[64] 18 日與參謀總長周至柔商討金門撤退準備情形，再與柯克討論，柯氏以為保衛金門利多於害，蔣不以為然，蔣記：「金門問題不宜於此韓戰危急時，要求麥帥諒解，應先自我準備可也。」[65]

7 月 31 日，麥克阿瑟於中午 12 點飛抵臺灣，蔣氏夫婦到機場迎接，隨即於當日下午 4 點在總統府兵棋室召開中美軍事會議，會談內容包括對日合約、對韓戰意見等。蔣當天自記當月反省錄中盛讚：麥帥在此軍事失利當下訪臺，「其扶弱抑暴之精神，實為美國軍事政治家惟〔唯〕一之雄才」。[66]

8 月 1 日，蔣赴麥帥住所開會，參謀總長周至柔提：美國既限制國府海、空軍不得對大陸採取攻擊行動，則國軍無法轟炸東南沿海機場、港口及基地，金門處境危險，提議金門撤防。麥帥指國府對大陸之行動，美國不久將有具體的表示。蔣中正解讀麥帥之意是「將變更杜魯門六月二十七日之聲明，不限制我對大陸之攻擊也」[67]。麥帥於 8 月 1 日離臺，蔣於 8 月 5 日主持軍事會報，決定金門固守不退。[68]至此，國府計畫援韓未成，金門確定力守，隨著中共於當年 10 月 19 日派兵援朝，韓戰形成拉鋸，其後雖有 1950 年 11 月間，聯軍在韓戰遭到挫敗時，美英國家還有邀中共加入聯合國，犧牲國府的代表權，以換取中共和談的打算，但終未成為事實。國府偏安臺灣的局面就此成形。

---

[64] 呂芳上，《蔣中正先生年譜長編》，第 9 冊，頁 526。
[65] 呂芳上，《蔣中正先生年譜長編》，第 9 冊，頁 526。
[66] 美軍當時戰事一再失利，包括大田、錦江等地不守，洛東江亦被韓共突破數處。蔣中正認為，美軍在韓，其地利、人和不及韓共。呂芳上，《蔣中正先生年譜長編》，第 9 冊，頁 532。
[67] 呂芳上，《蔣中正先生年譜長編》，第 9 冊，頁 533。
[68] 呂芳上，《蔣中正先生年譜長編》，第 9 冊，頁 534。

# 五、結語

　　百餘年來的中華民國是苦難的，內憂外患無日無之，從某些角度觀之，中華民國就中國近代史的意義而言，可謂是舊新兩時代的樞紐與過渡。至於百年民國史的人物，其中影響弘深久遠者，蔣中正可謂是重要人選之一，而最具兩極化爭議者，蔣中正亦屬其中。海峽彼方的中共政權曾將蔣詆之為國賊，海峽此方的國民黨政權在蔣去世之初，卻曾擬譽為國神，實則蔣既非國賊也非國神，蔣是有情緒好惡與喜怒哀樂的常人。經筆者統計，其在 1950 年日記中至少有 10 次責備自己咎失，內容幾乎都是失悔輕易發怒，尤其是 9 月 2 日召開外交會談中，蔣對聯合國派團前來調查美國侵臺問題，其言詞激昂，主張動用否決權，引起陳誠不悅而制止，蔣一時更為憤慨，後在日記中有：「逆耳之言不能不自返自制，辭修亦可作我師資耳」[69]。

　　揆諸蔣中正的日記，也曾於 1950 年 12 月 27 日以臺中市長參選人楊基先（1903-1961）嚴詞攻擊政府，其叔楊肇嘉（1892-1976）係臺灣省政府民政廳長，亦曾詆毀過政府，遂電告臺灣省主席吳國楨（1903-1984），命其撤銷楊基先的參選資格，惟事後察覺處置不當，仍讓楊參選。蔣在 12 月 30 日記下：「甚覺日前干涉臺中市長選舉，勒令楊某退出之非法，尤其是對方遵旨自退時，更覺不安，所謂行有不慊於心，則餒矣」[70]，顯見蔣是能自省自制者。

　　至於蔣慣常越級指揮，甚或是越俎代庖的指揮風格，則是另項久為人所詬病之處，綜觀其 1950 年的日記亦不乏例子，如直接對戰地司令官，甚至幕僚長下達第一線指導的事項，如 1 月 20 日電西南軍政長官公署參謀長羅列（1907-1976），要其「以堅忍不拔之精神，奠定其旋轉乾坤之基業，愈危急，愈安詳」。[71] 4 月 20 日函舟山群島防衛司令官石覺，在共軍渡海攻擊時要「鎮定自如，靜著瞄準……應嚴令官兵，一面射船，一面先擇船上之官長

---

[69] 呂芳上，《蔣中正先生年譜長編》，第 9 冊，頁 546。
[70] 呂芳上，《蔣中正先生年譜長編》，第 9 冊，頁 602。
[71] 呂芳上，《蔣中正先生年譜長編》，第 9 冊，頁 436。

為目標也」[72] 5 月 11 日函副參謀總長郭寄嶠、舟山群島防衛司令官石覺說「艦隻〔按：舟山撤軍艦隻〕停泊，不可太擠，總以疏散為宜，故部隊開始登艦，亦以絡續行之為妥，明（十二）日晚間，即應開始登艦，並期於本月十五日，至遲十六日上午，必須完成全部工作」。前函畢，蔣又想起，到達舟山附近各艦需燈火管制，蔣再函石覺及空軍副總司令王叔銘、海軍副總司令馬紀壯切實遵行。[73]

　　蔣在 1950 年把諾大的心神精力放在黨務改造、精神講話及視察部隊上，計赴革命實踐研究院、陽明山莊、圓山軍官訓練團等單位精神講訓至少達 33 次，視察部隊、基地、主持軍校畢業典禮等至少有 27 次，但對於當時的外交困境則是一籌莫展，只有將一腔怨懟寄之於日記。經統計，蔣在 1950 年當年的日記中，指美國總統杜魯門、國務卿艾其遜及美國國務院「毀蔣賣華」一類的言詞即高達 19 次以上。

　　綜觀百年民國史中至少有兩個時期是特別重要者，一是 1928 年北伐統一，以迄 1937 年抗日；後者是 1950 年中華民國政府撤退來臺的存亡關鍵時期。蔣何其有幸在此等時期擔任國家領導者，惟蔣又何其不幸，其一生爭議至終仍無定論，身後尚不能歸葬故土。蔣一生不煙不酒，不重奢華，生活規律刻板，性情剛烈，有其堅持（民族主義），有其痛惡（共產組織），他勤寫日記，時間長達 57 年，近年來兩岸學者紛赴美國史丹福大學胡佛研究所檔案館勤研蔣中正日記，筆者也順此潮流，先試將 1950 年蔣中正對攸關國府存亡的重大事端，其運籌及轉危為安的過程與因應書之於文，以此就教各方。

---

[72] 秦孝儀主編，《總統蔣公大事長編初稿》，第 9 卷，頁 110-112。
[73] 秦孝儀主編，《總統蔣公大事長編初稿》，第 9 卷，頁 139。

# 徵引書目

中共江蘇省委黨史工作辦公室編，《粟裕年譜》（北京：當代中國出版社，2012）。

呂芳上，《蔣中正先生年譜長編》，第9冊（臺北：國史館，2015）。

李宗仁口述、唐德剛撰，《李宗仁回憶錄》（臺北：遠流出版事業公司，2010）。

林秋敏、葉惠芬、蘇聖雄編輯，《陳誠先生日記》，第2冊（臺北：國史館，2015）。

秦孝儀主編，《先總統蔣公思想言論總集》，第40卷（臺北：中央委員會黨史會，1984）。

秦孝儀主編，《總統蔣公大事長編初稿》，第9卷（臺北：中國國民黨黨史委員會，1978）。

張震，《張震回憶錄上冊》（北京：解放軍出版社，2003）。

陳鴻獻，〈1950年代蔣中正的軍事反攻計畫〉，收於黃克武主編，《同舟共濟：蔣中正與1950年代的臺灣》（臺北：中央研究院近代史研究所，2014），頁293-359。

薛月順編，《陳誠先生回憶錄－建設臺灣》，上冊，（臺北：國史館，2005）。

# 戰後海外版宣傳影片的中華民國形象
# （1950-1971）

鄭巧君[*]

## 摘要

　　「形象」的塑造是一種動態的過程，國家形象的塑造更會因為外在局勢的轉變而不斷在調整。中華民國在戰後對外宣傳當中的形象，主要是建立「自由」、「中國」的形象，以在國際場合中爭取代表「中國」的話語權。在1950、1960 年代的宣傳各有不同的重點方向，以臺灣省新聞處電影製片廠為例，1950 年代臺灣省新聞處電影製片廠所製作的海外版新聞影片，其內容多為臺灣島內的工程建設、十月節慶活動、閱兵典禮等，表示中華民國的「自由」與「進步」，並對外強化其必反共復國、光復大陸的決心；1960 年代拍攝的紀錄片《清明上河圖》，當時要強調的是中華民國才能代表中華文化、才是正統「中國」的意涵；本文藉由討論臺灣省新聞處電影製片廠出品的紀錄片、海外版新聞影片，從官方的角度來看對外宣傳如何形塑「中華民國」的樣貌。

關鍵字：對外宣傳、形象、影片

---

* 　國立政治大學雷震研究中心博士後研究員。

## 一、前言

　　第二次大戰結束後，中華民國以戰勝國之姿站在世界舞臺上，但緊接著而來共產勢力的威脅與步步進逼，使得中華民國從大陸退居海峽另一端的小島上，在世界上亦掀起以美、蘇為兩端的政治對抗。在冷戰的架構裡，中華民國與美國同一陣線，並且在反共抗俄的主軸下，對內對外皆宣稱是「自由民主」的國家，並且奮力在國際舞臺上尋求一席之地、申張主權合法性。如何宣傳中華民國在國際舞臺上所扮演的角色，進而穩固外交關係，是戰後在臺灣的中華民國的一大課題，也因為如此，「形象」的塑造與推廣，顯得格外重要。

　　就官方宣傳管道而言，通常包括新聞報導、電影、電視節目、政府公報、雜誌、文宣等，若針對語言、文化不同的外國，常見的方式則可分為影像類的電影、電視節目、新聞紀錄片，以及圖文類的官辦雜誌、文宣等非以文字為主的宣傳方式，較能不受文字語言的拘束。隨著傳播媒介的普及，利用圖像影視來宣傳的比重已不亞於文字類，獲得的效用及推廣的地區範圍也較大。本文以官方發行的紀錄片、新聞片為主，探討戰後中華民國對外宣傳的形象塑造，重新審視中華民國在國際舞臺的樣貌。

　　形象（image）並非固定不變，而是會呈現動態的變化，人們多半藉由形象來組織其所接收的訊息，同時也在接收訊息的過程中修改形象。[1]至於「國家形象」則可與「國家聲譽」、「國家威望」相連結，在國際關係中的意義在於，國際社會對某一國形象的解讀成為影響國家間關係的關鍵因素，而該國的自我定位以及其他國家對該國形象的認定，會影響該國的政策和行為。[2]透過國家形象分析，可以看到許多政治系統本身視而不見的真相，更可從中得到形象描繪者的意見、態度及期望。[3]一國的內、外行為越受到國際體

---

[1] 倪炎元，《公關政治學：當代媒體與政治操作的理論、實踐與批判》（臺北：商周出版社，2009），頁 53。

[2] Kenneth Boulding, "National Image and International System," *Journal of Conflict Resolution*, 3:2, June 1959, pp. 120-131.

[3] John C. Merrill, "The Image of the United States in Ten Mexican Dailies," *Journalism & Mass Communication Quarterly*, 39:2, 1962, pp. 203-204.

系中其他國家認知的影響，輿論在國際關係中的作用就越得彰顯。[4]從上述可知，「國家形象」可分為兩個部份，一是國家在發展過程中所產生的自我認知，另一是國際社會中其他國家對於該國的認知。[5]至於如何進行國家形象的塑造並加以宣傳，便是一項重要的課題。

官方宣傳機構有意識地塑造「國家形象」並進行「國際宣傳」，而其國際宣傳內容則可看出該國的自我認知及期待他國對該國的印象。1949 年後國民黨來到臺灣，國共之間的戰爭並不因海峽的隔閡而稍歇，其爭奪的領域轉移到國際場合，彼此爭奪主權合法性，皆極力對外宣稱及展現自己才是代表「中國」的那一方，因此形象的塑造至關重要。例如在 1950 年代面臨中共軍事的武脅時，在臺灣的中華民國必須展現大無畏的態度；1960 年代中期中共進行文化大革命，加上我國外交空間的逐步壓縮，此時期就必須強調中國文化復興的精神以及正統性，並以此為基準來堅持中華民國的主權。因著情勢的不同而塑造、或是改造出符合需求的「形象」，戰後的中華民國在內外局勢的改變之中，其形象也不斷地在轉換，而這也呈現在對外發行的宣傳影片當中。

戰後發行海外的宣傳影片，以臺製廠出品的紀錄片及海外版新聞片為主，其中又以海外版新聞片佔大多數。新聞片是根據國內新聞剪輯而成，目標是使海外人士及僑胞能瞭解中華民國的近況。以下藉由官方製作的影片來看中華民國的形象為何。

## 二、紀錄片

對外宣傳的影片，以臺製廠出品為大宗。臺製廠為「臺灣省政府新聞處電影製片廠」的簡稱，是臺灣行政長官公署根據 1945 年 9 月發布的「管理收復

---

4　陳郁芬，〈中國學者對國家形象的看法〉，《東亞研究》，第 44 卷第 2 期（2013.07），頁 168。

5　Kenneth Boulding, *ibid*, p.121.

區報紙通訊社雜誌電影廣播事業暫行辦法」，接收當時日方的製片機構「臺灣映畫協會」及「臺灣報導寫真協會」，並將兩者合併為「臺灣省電影攝製廠」。[6]臺灣省電影攝製廠成立後拍攝的第一部 35 釐米黑白新聞片是〈臺灣省受降特輯〉，[7] 1946 年，攝製廠遷至臺北植物園的新建影棚，成為當時唯一較具規模的製片基地。[8] 1949 年，攝製廠奉核定改為「臺灣省政府新聞處電影製片廠」，簡稱「臺製廠」，由王紹清任廠長。該廠職責為新聞片、紀錄片之攝製及放映；新聞照片之攝製發佈及展覽；定期放映電影招待全省公教人員；有關電影之宣傳推行。[9]簡而言之，即擔負著宣傳政令與教育人民的任務。

　　在臺製廠尚未大量攝製海外版宣傳影片之前，戰後向海外宣傳的影片最早可溯及自 1948 年由臺灣省政府攝製介紹臺灣的紀錄片〈今日之臺灣〉。影片從地理介紹開始，其中為了表現出臺灣是個位處南方的海島，因而特別拍攝有棕櫚樹及沙灘的海濱、海浪拍岸等畫面。接著為了強調臺灣原為中國之領土，因此歷史回溯從鄭成功擊敗荷蘭一事開始帶入，表現出中國正統在臺灣的歷史意義。介紹日治時期的部份，則是呈現出臺民生活極不自由之景象，直到抗戰勝利、臺灣重入祖國的懷抱，總統府上飄揚的國旗象徵著新氣象的到來。臺灣的農業是影片的重點之一，除了表現出典型的臺民生活景象，臺灣盛產的水果（尤其是香蕉和鳳梨）也在影片中佔有一定的篇幅。工業的部份包含了水泥、肥料、水電廠，以及臺灣特有物產的糖廠、樟腦丸廠，至於漁業的介紹並不多。交通運輸以鐵路為主，教育方面則特別強調小學生與高山族學生之間和樂融融、平等的景象。臺灣之新兵訓練也納入影片的拍攝內容，新兵的整潔與嚴格的訓練，呈現出嚴謹的軍律。風景名勝是不可少的重點，日月潭的風景搭配著高山族女子的舞蹈、北投及草山的影像呈現出日本

---

6　盧非易，《臺灣電影：政治、經濟、美學（1949-1994）》（臺北：遠流出版事業股份有限公司，1998），頁 41；李天鐸，《臺灣電影、社會與歷史》（臺北縣：視覺傳播藝術協會，1997），頁 67。

7　唐明珠、薛惠玲主編，《臺灣有影：臺影新聞片中的電影》（臺北：新聞局，2011），頁 6。

8　盧非易，《臺灣電影：政治、經濟、美學（1949-1994）》，頁 41。

9　〈臺灣省政府新聞處電影製片廠組織規程〉，《省府檔案》，典藏號：0040-012-34-1。

建築的特色、阿里山的風光與山胞生活、大船進出基隆港之氣魄、臺南赤崁樓則強調與中國之關聯等，最後在臺東海岸椰子樹下的山胞舞姿中結束影片。[10]此紀錄片的主要功用為對外宣傳國民黨政府接收臺灣的正當性，攝成後運往國外放映，因此特別強調歷史脈絡的延續。臺製廠設立後，名為〈今日臺灣〉的紀錄片不斷更新，逐漸側重於農業的進步、工業的發展、經濟的成長等當時可見的具體成果，把中華民國所建設的「進步」臺灣的影像紀錄於影片當中，定期向外推廣此「進步」的成果。

1950 年代末期，為了擴大國際宣傳，新聞局曾雇用美國公關公司萊特公司（Hamilton Wright Organization），拍攝有關歷史文化、新聞宣傳等紀錄片，在全球五、六十個邦交國放映（其中主要放映地點是美國），以對抗中共在國際文宣對在臺中華民國的負面宣傳。[11]萊特公司於 1960 年曾拍攝〈自由中國之面貌〉，在海外頗獲好評，[12] 1961 年新聞局與萊特公司在商討新的拍攝主題時，各方意見紛陳，有人提出以黃自作曲、韋瀚章作詞的〈旗正飄飄〉為主題，雖然歌曲慷慨激昂、歌詞中「好男兒報國在今朝」更是能配合「反共抗俄」的一貫主軸，但如此一來便會有軍事畫面，似乎有些不妥。時任新聞局主任秘書的龔弘，便大力主張拍攝故宮的珍藏「清明上河圖」：「以介紹中華文化的淵博及人文的豐盛」、「最主要是表現我們國府的正統性，絕非其他政權可以竊據的」、「因為『清明上河圖』是在講市井小民的生活型態，從而帶出整個中華民族國泰民安的現象。」後來採用龔弘的建議，但是不找萊特公司拍攝，而是由新聞局同仁自行編導、攝製，成員包括陸以正（製片人、英文撰稿指導）、張隆延（藝專校長、名歷史文物學者、擔任主編）、卓世傑（攝影）、陳高唐（錄音），此外還有從旁幫忙的羅慧明等人。[13]

---

10 整理自〈行政院新聞局、臺灣省政府關於攝製〈今日臺灣〉事項的來往文件（1948年 7-12 月），收於陳云林總主編，《館藏民國臺灣檔案匯編》（北京：九州出版社，2007），第 264 冊，頁 343-357。

11 龔弘口述，龔天傑整理，《影塵回憶錄》（臺北：皇冠文化出版有限公司，2005），頁 84。

12 「國內外各類影展（四）」（19590509~19620112），〈新聞文化司〉，《外交部》，國史館典藏號：020-090503-0021

13 張靚蓓，《龔弘：中影十年暨圖文資料彙編》（臺北：文化部，2012），頁 31。

　　拍攝時，龔弘率領卓世傑等人來到臺中、進入故宮，把畫攤開，鏡頭從各個角度取景。故宮「清明上河圖」現所存者乃清朝乾隆皇帝時之臨摹本，該圖為絹本橫軸，高度僅 35 公分，長度卻達 11 公尺，所描繪的人物共四千餘人，每人高度僅半寸，師大美術系出身的羅慧明表示：「當時我們的技術還不成熟，最困難的地方是，材料就只有這麼一點點，整幅畫就這麼長，卻要拍個十幾分鐘，真的很難。哪些地方該表現，大家事先都有一番研究。」[14]在材料有所限制的情況下，要拍攝長達十多分鐘的紀錄片，難度很高。掌鏡者劉藝以「動態攝影表現靜態畫作，輔以寫實的音效與中國風音樂，並經由電影手法表現畫中人物及其活動，使該畫軸所描述的宋朝年間汴京開封沿河兩岸的清明時節歡樂情景，躍然紙上，令人有親臨其境的感覺，在當年貧瘠的臺灣紀錄片形式上誠屬創新。」[15]後來由於為該片拍攝技術精良，配音動人，以及能充分顯示中華藝術的高深造詣，時任新聞局國際處處長的陸以正，將〈清明上河圖〉送往參加英國愛丁堡國際影展（Edinburgh International Film Festival），並獲得最佳紀錄片的獎項，後來又參加義大利威尼斯國際影展（Venice International Film Festival），得到最佳紀錄影片優等獎。[16]〈清明上河圖〉是第一部在國際影展上展出由臺灣自行製作、編導、拍攝的紀錄片，並且獲得盛譽，此後〈清明上河圖〉拷貝多片、送往駐外各使館，向海外人士、僑團介紹中華文化，將「中華文化」與在臺灣的「中華民國」相連接，以示在文化上的正統性。

　　1960 年代的紀錄片開始有主題性的區別，例如臺製廠拍攝介紹省政建設的〈公共工程〉、介紹臺灣現況的〈臺灣風光〉，另外亦有外國影片公司來臺拍攝，例如由美商米高梅影片公司在臺拍攝的〈這是臺灣〉、英商克利夫影片公司拍攝的彩色新聞紀錄片等，拍攝當時中華民國的「進步實況」送往世界各地播映。

---

[14] 張靚蓓，《龔弘：中影十年暨圖文資料彙編》，頁 34。
[15] 行政院新聞局，「視聽資料處」，網址：http://www.ex-gio.org/index.php/gio-history/jobs/147-o-11
[16] 張靚蓓，《龔弘：中影十年暨圖文資料彙編》，頁 34-35。

## 三、海外版新聞片

　　1949 年臺製廠設立後，其主要職掌為攝製新聞片、紀錄片和教育片。在尚未製作專門的海外版新聞片之前，已有剪輯國內新聞片、拍攝紀錄片等，經由有關單位送往海外放映或參加國外影展。1950 年代臺製廠發行海外影片的區域或國家，以亞洲（尤其是東南亞）、美國為主。

　　以 1955 年 5 月至 1956 年 12 月為例，期間以亞洲地區的影片發行最多，共有 22 片，佔整體三分之一。若以國別來看，送往美國放映的影片最多，其中又以新聞片佔多數。劇情片所佔片數不及十分之一，因為劇情片往往有版權的限制，為了不與當地片商發生放映上的衝突，因此劇情片的數量相當少。至於影片內容，由於當時臺灣的各大建設正在進行中，具體成果尚不明顯，因此 1955 年所發行的影片內容多為政治交流，例如有政商名流來訪、婦聯會招待晚宴等。至 1956 年起，土地改革的成果逐漸受到重視，石門水庫、橫貫公路的工程建設亦具體可見，因此送往海外宣傳影片開始納入上述的內容。然而不可忽視的一點是，蔣介石的華誕、閱兵典禮，不斷定期出現在海外宣傳影片裡，再再對外強調蔣在臺灣是三軍統帥，同時也藉由「閱兵」的軍容壯闊，強化反共復國、光復大陸的信心。

表 1　臺製廠出品影片海外發行地區統計表（1955/5-1956/12）

| 發行地區 | 新聞片 | 紀錄片 | 劇情片 | 小計 |
|---|---|---|---|---|
| 越南 | 1 | 1 | 0 | 2 |
| 泰國 | 2 | 5 | 0 | 7 |
| 伊拉克 | 0 | 1 | 0 | 1 |
| 澳洲 | 1 | 3 | 0 | 4 |
| 美國 | 13 | 2 | 2 | 17 |
| 韓國 | 0 | 1 | 0 | 1 |
| 菲律賓 | 2 | 1 | 2 | 5 |
| 中東 | 1 | 1 | 0 | 2 |
| 日本 | 2 | 1 | 0 | 3 |
| 南洋 | 3 | 0 | 0 | 3 |
| 世界各地 | 12 | 6 | 0 | 18 |

| | | | | |
|---|---|---|---|---|
| 星馬地區 | 0 | 0 | 1 | 1 |
| 合計 | 39 | 22 | 5 | 66 |

資料來源：「日本搜集我國電影資料」（19570920~19580408），〈新聞文化司〉，《外交部》，國史館典藏號：020-090401-0012。

## 表2　臺製廠海外發行影片一覽表（1955/6-1956/12）

| 發行地區 | 片名 | 內容摘要 | 發行日期 | 發行方法 |
|---|---|---|---|---|
| 泰國 | 自由中國新聞選輯 | 一、克難英雄大會<br>二、石門水庫<br>三、中菲韓籃球賽<br>四、農民節<br>五、鐵路行駛柴油特快車<br>六、中美交換音樂演奏會<br>七、學童自治互助活動<br>八、百年奇觀－日環食 | 1955.4.14 | 交外交部運泰參加曼谷影展 |
| 伊拉克 | 伊拉克議長賈瑪黎訪臺專輯 | 伊拉克議長訪華各項活動 | 1955.7.18 | 交新聞處轉外交部贈伊拉克議長 |
| 澳洲 | 世界道法重整訪問團專輯 | 一、訪問團來臺<br>二、何應欽將軍歡宴<br>三、記者招待會<br>四、總統茶會<br>五、「永恆寶島」演出<br>六、婦聯會招待歡宴<br>七、訪問團離臺 | 1955.11.17 | 贈外交部轉送澳洲放映 |
| 美國 | 心靈的光耀 | 一、序言及臺灣省盲人統計<br>二、介紹美國盲啞偉人海倫克爾女士的成就<br>三、盲人生活用具介紹<br>四、臺灣省盲啞學校介紹<br>五、臺灣省盲人福利團體活動情形<br>六、盲人社會活動和家庭情形<br>七、盲殘退除役官兵及盲啞義胞生活<br>八、健全人幫助盲人共享人類幸福的生活 | 1955.11.17 | 贈美國海外盲人基金會 |
| 美國 | 新聞選輯 | 一、總統六九壽誕<br>二、光復十週年<br>三、孔子誕辰 | 1955.12.31 | 贈外交部寄美放映 |

| 美國 | 春滿人間 | 一、自由中國實施三七五減租實況<br>二、減租後農民生活增進情形 | 1956.1.9 | 呈嚴主席免費贈送施克前署長在美放映 |
|---|---|---|---|---|
| 中東 | 海外版第一號 | 一、克難英雄大會<br>二、石門水庫<br>三、中菲韓籃球賽<br>四、農民節<br>五、鐵路行駛柴油特快車<br>六、中美交換音樂演奏會<br>七、學童自治互助活動<br>八、百年奇觀－日環食 | 1956.3.28 | 我回教朝觀團借往中東放映 |
| 韓國 | 今日臺灣之農業 | 臺灣的農業狀況 | 1956.5.28 | 海外黨部借往韓國映 |
| 泰國 | 泰國友好訪問團 | 泰國友好訪問團在臺各項活動 | 1956.6.20 | 由外交部轉贈泰國政府 |
| 美國 | 新聞選輯 | 一、一二三自由日兩週年紀念<br>二、追悼一江烈士<br>三、顧維鈞大使返國述職<br>四、大陸漢民代表抵臺 | 1956.6.21 | 送新聞局轉寄紐約新聞及駐紐辦事處在美放映 |
| 美國 | 新聞選輯 | 一、臺灣工業產品聯合展覽會<br>二、慶祝 12 屆戲劇節<br>三、檀香山華僑捐贈救濟衣物抵臺<br>四、公共食堂女服務生義賣敬軍花 | 1956.6.23 | 全上 |
| 菲律賓 | 心靈的光耀 | 一、序言及臺灣省盲人統計<br>二、介紹美國盲啞偉人海倫克爾女士的成就<br>三、盲人生活用具介紹<br>四、臺灣省盲啞學校介紹<br>五、臺灣省盲人福利團體活動情形<br>六、盲人社會活動和家庭情形<br>七、盲殘退除役官兵及盲啞義胞生活<br>八、健全人幫助盲人共享人類幸福的生活 | 1956.7.26 | 送馬尼剌參加國際影展 |
| 中東 | 臺灣的農業 | 臺灣的農業狀況 | 1956.7.27 | 我回教朝觀團借往中東放映 |
| 日本 | 自由中國的教育 | 臺灣的教育狀況 | 1956.9.27 | 送教育部寄日參加日本映畫節展覽 |

| 世界各地 | 自由中國的工業 | 臺灣的工業狀況 | 1956.10.3 | 海外宣傳會報價購編印後在世界各地發行 |
|---|---|---|---|---|
| 世界各地 | 自由中國的農業 | 臺灣的農業狀況 | 1956.10.3 | 海外宣傳會報價購編印後在世界各地發行 |
| 南洋 | 自由中國新聞選輯 | 一、總統府慶祝開國紀念<br>二、第六屆克難英雄大會<br>三、中韓菲三國籃球賽<br>四、臺灣省地方戲劇比賽 | 1956.10.20 | 寄南洋僑領發行 |
| 南洋 | 自由中國新聞 137 輯 | 一、杜勒斯三度訪華<br>二、歡迎美國報人小赫斯特<br>三、蔣廷黻返國述職<br>四、慶祝四十五年植樹節<br>五、教皇華誕暨加冕典禮 | 1956.10.20 | 寄南洋僑領發行 |
| 澳洲 | 四十五年國慶日總統閱兵專輯 | 一、分列式<br>二、訓話 | 1956.11.7 | 交中華民國參加十六屆世運會代表團體借往澳洲放映 |
| 泰國 | 四十五年國慶日總統閱兵專輯 | 一、分列式<br>二、訓話 | 1956.12.1 | 贈新聞局參加泰國國際商會展覽 |
| 泰國 | 自由中國的教育 | 臺灣的教育狀況 | 1956.12.1 | 由新聞局加配泰語在泰發行 |
| 泰國 | 自由中國的農業 | 臺灣的農業狀況 | 1956.12.1 | 由新聞局加配泰語在泰發行 |
| 泰國 | 自由中國的工業 | 臺灣的工業狀況 | 1956.12.1 | 由新聞局加配泰語在泰發行 |
| 泰國 | 電力工程 | 臺灣的電力工程狀況 | 1956.12.6 | 電力公司加配泰語有泰發行 |
| 南洋 | 45 年國慶總統閱兵專輯 | 一、分列式<br>二、訓話 | 1956.11.8 | 南洋僑領發行 |
| 世界各地 | 自由中國的教育 | 臺灣的教育狀況 | 1956.10.3 | 海外宣傳會報價購編印後在世界各地發行 |
| 澳洲 | 澳大利亞友好訪問團 | 澳大利亞友好訪問團在臺活動及參觀各項經過情形 | 1956.10.18 | 外交部價購英語拷貝在澳發行 |
| 越南 | 自由中國的農業 | 臺灣的農業狀況 | 1956.11.21 | 僑委會價購贈越南僑領在越南發行 |

| 越南 | 45年國慶總統閱兵專輯 | 一、分列式<br>二、訓話 | 1956.12.29 | 僑委會價購贈越南僑領在越南發行 |
|---|---|---|---|---|
| 菲律賓 | 45年國慶總統閱兵專輯 | 一、分列式<br>二、訓話 | 1956.12.26 | 青年救國團借往菲律賓放映 |
| 菲律賓 | 自由中國新聞159輯 | 總統七十華誕 | 1956.12.26 | 青年救國團借往菲律賓放映 |
| 世界各地 | 自由中國新聞海外版第一號 | 一、克難英雄大會<br>二、石門水庫<br>三、中菲韓籃球賽<br>四、農民節<br>五、鐵路行駛柴油特快車<br>六、中美交換音樂演奏會<br>七、學童自治互助活動<br>八、百年奇觀－日環食 | 1956.4.28 | 海外宣傳會報編印後交世界各地放映 |
| 世界各地 | 自由中國新聞海外版第二號 | 一、口政指令電話<br>二、慶祝第13屆戲劇節<br>三、中央日報發行一萬號<br>四、檀香山華僑捐獻號救濟衣物抵臺<br>五、日光燈工廠開工典禮<br>六、敬軍花義賣<br>七、元宵燈市 | 1956.4.28 | 海外宣傳會報編印後交世界各地放映 |
| 世界各地 | 自由中國新聞海外版第三號 | 一、外交鬥士蔣廷黻返國述職<br>二、歡迎美國報業鉅亨小赫新特<br>三、教室庇護12世八十華誕<br>四、中華郵政60週年展覽<br>五、小棋士林海峰返國<br>六、45年青年節 | 1956.4.28 | 海外宣傳會報編印後交世界各地放映 |
| 世界各地 | 自由中國新聞海外版第四號 | 一、總統招待美國駐華官員<br>二、泰國政府友好訪問團來臺<br>三、臺灣省主席嚴家淦巡視苗栗 | 1956.6.30 | 海外宣傳會報編印後交世界各地放映 |
| 世界各地 | 自由中國新聞海外版第五號 | 菲律賓華僑學生回國軍中服務專輯 | 1956.7.1 | 海外宣傳會報編印後交世界各地放映 |

| 世界各地 | 自由中國新聞海外版第六號 | 一、交通展覽會<br>二、索麗華嚴俊來臺<br>三、石門水庫二期工程開工<br>四、臺灣橫貫公路開工<br>五、尼克森二度訪華<br>六、遠東作物改良會議揭幕 | 1956.8.13 | 海外宣傳會報編印後交世界各地放映 |
|---|---|---|---|---|
| 世界各地 | 自由中國新聞海外版第七號 | （不詳） | 1956.9.12 | 海外宣傳會報編印後交世界各地放映 |
| 世界各地 | 自由中國新聞海外版第八號 | （不詳） | 1956.9.12 | 海外宣傳會報編印後交世界各地放映 |
| 世界各地 | 自由中國新聞海外版第九號 | （不詳） | 1956.10.17 | 海外宣傳會報編印後交世界各地放映 |
| 世界各地 | 自由中國新聞海外版第十號 | 四十五年國慶日各項慶祝活動 | 1956.10.27 | 海外宣傳會報編印後交世界各地放映 |
| 世界各地 | 自由中國新聞海外版第十一號 | 慶祝七十華誕 | 1956.11.26 | 海外宣傳會報編印後交世界各地放映 |
| 世界各地 | 自由中國新聞海外版第十二號 | （不詳） | 1956.5. | 與美國通訊社交換片 |
| 美國 | 自由中國新聞海外版第三號 | 一、外交鬥士蔣廷黻返國述職<br>二、歡迎美國報業鉅亨小赫新特<br>三、教室庇護12世八十華誕<br>四、中華郵政60週年展覽<br>五、小棋士林海峰返國<br>六、45年青年節 | 1956.5.14 | 與美國通訊社交換片 |
| 美國 | 自由中國新聞海外版第四號 | 一、總統招待美國駐華官員<br>二、泰國政府友好訪問團來臺<br>三、臺灣省主席嚴家淦巡視苗栗 | 1956.5.14 | 與美國通訊社交換片 |
| 美國 | 自由中國新聞海外版第五號 | 菲律賓華僑學生回國軍中服務專輯 | 1956.5.14 | 與美國通訊社交換片 |

| 美國 | 自由中國新聞海外版第六號 | 一、交通展覽會<br>二、索麗華嚴俊來臺<br>三、石門水庫二期工程開工<br>四、臺灣橫貫公路開工<br>五、尼克森二度訪華<br>六、遠東作物改良會議揭幕 | 1956.6.12 | 與美國通訊社交換片 |
|---|---|---|---|---|
| 美國 | 遠東作物改良會議 | 一、各地代表紛紛抵臺<br>二、各地代表考察臺灣農村 | 1956.7.7 | 與美國通訊社交換片 |
| 美國 | 自由中國新聞七月份第二次國際交換片 | （不詳） | 1956.8.25 | 與美國通訊社交換片 |
| 美國 | 自由中國新聞八月份國際交換片 | 一、石門水庫二期工程開工<br>二、臺灣橫貫公路開工<br>三、空軍戰史輝煌新頁<br>四、空軍英雄受勛<br>五、中美文經協會主辦平劇晚會招待外賓 | 1956.9.12 | 與美國通訊社交換片 |
| 美國 | 自由中國新聞九月份國際交換片 | 一、澳大利亞友好訪華團<br>二、日本友好訪華團 | 1956.9.12 | 與美國通訊社交換片 |
| 美國 | 自由中國新聞十月份國際交換片 | 中華民國四十五年國慶總統閱兵專輯 | 1956.10.13 | 與美國通訊社交換片 |
| 美國 | 自由中國新聞十一月份國際交換片 | 國軍紫宸演習 | 1956.11.13 | 與美國通訊社交換片 |
| 美國 | 自由中國新聞十二月份國際交換片 | 一、鄧昌黎博士返國<br>二、青草湖水庫竣工 | 1956.12.20 | 與美國通訊社交換片 |
| 日本 | 日本訪華團專輯 | 日本友好訪華團在臺各項活動及參觀各項經建情形 | 1956.9.4 | 臺製廠與日本朝日新聞交換片 |
| 日本 | 中華民國四十五年國慶總統閱兵專輯 | 一、分列式<br>二、訓話 | 1956.10.19 | 臺製廠與日本朝日新聞交換片 |

| 菲律賓 | 罌粟花 | 反共間諜愛情文藝片 | 1956.1.2 | 以港幣 6500 元售菲律賓發行 |
|---|---|---|---|---|
| 美國海軍 | 罌粟花 | 反共間諜愛情文藝片 | 1956.5.19 | 海軍聯絡中心以新臺幣 471600 元價購 |
| | 沒有女人的地方 | 幽默歌唱片 | 1956.3.6 | 菲大漢影業公司以臺幣 4 萬元購菲版權 |
| | 罌粟花 | 反共間諜愛情文藝片 | 1956.4.8 | 國際公司以折帳方式在星馬發行 |

資料來源：整理自「日本搜集我國電影資料」(19570920~19580408)，〈新聞文化司〉，《外交部》，國史館典藏號：020-090401-0012。因檔案原件年代久遠，有些字體模糊不清，無法辨識影片內容。

　　1956 年 1 月份起，臺製廠決定開始每月拍攝三輯新聞片，每輯長約 1 千尺，沖印八個拷貝分送全省放映。[17]由於已有省內宣傳影片的基礎，因此可從國內新聞片裡選擇材料來製作海外版新聞片。至於如何選擇海外版新聞片的內容，則交由「海外宣傳工作會報電影小組看片選材會議」決定，中三組、中四組、航海黨部、外交部、教育部、僑委會、行政院新聞局、臺灣省教育局新聞處、臺製廠等皆派員出席，共同討論選輯的材料，最後再根據開會所決定的內容，臺製廠開始製作海外版新聞片，每輯主題約 3-9 則國內要聞、共約 35 分鐘，提供給海外使領館及僑民使用。由於設定的觀眾群以海外僑胞為主，因此影片內容主要為介紹當時臺灣的建設，例如橫貫公路、水庫大壩、機場港口鐵路等題材不斷出現。能激起愛國心、向心力的運動盛事，也是常見的內容，亞洲鐵人楊傳廣、少棒運動等影片，在海外播映時極受歡迎。此外，影片內容也會因應時勢之需求而製作，例如 1962 年（第 38 輯）影片有國軍演習、向大陸投糧、中共人士投奔中華民國等內容，似係受到美國對華政策的影響，因為自 1961 年起，美國民主黨政府有意改變對華政策，對中華民國的國際地位造成威脅與撼動，這樣的新態勢，也促使蔣介石認真思索加速推動軍事反攻大陸之準備，來面對臺灣在外交與國際地位上即將面臨

---

[17] 黃建業總編輯，《跨世紀臺灣電影實錄：1898-2000》，上冊（臺北：文建會，2005），頁 262。

的重大挑戰。[18]因此在海外宣傳影片上，特別加入軍事相關的議題，藉由蔣介石校閱海陸空三軍來表示仍有反攻大陸的準備與決心、向大陸空投糧食則是要對照中共在 1959-1961 年間的糧食短缺及大飢荒，至於中共人士投奔自由這一節，是要表示人心之所向、自由民主的中華民國才是中國人民的依歸。

表 3　海外版新聞片（1958-1970）

| 號次 | 內容摘要 | 發行時間 |
|---|---|---|
| 20 | 臺灣的手工藝 | 1958/4/28 |
| 21 | 1.總統校閱三軍<br>2.昆陽大演習<br>3.總統視察橫貫公路 | 1958/6/9 |
| 22 | 1.春節小景<br>2.越南僑生就讀<br>3.榮民集團結婚<br>4.橫貫公路進展迅速<br>5.巨輪安放龍骨 | 1958/7/5 |
| 23 | 1.沙烏地阿拉伯駐華大使呈遞國書<br>2.越南公使呈遞國書<br>3.伊朗國王訪華 | 1958/9/3 |
| 24 | 1.亞洲鐵人楊傳廣<br>2.蔣夫人授旗亞運代表<br>3.中華民國出席亞運代表凱旋歸來 | 1958/9/20 |
| 25 | 支援金馬 | 1959/5/11 |
| 26 | 1.陳副總統主持石門大壩開基典禮<br>2.雲林地下水開發工程施工<br>3.高雄港擴建工程開工<br>4.臺北市中興大橋通車<br>5.豐東鐵路積極施工<br>6.豐東鐵路通車<br>7.臺大醫院新建設<br>8.信仰號油輪下水<br>9.內埤漁港竣工 | 1959/7/15 |
| 27 | 約旦國王訪華 | 1959/7/15 |
| 28 | 我們的國慶 | 1960/1/23 |

---

[18] 林孝庭，《臺海・冷戰・蔣介石：解密檔案中消失的臺灣史 11949-1988》（臺北：聯經出版事業公司，2015），頁 145。

| 29 | 臺北商展實況 | 1960/3/7 |
|---|---|---|
| 30 | 越南吳廷琰總統訪華 | 1960/3/7 |
| 31 | 第一屆國民大會第三次會議專輯 | 1960/9/6 |
| 32 | 美國總統艾森豪訪華 | 1960/10/12 |
| 33 | 楊傳廣、臺灣的體育 | 1961 |
| 34 | 1.公路六大工程開工竣工<br>2.開發海埔新生地<br>3.大埔水庫落成<br>4.加速經濟發展展覽<br>5.農業展覽<br>6.中國古藝術品赴美前預展<br>7.響應總統一元救興運動 | 1961 |
| 35 | 1.第二屆中國小姐選拔<br>2.中華商場<br>3.清華大學原子爐<br>4.勝利女神飛彈試射 | 1961 |
| 37 | 1.五十年國慶日車遊<br>2.華僑節慶祝活動<br>3.孔子誕辰釋奠典禮<br>4.第 16 屆臺灣省運動會<br>5.花蓮阿眉族豐年祭 | 1961 |
| 38 | 1.國軍光武演習－蔣總統校閱海陸空三軍<br>2.第四屆亞洲棒球賽揭幕<br>3.全國青年代表會議<br>4.青年冬季活動<br>5.好人好事表揚大會<br>6.十萬包口糧飄向大陸<br>7.共匪幹部奔向自由<br>8.桃園景福祈安建醮<br>9.中國特技團表演 | 1962/5 |
| 39 | 向勝利進軍 | 1962/8 |
| 40 | 1.今日大陸<br>2.大陸逃港難胞接運來臺<br>3.堅強的堡壘－金門 | 1962 |
| 57 | 青年假期 | |
| 58 | 祖國行 | |
| 59 | 澄清湖 | |
| 60 | 臺灣水利 | |
| 61 | 臺灣漁業 | |
| 62 | 臺灣觀光 | |
| 64 | 龍井鄉 | |
| 65、66 | 臺灣省實施九年國民教育 | |

| 67 | 新竹氮肥廠 | |
|---|---|---|
| 68 | 中華少年棒球隊 | |
| 69、70 | 大哉孔子 | 1970 |
| 71、72 | 太極拳 | 1970 |
| 73、74 | 臺灣光復廿五年 | |
| 75 | 臺灣工業 | |
| 76 | 條條道路通自由 | |
| 77 | 臺灣少棒運動 | 1970 |

附　　註：20 號以前未按號交外交部寄遞。36、41-56、63 號影片內容不詳。多數影片謹列專輯名稱，無內容標示。

資料來源：整理自「海外版影片放映」（19610200~19630723），〈新聞文化司〉，《外交部》，國史館典藏號：020-090401-0080、「海外版電影（二）」（19590113~19600105），〈新聞文化司〉，《外交部》，國史館典藏號：020-090401-0076、「海外版紀錄片（一）」（19401009~19711103），〈新聞文化司〉，外交部，國史館典藏號：020-090401-0073。


為了開展海外新聞片的發行業務並加強對外宣傳，臺製廠首先分別與美國國際通訊社、日本映畫社交換新聞片。臺製廠與日本映畫社約定，每個月交換兩部以上、35 釐米的新聞片，並享有交換影片之獨佔版權，互相供給各方發行的新聞片內容書以作為對方選定富有興趣之節目時之資料，並且不得故意更改所供給新聞片材料的意圖、政治性與報導性。而與美國國際通訊社所訂定的合約中，有關運費、關稅、保險等費用，同樣各自處理，但每月僅交換一部、每半年集中一次寄給美方，臺方提供給美方的新聞片可自由選擇採用，但同樣不得歪曲事實、以及有違臺方反共抗俄的立場。[19]

除了與民間單位交換新聞片之外，在中華民國與他國訂立的「文化專約」內容當中，自 1957 年起亦將「影片」納入交換事宜，希望能藉此增進彼此的瞭解。例如歐洲的西班牙、希臘；中東的伊朗、伊拉克；中南美洲的哥斯大黎加、巴拿馬等，皆先後與我國簽訂文化專約，也約定彼此交換書刊、影片及廣播節目等，以圖像、影音的方式來瞭解彼此。臺製廠於 1957 年亦主動請外交部發函至駐外各館，代洽各駐在國公私新聞攝製機構是否有意願與

---

[19] 「交換新聞影片」（19560915~19570511），〈新聞文化司〉，《外交部》，國史館典藏號：020-090401-0045。

之交換影片。最初詢問越、泰、菲、韓四國，外館回覆越、泰無意交換影片，菲國則因軟片來源困難（經濟問題）且新聞影片受美國管制（政治問題），因此無法與我交換新聞片。最後僅韓國回覆有意與我交換影片，並參考美、日方式，以每月兩片為限。

　　有了與東（南）亞國家的交換經驗，開始擴及其他區域。首先是哥倫比亞表示願意與我訂立交換影片專約，惟影片解說、稿譯必須是西班牙文。此外，與哥國交換影片的單位為哥國總統府新聞局電影處，由於臺製廠是省政府的組織，中央政府新聞局並未設置電影廠，但實際上臺製廠的影片也等同於國家所有，因此外交部在與哥國交換合約時，提出希望能省略「臺灣省」三字，以爭取同等地位。但由於臺製廠本身即為政府機構，頒有全銜印信，不得擅自更改名稱，此舉才作罷。[20]法國、墨西哥、阿根廷、土耳其等國新聞機構也願與我交換新聞片、增進國際交流。[21]

　　下表為臺製廠於 1957 年 2-9 月間，與美國、日本、哥倫比亞、韓國等交換新聞影片概覽。就交換次數言，與美、日交換影片時不見得遵守每月 2 片的規定，但缺少的集數，通常隔月便會補足。另外，從內容摘要可見，選輯給各國影片的內容大同小異，若交換方有該國人員來訪，會特別選錄於交換影片裡。然而在所有的選輯材料裡，最重要的「反共抗俄」的精神主軸不變，例如香港影星黃河，於 1956 年與親共影人赴澳門參觀並加盟左派的「藝文公司」，遭臺灣媒體批評為「棄明投暗」，後來黃河跟立志報效祖國（中共）的香港粵劇名伶紅線女，有過一段感情與財務糾紛，爾後黃河又回到右派的路線，「棄暗投明」。這段經歷被臺灣官方視為被「匪黨欺騙」實例，黃河在一場接一場的記者會上、在金門前線勞軍時，不斷重覆此段「受迫害」的經歷、幡然悔悟的心路歷程，並一再地重申要為反共大業而奮鬥。而臺製廠也為他拍了一段〈影星黃河歷劫歸來〉的紀錄片，除了記者會、勞軍活動之外，

---

20　「交換新聞影片」（19560915~19570511），〈新聞文化司〉，《外交部》，國史館典藏號：020-090401-0045。
21　唐明珠、薛惠玲主編，《臺灣有影：臺影新聞片中的電影》（臺北：新聞局，2011），頁 7。

黃河在太武山上遙望大陸，表示無限憤慨，並說出「希望國軍早日打回去，解救苦難的同胞」[22]此政治正確的「有感而發」。諸如此類原本走錯方向、最後政治正確的行為，自然是新聞片的好題材，因此該新聞除了向國內人民播放之外，更選定為送往美、日的交換新聞片內容。

在反共抗俄的主軸底下，蔣介石檢閱三軍是不可少的新聞畫面，除了軍容的壯大，臺灣的進步情形也攸關反攻的希望，需要讓海外人士知曉中華民國在臺的建設大業，因此在與美、日、哥倫比亞、韓國的交換新聞片中，也不斷出現工廠熱鬧開工、機場落成等實際建設成果的畫面。

表4　臺製廠交換新聞片一覽表（1957 年 2-9 月）

| 月份 | 國家 | 片名 | 內容摘要 |
|---|---|---|---|
| 2 | 美國 | 自由中國新聞二月份國際交換片 | 一、影星黃河歷劫歸來<br>二、手工藝赴美預展<br>三、臺糖公司副產加工廠開工<br>四、春節小景 |
| | 日本 | 自由中國新聞二月份日本交換片 | 一、影星黃河歷劫歸來<br>二、臺北風光<br>三、春節小景 |
| 3 | 美國 | 自由中國新聞三月份國際交換片 | 章嘉大師圓寂盛典專輯 |
| | 美國 | 自由中國新聞三月份國際交換片 | 一、美國編輯人訪臺<br>二、俞院長接見<br>三、中美協會招待演奏國樂<br>四、晉見總統 |
| | 日本 | 自由中國新聞三月份日本交換片 | 章嘉大師圓寂盛典專輯 |
| 4 | 美國 | 自由中國新聞四月份日本交換片 | 媽祖誕辰 |
| | 日本 | 自由中國新聞四月份日本交換片 | 媽祖誕辰 |
| | 哥倫比亞 | 自由中國新聞四月份哥國交換片 | 一、45 年國慶日總統閱兵<br>二、臺糖副廠加工廠開工<br>三、手工藝<br>四、媽祖誕辰 |
| 5 | 美國 | 自由中國新聞五月份國際交換片 | 臺灣省第三屆省議員及縣市長選舉 |
| | 美國 | 自由中國新聞五月份第二次國際交換片 | 裕隆汽車工廠介紹 |

22 「臺灣有影」，http://www.ctfa.org.tw/tai_image/international-HK.html。

| | 美國 | 自由中國新聞五月份第三次國際交換片 | 中國人造纖維工廠開工 |
|---|---|---|---|
| | 日本 | 自由中國新聞五月份日本交換片 | 臺灣省第三屆省議員及縣市長選舉 |
| | 日本 | 自由中國新聞五月份第二次日本交換片 | 裕隆汽車工廠介紹 |
| | 日本 | 自由中國新聞五月份第三次哥國交換片 | 一、中國人造纖維工廠開工<br>二、第三屆華銀金像獎棒球大比賽 |
| | 哥倫比亞 | 自由中國新聞五月份哥國交換片 | 裕隆汽車工廠介紹 |
| | 哥倫比亞 | 自由中國新聞五月份第二次哥國交換片 | 一、中國人造纖維工廠開工<br>二、第三屆華銀金像獎棒球大比賽 |
| 6 | 美國 | 自由中國新聞6月份國際交換片 | 中華民國商品東南亞巡迴展覽西貢展出 |
| | 美國 | 自由中國新聞6月份第二次國際交換片 | 一、高雄塑膠廠開工<br>二、松山機場跑道落成<br>三、高級企業管理討論 |
| | 日本 | 自由中國新聞6月份日本交換片 | 日本首相岸信介訪華 |
| | 日本 | 自由中國新聞6月份第二次日本交換片 | 高雄塑膠廠開工 |
| | 哥倫比亞 | 自由中國新聞6月份哥國交換片 | 一、高雄塑膠廠開工<br>二、黃清石舞團表演 |
| | 韓國 | 自由中國新聞6月份韓國交換片 | 高雄塑膠廠開工 |
| (7月資料闕如) | | | |
| 8 | 美國 | 自由中國新聞八月份第一次國際交換片 | 一、蔣總統見美國教育考察團<br>二、蔣夫人主持華興育幼院畢業典禮 |
| | 美國 | 自由中國新聞八月份第二次國際交換片 | 蔣總統校閱三軍專輯 |
| | 日本 | 自由中國新聞8月份第一次日本交換片 | 蔣總統檢閱三軍專號 |
| | 哥倫比亞 | 自由中國新聞8月份第一次哥國交換片 | 蔣總統檢閱三軍專號 |
| | 韓國 | 自由中國新聞8月份第一次韓國交換片 | 蔣總統檢閱三軍專號 |
| 9 | 美國 | 自由中國新聞9月份第一次美國交換片 | 一、碧潭游泳<br>二、陽明山游泳<br>三、圓山游泳 |
| | 美國 | 自由中國新聞9月份第二次美國交換片 | 一、歡慶中秋<br>二、美國大使館遷回原址<br>三、動力耕耘表演 |

| | 美國 | 自由中國新聞 9 月份第三次美國交換片 | 慶祝軍人節專輯 |
|---|---|---|---|
| | 日本 | 自由中國新聞 9 月份第一次日本交換片 | 佛琴尼颱風 |
| | 日本 | 自由中國新聞 9 月份第二次日本交換片 | 一、歡慶中秋<br>二、磯永吉博士 |
| | 日本 | 自由中國新聞 9 月份第三次日本交換片 | 慶祝軍人節專輯 |
| | 哥倫比亞 | 自由中國新聞 9 月份第一次哥國交換片 | 一、蔣總統新著蘇俄在中國<br>二、訪問中南美特使團過程<br>三、劉玉芝舞展 |
| | 哥倫比亞 | 自由中國新聞 9 月份第二次哥國交換片 | 歡迎中秋 |
| | 哥倫比亞 | 自由中國新聞 9 月份第三次哥國交換片 | 一、慶祝軍人節專號<br>二、總統接見美國基督世紀旅行團團員 |
| | 韓國 | 自由中國新聞 9 月份第一次韓國交換片 | 一、歡慶中秋<br>二、韓國國慶 |
| | 土耳其 | 自由中國新聞 9 月份第一次土耳其交換片 | 土耳其大使呈遞國書 |

資料來源：整理自「日本搜集我國電影資料」（19570920~19580408），〈新聞文化司〉，
　　　　　《外交部》，國史館典藏號：020-090401-0012。


## 四、結語

　　影片無需觀眾發揮閱讀文字時該有的想像力，而是直接將現實的影像呈現在觀眾面前。基礎建設的成果屢屢出現在對外宣傳的影片或交換的新聞片當中，告訴海外人士或僑胞，中華民國在臺灣的建設如火如荼、且極有成效；而在臺灣的中華民國是美國不可或缺的盟友、同時具有堅定的反共精神，因此軍事演習表現出三軍威武；文化上的正統性則是表示政權合法性的其中一個理由，因此將整套「中華文化」搬移至臺灣島上，對比中共對傳統文化的摧殘，強調中華民國對文化的保存；來臺投誠的反共義士更是直接反映人民的意向，「選擇」了中華民國，是因為在臺灣的中華民國是進步的、和樂的，更重要是自由的、民主的，不枉為美國的盟友、共同為自由民主而戰。整體

而言，對外宣傳影片介紹了臺灣可見的硬體設施，也不斷強調中華文化，軟硬體的加總形塑出「中華民國」的樣貌，向全世界推廣。

# 徵引書目

〈行政院新聞局、臺灣省政府關於攝製〈今日臺灣〉事項的來往文件（1948 年 7-12 月），收於
　　陳云林總主編，《館藏民國臺灣檔案匯編》，第 264 冊（北京：九州出版社，2007）。

〈臺灣省政府新聞處電影製片廠組織規程〉，《省府檔案》，典藏號：0040-012-34-1。

「臺灣有影」，http://www.ctfa.org.tw/tai_image/international-HK.html。

「交換新聞影片」（19560915~19570511），〈新聞文化司〉，《外交部》，國史館典藏號：020-
　　090401-0045。

「國內外各類影展（四）」（19590509~19620112），〈新聞文化司〉，《外交部》，國史館典藏號：
　　020-090503-0021。

「視聽資料處」，《行政院新聞局》：http://www.ex-gio.org/index.php/gio-history/jobs/147-o-11。

李天鐸，《臺灣電影、社會與歷史》（臺北縣：視覺傳播藝術協會，1997）。

林孝庭，《臺海·冷戰·蔣介石：解密檔案中消失的臺灣史 11949-1988》（臺北：聯經出版事業
　　公司，2015）。

倪炎元，《公關政治學：當代媒體與政治操作的理論、實踐與批判》（臺北：商周出版社，2009）。

唐明珠、薛惠玲主編，《臺灣有影：臺影新聞片中的電影》（臺北：新聞局，2011）。

張靚蓓，《龔弘：中影十年暨圖文資料彙編》（臺北：文化部，2012）。

陳郁芬，〈中國學者對國家形象的看法〉，《東亞研究》，第 44 卷第 2 期（2013.07）。

黃建業總編輯，《跨世紀臺灣電影實錄：1898-2000》，上冊（臺北：文建會，2005）。

盧非易，《臺灣電影：政治、經濟、美學（1949-1994）》（臺北：遠流出版事業公司，1998）。

龔弘口述，龔天傑整理，《影塵回憶錄》，（臺北：皇冠文化出版有限公司，2005）。

Boulding, Kenneth. "National Image and International System," *Journal of Conflict Resolution,* 3:2
　　(June 1959), pp. 120-131.

Merrill, John C. "The Image of the United States in Ten Mexican Dailies," *Journalism & Mass
　　Communication Quarterly*, 39:2(1962), pp. 203-209.

# 1950、60年代臺灣在野菁英對地方選舉弊端的批評與因應[*]

蘇瑞鏘[**]

## 摘要

　　1950、60年代臺灣的地方選舉雖有一定的民主形式，實質運作過程卻備受詬病。當時不少在野政治菁英常批評選舉弊端，甚至透過許多途徑展開抗爭；這些在政治肅殺的年代所進行的抗爭，本身就是臺灣民主發展的重要歷程。對認識1950、60年代的選舉發展史而言，該議題的研究應有一定的參考價值。

　　首先，本文探討了此一時期選風逐漸敗壞的現象，並從統治端探討為何出現越來越多選舉弊端，以及從在野端探討在野菁英為何致力於選舉弊端的抗爭。其次，本文也討論了在野菁英所指控的買票、作票、公務人員違法介

---

[*]　本文初稿曾宣讀於臺灣歷史學會與國立臺北教育大學臺灣文化研究所合辦的「歷史教學與地方研究」學術研討會（2019年5月18日），經修改後又宣讀於國立中央大學歷史研究所主辦的「秉筆治史：歷史研究的傳承與創新」學術研討會（2019年6月14日）；再經修正補充後投稿《文史臺灣學報》，經匿名審查通過刊登（第13期，2019年10月，頁89-117），並徵得該學報主編同意收錄到本論文集中。欣逢賴師澤涵八秩華誕，謹以拙文為師祝壽。
[**]　國立臺北教育大學臺灣文化研究所助理教授。

入、一人競選、選監體制等諸多選舉弊端的樣態。再者，本文亦分析了在野菁英透過議會、司法、媒體、集會、結社等途徑所進行的抗爭行動。

關鍵字：地方選舉、選舉弊端、在野菁英、五龍一鳳、石錫勳、國民黨

# 一、前言

　　臺灣人民直接選舉的經驗始於 1935 年，當時是日治時期。戰後國民（黨）政府（按：簡稱「統治當局」或「當局」）曾於 1940 年代後期舉行過幾次直接選舉，包括第一屆國大代表、立法委員，以及最低層的鄉鎮代表等。[1]到了 1950 年，統治當局頒布「臺灣省各縣市實施地方自治綱要」，開始依行政命令實施「地方自治」選舉，[2]該年陸續由公民直接選出第一屆縣市議員與縣市長。從 1954 年開始臨時省議會議員也改為公民直選，但省與（往後的）直轄市首長則維持官派（直到 1994 年才改為公民直選）。至於中央層級，總統從第一屆開始即為間接選舉（直到 1996 年才改為公民直選）；而第一屆中央民意代表任期結束前，當局以大陸淪陷區無法改選為由，讓彼等長期延任（直到 1969 年才有補選、1972 年才有增額選舉、1991-1992 年才全面改選）。[3]也就是說，除 1940 年代後期第一屆中央民意代表選舉，往後 1950、60 年代約二十年間，定期由公民直選的政治職位，最高只到省議員（民意代表）以及縣市長（行政首長）。因此，1950、60 年代省議員及縣市長的地方選舉就格外重要，[4]有其高度的研究價值。

　　不過，1950、60 年代臺灣的地方選舉雖有一定的民主形式，實質運作過程卻常出現弊端。當時不少較具民主素養的在野派地方政治菁英（簡稱「在野菁英」）常批評這些弊端，[5]甚至透過許多途徑展開抗爭行動，這些在野菁

---

[1]　李筱峰，《臺灣戰後初期的民意代表》（臺北：自立晚報社，1993），頁 15。

[2]　在 1994 年之前，臺灣所謂的「地方自治」選舉是根據行政命令「臺灣省各縣市實施地方自治綱要」，而非根據憲法所要求制定的「省縣自治通則」。戰後臺灣地方自治體制的建構及其問題，相關討論可參見薛化元，〈臺灣地方自治體制的歷史考察—以動員戡亂時期為中心的探討〉，收於中央研究院臺灣研究推動委員會編，《威權體制的變遷：解嚴後的臺灣》（臺北：中央研究院臺灣史研究所籌備處，2001），頁 172-181。

[3]　戰後臺灣選舉史的經緯，可參見江大樹，陳仁海，《臺灣全志·卷四·政治志·選舉罷免篇》（南投：國史館臺灣文獻館，2007）。

[4]　此一時期歷屆各類選舉概況之基本史料，詳參董翔飛編著，《中華民國選舉概況》（臺北：中央選舉委員會，1984）。

[5]　本文所研究的在野派地方政治菁英，主要以活躍於 1950、60 臺灣地方政壇、較具

英在政治肅殺的年代所進行的抗爭作為，本身就是臺灣民主發展的重要過程，乃是不可忽略的研究議題。

　　研究戰後臺灣選舉史的論著很多，但研究選舉舞弊的專著則有限，且多聚焦在晚近的案例，如林明樺與周馥儀合著的《買來的政權：臺灣選舉文化觀察》多為 21 世紀以後的案例。[6]至於聚焦 1950、60 年代選舉弊端的專著則更是有限，相關討論多散見於學者的專論當中，如項昌權的《臺灣地方選舉之分析與檢討》，[7]以及任育德的《向下紮根：中國國民黨與臺灣地方政治的發展（1949-1960）》等。[8]項昌權曾任臺灣省政府民政廳副廳長兼代理臺北市長，其後擔任國立政治大學政治學系教授，此書雖出版於戒嚴時代，但仍可見到作者對當時的選舉弊端多所指陳，不過該書畢竟年代久遠，且選舉弊端的討論只佔該書的一小部分。任育德的專書則脫胎自其政治大學歷史學系的博士論文，不論史料的掌握與學理的論證都有相當高的學術水平，但有關選舉弊端的討論也只佔該書的一小部分。因此，有關 1950、60 年代的選舉弊端仍有相當大的討論空間，本文即選擇此一主題進行探討。

　　首先，本文將分析「選風敗壞與在野抗爭的背景」，包括選風逐漸敗壞的現象、1950 年代前期統治當局政治態度的轉變與出現越來越多選舉弊端

民主意識且較敢批評當局的臺籍菁英，特別是臺灣省級議會（包括臺灣省參議會、臨時臺灣省議會、臺灣省議會）當中人稱「五龍一鳳」的李萬居、吳三連、郭國基、郭雨新、李源棧、許世賢，並旁及石錫勳、何春木、楊基振、余登發等人。按：1948 年首屆中央民意代表選出後，二十幾年間都未再有相關層級的選舉，直到 1972 年才開始有定期舉行的增額中央民意代表選舉。在這段期間（1950、60 年代），（臨時）省議會就成了當時定期改選的民意機構當中層級最高者。其中，人稱「五龍一鳳」等在野菁英又是當中較具民主意識的主要反對勢力，當時在議會裡常對選舉諸多弊端進行抨擊，並留下大量紀錄。這些與岸川毅（日籍學者）在其研究中所指第一代黨外議員（以 1968 年為分界），基本上約指同一群人。相關研究可參：岸川毅，〈臺湾省議会とオポジションの形成：党外議員の行動と戦略〉，《日本臺湾学会報》，第 18 期（2016.08），頁 42-62；徐暄景，〈臺灣硬性威權時期的省議會黨外菁英〉，《育達人文社會學報》，第 8 期（2012.07），頁 53-74。

6　林明樺，周馥儀，《買來的政權：臺灣選舉文化觀察》（臺北：草根出版公司，2014）。
7　項昌權，《臺灣地方選舉之分析與檢討》（臺北：臺灣商務印書館，1980）。
8　任育德，《向下紮根：中國國民黨與臺灣地方政治的發展（1949-1960）》（臺北：稻鄉出版社，2008）。

的關連性，以及在野菁英在多重排除的格局下必須致力於選舉弊端抗爭的緣由。其次本文將說明「在野菁英對選舉弊端的批評」，包括特定人物於特定時代所見較具代表性的特定選舉弊端，包括買票、作票、公務人員違法介入、一人競選、選監體制等諸多選舉弊端的樣態。[9] 再者，本文將探討「在野菁英對選舉弊端的因應」，包括透過議會、司法、媒體、集會、結社等途徑所進行的抗爭行動。整體而言，相較於「在野菁英對選舉弊端的批評」的說明，本文更將聚焦在「在野菁英對選舉弊端的因應」的探討。

　　本文將採歷史學研究路徑中的文獻分析法，盡力蒐集相關檔案、公報、日記、時論、會議記錄等一手史料，輔以相關學術研究成果進行綜合討論。相信對認識 1950、60 年代的選舉弊端以及改進臺灣的選舉素質，應有一定的學術價值與現實意義。

## 二、選風敗壞與在野抗爭的背景

　　戰後初期的幾次選舉，某種程度仍延續日治時期的選舉文化，選風尚可稱道。然到了 1950 年代的中後期，臺灣的選風逐漸弊端叢生，從而引起在野菁英的不滿與抗爭，此一現象值得細部討論。

### （一）選風逐漸敗壞的現象

　　1950 年曾任臺灣省政府民政廳副廳長兼代理臺北市長的項昌權，日後在其著作中提到：

> 臺灣實施縣市地方自治，……最初的第一屆各種選舉（按：1950、51

---

9　此處並非要討論戰後歷次選舉的各項弊端（這些弊端每一類都可以單獨寫成專書），而只想呈現特定人物（本文所限定討論的在野菁英）於特定時代（1950、60 年代）所見較具代表性（而非全部）的選舉（縣市長與省議員選舉）弊端。

年），參加競選的候選人，都非常踴躍。……真是一個好的開始，對
於民治前途，寄以莫大希望。可是到了第二屆縣市長選舉（按：1954
年），就出現了「一人候選」的有八個縣市，他們用各種方法，包括
威嚇與利誘，阻止他人出來競選，在中國選舉史上開一惡例。[10]

這類「非競爭性選舉」在 1954 年選後開始遭到參選者質疑的現象，也可從
其他學者的研究中看出。[11]

　　無獨有偶，青年黨重要領導人、1947 年曾擔任官派新竹縣長的朱文伯，
1950 年在《民主潮》撰文表示對當時的選舉頗感滿意，認為「地方自治的前
途光明在望」。[12]但是到了 1954 年，他所主辦的《民主潮》卻以社論對當局
選舉不公表達反感，指出該黨黨員在參選時「所受到的打擊與壓迫，實非一
般人所能想像得到的」。[13]

　　另外，以活躍於 1950、60 年代的「五龍一鳳」等在野派省議員為例，
查閱彼等在省議會中的言論，1950 年代初期亦少見對選舉的批評，大概也
是 1954 年選後抱怨才漸多，1957 年與 1960 年兩次選後則更是滿懷怨懟。
以吳三連為例，1957 年他在臨時省議會質詢時指出：「此次選舉為第四次，
第一次為國民大會代表選舉、第二次為臺北市長選舉、第三次為第二屆省議
員選舉，由第一次至第四次看來，很好變成很壞」；[14]又說：「這幾年來幾次
的選舉，一年不如一年，越來越壞，如這次省議員及縣市長選舉，情況可說
壞到極點」。[15]

---

10 項昌權，《臺灣地方選舉之分析與檢討》，頁 125-126。
11 任育德研究指出：「實施地方自治選舉之初，『非競爭性選舉』的情形並不明顯，……
　　但是，從 1954 年第二屆臨時省議員及縣市長選舉展開後，此一議題開始招致
　　實際參選者質疑。」參見任育德，《向下紮根：中國國民黨與臺灣地方政治的發展
　　（1949-1960）》，頁 368。
12 朱文伯，〈政黨組織與地方自治〉，《民主潮》，第 1 卷第 5 期（1950.12.10），頁 5。
13 社論，〈政黨合作之道〉，《民主潮》，第 4 卷第 1 期（1954.03.16），頁 2。
14 臺灣省臨時省議會秘書處編印，《臺灣省臨時省議會第三屆第一次大會專輯（下冊）》
　　（1957），頁 2538。
15 臺灣省臨時省議會秘書處編印，《臺灣省臨時省議會第三屆第一次大會專輯（下冊）》
　　（1957），頁 4534。

　　上述三個例子，就政治光譜而言，包括與當局關係或遠或近者，卻都可看出 1950 年代選風逐漸敗壞的一致性印象。較之 1940 年代末期與 1950 年代初期前幾次的選舉，1950 年代後期的選舉越來越不合理，已逐漸讓人感到不滿。[16] 尤其對在野菁英而言，或由於不滿國民黨當局（與該黨候選人）的不公與舞弊、或由於不滿當局處理選風敗壞態度之消極、或由於不滿當局不願採納彼等的改革訴求，他們對當局的失望乃至憤慨明顯可見，並導致往後對當局展開日趨激烈的批評與抗爭。以下將就當局端與在野端分別探討較為結構性的問題：包括選風逐漸敗壞與當局統治態度轉變可能有所關連的結構性背景，以及在野菁英對選風敗壞的憤慨與「多重排除格局」的關係。

## （二）1950 年代前期統治當局政治態度的轉變

　　1950 年臺灣開始舉辦「地方自治」選舉，幾個月前才剛敗退到臺灣的國民黨當局正值生死存亡之秋，或許注意力多集中在應付共黨的威脅；加上對臺灣基層社會的人際網絡尚不熟悉，一時之間可能並不十分清楚如何進行有效的選舉運作。當 1950 年首次地方選舉結果揭曉，21 席縣市長當中竟有 6 位在野候選人當選，「而且很多當選的國民黨籍縣市長，不是黨部規畫人選」，[17] 對當局產生相當的震撼。此後當局介入選舉的態勢越來越明顯，與此次選舉失利的經驗難稱毫無關係。不過，若從結構面來看，更需注意 1950 年代前期國民黨當局的政治態度逐漸從「階段性開明[18]」轉為建構「強人威權體制[19]」的變化。

---

[16] 例如，穆蘭君，〈言論自由與選舉自由〉，《民主潮》，第 11 卷第 1 期（1961.01.01），頁 13。

[17] 王御風，《臺灣選舉史》（臺中：好讀出版公司，2016），頁 39。

[18] 「階段性開明」一詞乃借用南方朔之語，指來臺初期的國民黨當局為了爭取美國的支援以及召喚並瓦解「第三勢力」等階段性的目標，而採取某些自由開明的態度。參見南方朔，〈為有源頭活水來！─雷震先生逝世十週年祭〉，收於傅正（主編），《雷震全集（1）：雷震與我（1）》（臺北：桂冠圖書公司，1989），頁 185-186。

[19] 關於「強人威權體制」的討論，參見薛化元、楊秀菁，〈強人威權體制的建構與轉變（1949-1992）〉，收於李永熾、張炎憲、薛化元主編，《人權理論與歷史論文集》

　　1949、50 年前後，風雨飄搖的國民黨政權為了博取美國的支援，於是在政治上型塑「開明」的形象，如啟用黨內若干較具開明形象的孫立人、吳國楨、王世杰、雷震等人擔任要職。1950 年 6 月韓戰爆發後，美國派出第七艦隊中立化臺灣海峽；1953 年艾森豪（Dwight D.Eisnehower）就任美國總統後展開強硬的反共政策（按：指外交圍堵政策），雙方更於 1954 年簽訂「中（臺）美共同防禦條約」。由於得到美國的強力支持，安全感大增的國民黨當局心態日趨保守，[20]而逐漸放棄先前的「開明」策略（故被稱作「階段性開明」）。

　　另一方面，為因應國共內戰的失敗，1950-1952 年間國民黨開始進行「改造」，目標是建立一個貫徹領袖獨裁且以黨領軍、以黨領政之政黨。如設立軍隊特種黨部、整編特務系統，而以蔣經國為實際負責人，皆是顯例。[21]改造後，「一個以滲透整個臺灣社會為架構的黨組織便已建立起來了，成為移入的國民黨政權控制臺灣社會的重要機制」，[22]國民黨當局「因此而確立了以黨總裁蔣中正為主的領導中心，再透過黨機器控制政府機關，如此便完成對整個國家機器的動員與控制」，[23]當局的「強人威權」性格逐漸增強。到了 1950年代中期，孫立人、吳國楨、王世杰、雷震等黨內開明分子逐一遭到整肅，由此可看出「強人威權體制的建立終告完成」。[24]除此之外，傅正[25]、端木

---

（臺北：國史館，2004），頁 272-315。

[20] 胡佛（發言），收於「30 年來臺灣的發展座談會」，《中國論壇》，第 9 卷第 7 期（1980.01.10），頁 44。

[21] 若林正丈著，洪郁如、陳培豐等譯，《戰後臺灣政治史：中華民國臺灣化的歷程》（臺北：臺大出版中心，2014），頁 104-106。

[22] 龔宜君，《「外來政權」與本土社會─改造後國民黨政權社會基礎的形成（1950-1969）》（臺北：稻鄉出版社，1998），頁 21-22。

[23] 陳明通，〈威權政體下臺灣地方政治菁英的流動（1945-1986）─省參議員及省議員流動的分析〉，國立臺灣大學政治學研究所博士論文，1990，頁 129。

[24] 薛化元，《《自由中國》與民主憲政─1950 年代臺灣思想史的一個考察》（臺北：稻鄉出版社，1996），頁 70-71。

[25] 1950 年開始擔任政工的傅正，因意識到當局的專制態度，而於 1953、54 年之交選擇離政工之職。參見蘇瑞鏘，《超越黨籍、省籍與國籍─傅正與戰後臺灣民主運動》（臺北：前衛出版社，2008），頁 33-40。

愷[26]、齊世英[27]、徐復觀等人[28]，彼等對當局的觀感以及與當局的關係也有類似的轉折。

由上述諸多例證皆可看出，從 1950 年代初期到中期，當局統治態度從「階段性開明」轉而趨向打造「強人威權體制」的結構性變化。[29]從 1954 年地方選舉開始，選舉弊端日益顯著（按：詳參本文第三節），實不可忽視當局統治態度轉變的結構性背景。另外，隨著選舉弊端日益顯著，在野菁英的抗爭也漸趨強烈，必須從彼等「多重排除格局」的結構性背景加以理解。

## （三）多重排除格局下在野菁英的抗爭行動

對實際參與地方選舉（多屬臺籍）的在野菁英而言，彼等之所以對選舉弊端特別反感，多少與其日治經驗的對照有關。這些臺籍菁英多在日治時期接受教育，也有不少直接或間接參與政治社會文化運動，包括 1935 年臺灣首次的選舉。學者任育德指出：「他們親睹日本選務人員秉公辦理，監選者自動自發檢舉，選民自由秘密投票，限定候選運動員在投票所外的活動範圍，無宴客或賄選情事等。日方甚且邀請楊肇嘉視察全省各地投票所，使他留下選舉公正之深刻印象」。[30]因此，當他們遇到戰後敗壞的選風，自然難以接受。

---

[26] 1954 年初，身為設計委員的端木愷被國民黨開除黨籍。參見任育德，《雷震與臺灣民主憲政的發展》（臺北：國立政治大學歷史學系，1999），頁 354。

[27] 1954 年底，立法委員齊世英因反對電力加價而被國民黨開除黨籍。參見傅正，〈東北最後一位鐵漢〉，收於沈雲龍、林泉、林忠勝訪問，林忠勝記錄，《齊世英先生訪問記錄》（臺北：中央研究院近代史研究所，1990），頁 380。

[28] 《民主評論》的主辦人徐復觀曾指出：「『民主評論』開始是多寄希望於國民黨內部的反省、革新，……『民主評論』在政治方面的願望，大概在民國四十一、二年（按：1952、53 年間）之間已告破滅」。參見徐復觀，〈在非常變局下中國知識份子的悲劇命運〉，收於周陽山編，《知識份子與中國現代化—知識份子與中國》（臺北：時報出版公司，1987），頁 86。

[29] 本段分析另可詳參蘇瑞鏘，〈雷震與蔣介石當局關係演變之研究〉，收於潘光哲編，《自由的探尋—陳宏正先生七十壽慶論文集》（臺北：《陳宏正先生七十壽慶論文集》編輯委員會，2012），頁 253-265。

[30] 任育德，《向下紮根：中國國民黨與臺灣地方政治的發展（1949-1960）》，頁 386。按：此段敘述原引證史料如下：楊肇嘉，《楊肇嘉回憶錄》，第 2 冊（臺北：三民書局，1967），頁 309-310；張深鑐口述，黃秀政、許雪姬訪問，〈張深鑐先生訪問紀錄〉，《口述歷史》，第 4 期（1993.02），頁 210。另外，在不少臺籍在野菁英眼

　　這些臺籍民選在野菁英之所以無法接受選舉弊端，更與當時「多重排除的政治格局」的政治結構有關。[31]在 1950、1960 年代，臺籍民選在野菁英基本上選擇體制內的改革路線，但因政治反對的身分很難被國民黨當局拔擢為政務官，於是只剩選舉從政一途。然又因「政治菁英的族群二重結構」的影響，[32]大體上已排除臺籍菁英參與中央政治的可能，他們只有地方選舉舞臺可供揮灑。[33]加上國民黨當局對「二重侍從主義」的操作，[34]地方選舉舞臺往往被另一批與國民黨當局存在「恩庇／侍從關係」的臺籍菁英所掌握，與當局對立的在野菁英遂被排除在政治經濟資源的分配之外，彼等所能立足的政治舞臺愈來愈小。而當愈來愈小的政治舞臺又有可能因選舉弊端（詳下）而受到限縮之際，他們即透過各種抗爭手段（詳下）試圖解決選舉弊端的問題，以確保地方選舉這個幾乎僅有的政治舞臺。[35]

---

　　中，1930 年代選風較 1950 年代為佳，或許與 1930 年代的選舉多具象徵性的意義、而少與現實權力的爭奪有關，這點要感謝王昭文博士的提醒。但雖如此，就經歷過這兩個階段選舉的在野菁英而言，彼等在觀感上的確出現明顯落差。

[31] 所謂「多重排除格局」，指的是這些臺籍民選在野菁英的政治參與空間被逐一排除或限縮的政治格局，包括被排除或限縮擔任政務官的機會、參與中央政治的機會、獲致因侍從關係而來的黨政資源、參與地方選舉的空間等，具體內容詳參本段正文的討論。

[32] 所謂「政治菁英的族群二重結構」，是指戰後臺灣國政層次的統治菁英（national ruling elite）幾乎為「外省人」所壟斷，地方公職的政治菁英（local elite）則多為「本省人」，雙方少有流動的可能。特別在 1970 年代之前，後者很少有機會上昇為前者。參見若林正丈著，洪金珠、許佩賢譯，《臺灣：分裂國家與民主化》（臺北：月旦出版社，1994），頁 37、108。按：該書此說主要徵引自 Nai-teh Wu, "The Politics of Regime Patronage System: Mobilization and Control Within an Authoritarian Regime" (Ph.D.Thesis, Dpt. of Political Science, University of Chicago, 1987), pp.2-3.

[33] 王御風指出，國民黨只願釋出不危及政權的地方選舉，以此與地方菁英共治。參見王御風，《臺灣選舉史》，頁 33。

[34] 所謂「二重侍從主義」，是指戰後臺灣統治菁英透過黨國體制的規制力與獲票力，以及提供或剝奪資源作為控制地方菁英的政治手段。地方菁英則運用這些資源，並藉由種種社會關係，架構起「恩顧／庇護關係（按：或稱「恩庇／侍從關係」）」（patron-client relationship）的網絡，並透過選舉動員將侍從關係的支持轉換為民眾對國民黨政權的支持。參見若林正丈著，洪金珠、許佩賢譯，《臺灣：分裂國家與民主化》，頁 40-43、108、125-146。

[35] 有關 1950、60 年代臺籍民選在野菁英「多重排除的政治格局」之歷史結構分析，另可詳參蘇瑞鏘，〈「中國民主黨」組黨運動的再思考—以臺籍民選反對菁英為觀察視角〉，收於翁聖峰、蘇瑞鏘主編，《民主、文化與認同：李筱峰教授榮退學術論

# 三、在野菁英對選舉弊端的批評

　　曾於 1954、1957、1960 年三度參選彰化縣長落選的石錫勳，第三次落選後發表〈競選縣長三次落選感言〉，文中控訴「國民黨候選人非法競選活動」，類型相當多元，每類且舉若干例證作為控訴的基礎，值得作為研究選舉弊端的經典案例來觀察。這些選舉弊端的類型計有（按：以下省略石文所附證據）：「一、非法僱用宣傳用汽車六十餘輛，違反了法規的硬性限制」；「二、發動公教警學生違法助選」；「三、縣黨部命令縣轄各人民團體，出名、出資、出力為黨提名候選人助選」；「四、彰化市中山投票所唱票員故意唱反對票」；「五、蒐集身份證，以金錢物質收買選票」；「六、開票當時，故意停電，以便舞弊」；「七、全縣四百二十個投票所選務員，均由國民黨推派」；「八、故意偽造事實，及散發謠言的宣傳單，挑撥選民對黨外候選人發生反感」；「九、國民黨候選人，亦使用日本海軍行進曲，未受取締（按：同樣情形，黨外候選人即遭取締）」；「十、其他還有借用他人之名義宴客，供給選民長期免費坐車券等，其違法舞弊競選活動之多，一一不勝枚舉」。[36]從這些指控至少可以看出買票、作票、公務人員違法介入、選舉監察制度的缺失、黨政不分、非法競選、處置不公等弊端，類型相當多元。甚至石錫勳在 1967 年第四度參選彰化縣長候選人前夕，還被當局以臺獨之名逮捕並判刑，[37]他質疑當局此舉是要讓他無法參選。[38]其實不只石錫勳，1950、60 年代在野菁英透過許多途徑對地方選舉弊端進行批評，已累積相當多元且龐大的資料（詳下）。

---

　　文集》（臺北：國立臺北教育大學臺灣文化研究所，2018），頁 192-195。

[36] 石錫勳，〈競選縣長三次落選感言〉，《自由中國》，第 22 卷第 11 期（1960.06.01），頁 349-350。按：石錫勳對選舉不公的控訴，另可參閱石錫勳〈競選縣長三次失敗的我〉，《民主潮》，第 10 卷第 10 期（1960.05.16），頁 8。

[37] 〈臺灣警備總司部部判決（五十七年度初特字第卅一號）〉，國家發展委員會檔案管理局館（藏），《石錫勳叛亂案》，檔號：B3750347701=0058=1571=071=001=001=0010~0013。

[38] 石錫勳，〈石錫勳答辯狀〉，《彰化人》，第 8 期（1991.10.20）。

　　必須指出的是，就戰後臺灣的選舉弊端而言，在野菁英所指控的每件個案是否皆為事實，或許尚有商榷的空間；然買票等選舉弊端的總體樣貌可見諸大量的回憶史料、檔案史料、司法判決以及學者的研究成果，（詳下）已是早年臺灣社會的集體記憶，有其堅實的事實基礎。[39]

　　面對在野菁英所指控的案例，有些類型所累積的個案數目仍屬有限，無法確認是否為當局為求勝選而打擊異己的普遍手段（如選前以叛亂之名逮捕候選人，[40]或選前召集候選人當兵等[41]）。本文無法逐一詳論，以下僅針對這些指控，選擇有較多史料支撐且較具普遍性的現象，逐一就買票、作票、公務人員違法介入、一人競選、選監體制等選舉弊端進行分類討論。

## （一）買票

　　戰後臺灣選舉史上，賄選（俗稱買票）的弊端一直史不絕書，至今猶存。[42]而早在戰後實施「地方自治」選舉之初的1950、60年代，賄選就經常是在野菁英批評的現象。例如，許世賢曾在省議會中指出「近來賄選之風氣遍地皆然」。[43]郭國基更痛批：

> 選舉愈來愈腐敗，賄選買票愈公然，選票買賣雙方不感羞恥，竟而認為當然，不但選縣市長、省縣市議員雖由人民選良，縣市議員之選議長也

---

[39] 以白色恐怖時期政治犯指控特務刑求為例，或許吾人未能完全相信所有的指控皆為確有，但當時求之案例亦見諸大量史料，有其堅實的事實基礎，選舉弊端亦然。

[40] 例如石錫勳，1967年選前被捕，前已詳述。

[41] 例如王地，1956年參選臺中縣長時被調去擔任軍醫，選務當局表示王地屬預備軍官，已接到徵集令應視同現役軍人，依相關規定將喪失被選舉權。李鎧揚，〈臺灣史學訊：從兩個例子談威權體制下國民黨對臺灣地方選舉的控制〉，《史原》論壇，網址：http://t.cn/E7gxFKg，擷取時間：2019.05.26。

[42] 例如，透過線上「司法院法學資料檢索系統」（https://law.judicial.gov.tw/），輸入「賄選」的關鍵字，即可查到大量賄選官司的資料。

[43] 臺灣省臨時省議會秘書處編印，《臺灣省臨時省議會第三屆第三次大會專輯》（1958），頁92。

公然買賣選票，至此地步買賣當選縣市議員已經無廉恥腐敗至極了。[44]

　　然而，這樣的控訴並無法讓國民黨當局有效消弭賄選（至少此時當局消弭賄選的力道遠弱於消滅異議份子[45]），甚至國民黨當局本身就曾透過黨工進行過賄選；曾長期擔任國民黨黨工的詹碧霞與邱家洪，他們在回憶錄中即清楚披露 1960-90 年代參與國民黨買票的經過。[46]

　　即便臺灣已經民主化、甚至到了 21 世紀的晚近幾年，買票風氣依舊相當猖盛。[47]回顧臺灣舉辦選舉早期的賄選以及在野菁英的批評，對認識與解決臺灣賄選的沉痾應有一定的參考作用。

## （二）作票

　　除了買票，作票現象也長期遭受詬病。基本上作票是一系列發生在投開票所舞弊現象的俗稱，手法玲瑯滿目。[48]據國民黨黨工詹碧霞的親身經歷，1963 年她就開始「參與業餘做票行列」，到了 1975 年立委補選則在臺北縣「實際參與做票」，她在回憶錄當中對作票的手法有相當細膩的描述。[49]戰後

---

[44] 臺灣省議會秘書處編印，《臺灣省議會第二屆第五次大會專輯》（1962），頁 108-109。

[45] 此時國民黨政權正致力於消滅政治異己，乃白色恐怖的高峰期。可參蘇瑞鏘，《白色恐怖在臺灣─戰後臺灣政治案件之處置》（新北：稻鄉出版社，2014）。

[46] 詹碧霞，《買票懺悔錄》（臺北：商周出版公司，1999），頁 118-151；邱家洪，《打造亮麗人生：邱家洪回憶錄》（臺北：前衛出版社，2007），頁 173-182。

[47] 晚近相關研究成果，可參閱林明樺，周馥儀，《買來的政權：臺灣選舉文化觀察》。

[48] 據資深省政記者王伯仁的描述，作票手法約可分為：選票臥底法、Lo、Re、Me 彈鋼琴法、中途冒投法、重複投票法、抹紅法、狸貓換太子、指鹿為馬法、偷龍轉鳳法等，具體操作手法詳見：王伯仁，〈中國國民黨「作票」史記〉，《民報》，2014.07.05。網址：http://t.cn/AiKYPjE5，擷取時間：2019.05.11。

[49] 據國民黨黨工詹碧霞的親身經歷，1963 年那時她 14 歲，就開始「參與業餘做票行列」。當時她應淡水鎮水碓里投開票所朱姓主任監票員的指示，到領票處領取一疊選票（在選舉名冊沒蓋印的地方簽名後領取），然後依朱某的指示蓋給指定候選人後整疊塞入票箱。到了 1975 年立委補選，她自己則在臺北縣「實際參與做票」，目標是讓郭雨新的對手當選。方法是收集選舉名冊中沒來投票者的身分證和印章然後換得選票，甚至林姓選務主任告訴她簽名就給她選票。接著，她說「十個手

臺灣選舉作票的現象，即便到了 1990 年代都還存在，最經典的案例是 1992 年底民進黨黃信介赴花蓮參選立委發生作票的弊案。[50]

其實，在「地方自治」選舉實施之初的 1950、60 年代，在野菁英就經常對作票弊端發出不平之鳴。除了前述石錫勳指控「開票當時，故意停電，以便舞弊」與「投票所唱票員故意唱反對票」等現象，「五龍一鳳」的議會發言當中這類史料甚多，到了選舉前後更有個別與集體訴諸報刊的批判聲浪，如 1960 年地方選舉之後，若干在野菁英憤於選舉不公而成立「選舉改進座談會」，數度公開發文舉證控訴投票與開票階段的作票行為。[51]此外，雷震在日記當中，也曾記錄該屆選舉某投票所管理員親歷作票的見聞。[52]再者，

---

指頭，都蓋上紅通通的印泥油，選務人員笑我在彈鋼琴」。參見詹碧霞，《買票懺悔錄》，頁 121-125。
[50] 王伯仁，〈中國國民黨「作票」史記〉。
[51] 例如，彼等曾指控如下：「關於『投票時』違法舞弊的事實：在桃園縣，省議員候選人黃玉嬌等在控告選舉事務所時，便已經指證『有人向投票所人員『亮票』』的事。……在雲林縣，又有『指導文盲時故意『張冠李戴』』的事。……在宜蘭縣，又有七十多歲的選民吳阿芒，因為眼力不好而請主任監察員楊來添代為圈選郭雨新為省議員時，竟被擅行圈為國民黨支持的林振炎。……在桃園縣，又有聽任『選民拿十張選票準備投下票箱』時被發現的事。……在嘉義縣，又有萬安里八鄰的女選民黃清音領票時，『發現已被蓋指模盜領』。……在臺北市，……據告發人調查，身份證未蓋領票章者，竟多達一八〇名以上。至於臺南市，……據臺南市選民陳碧琳等向選舉監察委員會提出的檢舉書指證，舉凡代領代投、冒領冒投等情事，已經無不包括在內。……關於『開票時』違法舞弊的事實：在桃園縣，因有投票所人員代將選票投下票箱時，發現是圈選黨外候選人者，則以手指擦之造成廢票的事，已被無黨無派省議員候選人黃玉嬌等提出控告。……在臺中市，市長選票中的四千多張廢票，無黨無派候選人何春木便佔了三千多票，……因為是出於『製造廢票』，已被何春木提出抨擊。……在彰化縣，又有彰化市中心投票所唱票員，故意將無黨無派的縣長候選人石錫勳的票，唱成國民黨縣長候選人呂世明的選票，……在臺北市，又有第十九投票所，在唱票時非國民黨候選人的票，被陸續唱成國民黨候選人的票……。」參見〈選舉改進座談會鄭重要求內政部長連震東公開答覆〉，《自由中國》，第 23 卷第 1 期（1960.07.01），頁 17-18。
[52] 1960 年 5 月 2 日，雷震在日記寫道：「上午至社，有一王家興者，湖南岳陽人，原在軍隊工作，四十五年退役。二十四日選舉，他擔任一一七號投票所管理員，設在東園國校。主任管理員叫張鶴齡，福建人，區公所里幹事。主任監察員彭清，區分部書記（六區四分部）。在開票之前和他說，要把郭國基、李福春、宋霖康的票子唱給陳重光，他不同意，問誰負責，張、彭均云自己人，不怕事，可以負責。隨時開票時他未照辦，而張在他耳朵裡說叫他照辦，並說這是上級的意思，王仍不辦，張、彭說他唱得很累，囑他下來休息，另着一人去唱。以後唱市長票，又將林

有些在野菁英則是日後在其回憶錄中揭露當年的親身經歷，[53]內容令人咋舌不已。

從制度面來觀察，當時雖有「臺灣省妨害選舉取締辦法」，但只取締候選人妨害選舉之行為，對選務人員的舞弊行為卻未有懲處規定，「難怪選舉舞弊行為，層出不窮」。[54]除取締辦法不周延外，選舉監察制度的不完善亦是關鍵，這也是當時不少在野菁英要求重視選監制度的原因。（詳下）

## （三）公務人員違法介入

1959年，吳三連在省議會中質詢省主席周至柔時指出：依據相關規定，現役軍人、警察、辦理選舉事務人員、各級公務人員等不得協助競選，亦即嚴禁干預選舉。然而，前年省議員暨縣市長選舉時，卻親眼看到公、教、警職人員為候選人拉票。[55]李源棧更是多次抨擊此一現象。如他曾在省議會質詢省主席周至柔指出：「臺灣省實施地方自治開始以來，……過去非法干涉

---

清安唱給黃啓瑞，凡是有疑問者均唱給黃啓瑞。」參見雷震日記（1960.05.02），傅正主編，《雷震全集（40）：第一個十年（8）：雷震日記（1959-1960）》（臺北：桂冠圖書公司，1990），頁299-300。

53 例如，民社黨前秘書長顧紹昌在其日後的訪談錄中指出：「當年常見的作票方式很多，如利用監察員吃中飯的時候盜領選票，就是花樣之一。又如，開票時將支持在野黨派候選人的選票污損，或是判讀成廢票……又如換票箱……另外一種很有效的作票方式，就是換票。國民黨方面事先準備好圈選固定候選人的選票，交給投票的人。第一個投票人到投票所領取選票後，他投入票箱的，不是他所領取的選票，而是攜帶進來的選票，接著，他把所領取的這張選票帶出去，再讓下一個人投，如此一來，一個接著一個，每個人都帶著空白選票出來，也都拿空白選票去領錢。如此，國民黨可以很準確的數算該候選人的得票數，這樣子的買票也可以達到百分之百的效果，不會損失任何一票。後來，我擔任中央選舉巡迴監察員，有一次開票的時候，竟發現票箱裡面多了一張空白票，和其他監察員討論，才知道有這樣的作弊方式。」參見潘光哲、劉季倫、孫善豪訪問，《顧紹昌先生訪談錄》（臺北：國史館，2001），頁78-79。
54 項昌權，《臺灣地方選舉之分析與檢討》，頁165。
55 周至柔則回覆：「目前對於選舉，當然不夠理想，我們要求進步」。參見臺灣省議會秘書處編印，《臺灣省議會第一屆第二次大會專輯》（1960），頁2007-2011。

選舉最厲害者就是警察,其他公教人員、軍人、自治人員都常發現。」[56]造成此一現象的原因甚多,黨國不分背景下所形塑出的政治觀、威權時期胡蘿蔔與棍棒下的獎懲效應,都是較顯著的原因。

另外,1960 年選舉結束後成立選舉改進座談會,會中李萬居就曾批評軍公教人員干涉選舉的現象,他還舉出在其故鄉雲林縣,警察與一般公教人員曾挨家挨戶勸告選民應該圈選某某人的情形。[57]依據當時「臺灣省妨害選舉罷免取締辦法」第 13 條規定:現役軍人或警察、辦理選舉罷免事務人員、公務人員及自治人員,均不得協助選舉罷免活動,違者從嚴懲處,[58]但警察與公務人員違法介入選舉卻一再成為在野菁英指控的現象。

## (四)一人(同額)競選

1950、60 年代,行政首長一人競選與民意代表同額競選的「非競爭性選舉」情形頗為嚴重。以縣市長為例,從 1954 年的第二屆到 1968 年的第六屆選舉,均出現為數不少的一人競選,如第二屆有 8 個縣市、第三屆有 3 個縣市、第四屆有 8 個縣市、第五屆有 6 個縣市、第六屆有 5 個縣市出現一人競選,主要原因之一是有人「用各種方法,包括威嚇與利誘,阻止他人出來競選」,卻美其名為「讓賢」;而這些縣市廢票往往特別多,代表選民藉此發洩心中的不滿。[59]一人競選的現象在基層選舉似乎更加嚴重,如 1956 年第三屆鄉鎮區市長選舉一人競選的單位比例,高雄縣 24/25、宜蘭 9/10、基隆 6/7、臺南 6/7,國民黨省黨部還坦承:「有部份單位求功心切,且恐懼黨外人士競選,因此只注意勸導黨外人士放棄競選」。[60]

---

[56] 臺灣省議會秘書處編印,《臺灣省議會第二屆第二次大會專輯》(1961),頁 2678-2692。

[57] 〈在野黨及無黨無派人士舉行本屆地方選舉檢討會紀錄摘要〉,《自由中國》,第 22 卷第 11 期(1960.06.01),頁 352。

[58] 「臺灣省妨害選舉罷免取締辦法」,《臺灣省政府公報》,第 48 期:冬季第 7 期(1959.10.08),頁 95-96。

[59] 項昌權,《臺灣地方選舉之分析與檢討》,頁 125-133。

[60] 柯斧,〈臺省第三屆鄉鎮區市長選舉的檢討〉,《臺灣黨務》,第 136、137 期合刊(1956.09.16),頁 9;轉引自任育德,《向下紮根:中國國民黨與臺灣地方政治的

　　在野菁英相當在意此一弊端，如李萬居曾在臨時省議會提出「請政府注意一人候選局面造成之原因並設法予以改善案」。[61]郭雨新在省議會質詢省主席黃杰時，更具體指控省政府主辦選舉業務的人親自到雲林勸其他候選人「讓賢」。[62]對此，黃杰答覆：「政府對於改善選舉風氣，從未忽視，所謂崇法務實，不僅對選舉如此，其他一切措施，亦必以崇法務實為前提，各方對選舉所提意見，政府自當繼續研究改進」，[63]明顯實問虛答。

## （五）選舉監察制度的缺失

　　戰後初期的選舉，選務與監察皆由選務機關總攬，對於取締妨害選舉的法規亦付之闕如。[64]1950 年省政府頒布「臺灣省妨害選舉取締辦法」與「臺灣省縣市選舉監察委員會組織規程」，開始建立選舉監察制度：省設監察委員會、縣市成立監察小組，投開票所設置監察員。不過，選監制度的實際運作卻常遭受詬病，如權力過大，甚至可以取消候選人的參選資格，而被質疑破壞司法獨立。更嚴重的是，由其偏向國民黨的成員組成與國民黨介入選監系統的作為，往往被質疑成為國民黨打擊對手以及為黨籍候選人增添助力的政治工具。[65]

---

發展（1949-1960）》，頁 373-374。

[61] 臺灣省臨時省議會秘書處編印，《臺灣省臨時省議會第二屆第五次大會專輯（上冊）》（1956），頁 97-98。

[62] 他說：「本屆（案：1964 年，第五屆）縣市長選舉，有六個縣是「一人競選」，其中最突出的要算雲林縣，報章揭載，省政府主辦選舉業務的人親到雲林縣，一面勸其他候選人讓賢，一面公宴鄉鎮長為他的親戚助選，縣長候選人以捐獻獎學金一百萬元作為其他候選人讓賢的條件……辦事選舉人員知法犯法，監察選舉人員徇情故縱，算不算「崇法」……」。參見臺灣省議會秘書處編印，《臺灣省議會第三屆第三次大會專輯》（1964），頁 2958-2964。

[63] 臺灣省議會秘書處編印，《臺灣省議會第三屆第三次大會專輯》（1964），頁 2958-2964。

[64] 劉寧顏總纂，《重修臺灣省通志・卷七・政治志・選舉罷免篇》（南投：臺灣省文獻委員會，1992），頁 107。

[65] 任育德，《向下紮根：中國國民黨與臺灣地方政治的發展（1949-1960）》，頁 379-404。

　　1950、60 年代，選舉監察制度的問題逐漸引起各界的注意，「論者對改進選監機構之意見，亦不絕如縷」。[66]尤其面對層出不窮的選舉弊端，在野菁英更從制度層面直指選舉監察制度的缺失，選監問題逐漸成為在野菁英嚴厲批判當局與要求當局改革的焦點。例如，1957 年 4 月 21 日舉行地方選舉，選前 4 月 11 日若干在野參選人士在臺中市舉行改進選務的座談會。眾人發言之後議決通過五點改進選舉的要求，其中前四點皆與選舉監察有關。[67]然而，當局的回應並不友善，如就候選人推派監票員的要求來說，當局的態度是「於法無據，無法許可」。[68]然由於選舉弊端叢生，5 月 18 日召開的選後檢討座談會當中，與會人士砲聲隆隆，要求選監制度的改革仍是討論焦點。[69]

　　1960 年 4 月 24 日再度舉行地方選舉，2 月 27 日若干在野菁英再度舉行選前座談會，選監改革依舊是在野菁英的重點訴求。[70]5 月 18 日，在野菁英再度舉行選後檢討，大家接連抨擊選舉弊端，最後主席高玉樹歸納討論的結論指出：「本屆地方選舉的違法舞弊，主要的關鍵，就是在各個投票所開票所的管理工作和監察工作」。最後做成四點決議，第一點即是要求當局「明文規定由各黨及無黨無派候選人，共同辦理各投票所開票所的管理工作

---

66 學者郎裕憲曾例舉當時改革選監制度意見之眾多來源，包括總統府臨時行政改革委員會報告書、第一屆選舉監察委員謝漢儒、國民黨立委楊一峰、學者涂懷瑩、張希哲、任卓宣、臺北縣與高雄縣等多個縣市政府、聯合報、自立晚報等。參見郎裕憲，《臺灣地方選舉》，頁 152-153。

67 這四點包括：「（一）要求政府嚴格取締辦理監察選務人員及公教治安人員違法助選情事，違者應撤職處分」、「（二）各縣、市國民黨部主任委員，不得兼任選舉監察小組委員召集人」、「（三）要求政府准許民、青兩黨及無黨無派候選人，共同推舉各投開票所監察員二名，執行投票開票任務，以示公允」、「（四）投開票所監察員必須確切明瞭有效票與無效票之辨別，開票時更須會同監察員監唱」等。參見〈民、青兩黨暨無黨派人士第三屆臺灣省議員、縣市長候選人座談會記錄〉，收於謝漢儒，《早期臺灣民主運動與雷震紀事——為歷史留見證》（臺北：桂冠圖書公司，2002），頁 105-113。

68 黃英哲、許時嘉編譯，《楊基振日記（附書簡‧詩文）》，下冊（臺北：國史館，2007），頁 718。

69 〈在野黨及無黨無派第三屆縣市長暨省議員競選人共同聲明〉，《民主潮》，第 7 卷第 12 期（1957.06.16），頁 19。

70 謝漢儒，《早期臺灣民主運動與雷震紀事——為歷史留見證》，頁 133-139。

和監察工作。」並決議籌組反對黨。[71]在這些在野菁英心中，選舉監察的改善
（特別是能讓在野菁英參與）被視為解決選舉弊端的關鍵，由此可見一斑。

## 四、在野菁英對選舉弊端的因應

在野菁英面對眾多選舉弊端，他們透過各種對抗途徑（如議會、媒體、
司法、集會、結社等）進行抗爭。

### （一）議會途徑

1950、60 年代，（臨時）省議會是當時有定期改選的最高民意機構，作
為該議會當中的主要反對勢力，「五龍一鳳」曾留下大量抨擊選舉弊端的紀
錄。因此，以下將以「五龍一鳳」於議會中的提案、發言與質詢為主要分析
對象，探討彼等如何因應選舉弊端並提出興革意見。

首先是透過提案的途徑。「五龍一鳳」在省議會中都曾個別留下大量關
於選舉弊端的提案，有些更是聯合提案，最後基本上會有審查意見與決議。
其次是發言，基本上是針對提案或議案的討論，此時常見議員間（有時也包
括官員）的相互討論，由此也可看出議會中其他議員的態度。至於質詢，對
象包括省主席與各廳處首長等官員，議員可以公開與省主席等高階決策官員
直接互動，並得到決策官員的答覆。在 1950、60 年代，「五龍一鳳」質詢過
的省主席主要有吳國楨、俞鴻鈞、嚴家淦、周至柔、黃杰等人。

綜觀「五龍一鳳」對於選舉弊端的相關提案、發言與質詢，大體包括嚴
格禁止買票與作票、候選人公平推薦選監人員、避免一人或同額競選、嚴禁
軍警公教人員（特別是警察）介入選舉、將選舉議題寫入教科書以教育學生
等議題。但亦可見不同議員對個別議題的偏重，如郭國基多次提到教育的重

---

71 〈在野黨及無黨無派人士舉行本屆地方選舉檢討會紀錄摘要〉，頁 352-356。

要性，吳三連對選舉法規的合理性特別有著墨，李源棧及許世賢似乎對警察干涉選舉特別在意，李萬居及郭雨新對選舉監察議題多次發言。[72]

透過議員在地方議會中的提案、發言與質詢等途徑，由於可直接質問決策官員，或許可產生一定的效果。然而，若是遇到實問虛答、敷衍塞責的官員，效果亦會大打折扣。另外，如前所述，當時中央民意代表並不改選，地方議員不滿選舉的聲音無法直達中央，制度性的影響亦屬有限。

## （二）司法途徑

透過司法訴訟途徑，也是在野菁英尋求解決選舉爭議的管道之一，主要包括選舉無效與當選無效之訴。[73]在實施「地方自治」選舉初期，基本上是根據各類選舉罷免規程等行政命令加以規範。[74]

1954 年，石錫勳參加第二屆彰化縣長選舉，結果敗選。然過程中自認遭遇若干選舉不公，因而向臺灣高等法院提起選舉無效與當選無效之訴，結果法院以程序不符駁回原告之訴。[75]

同樣在 1954 年，楊金虎參加第二屆高雄市長選舉，結果敗選。之後楊金虎與若干民眾具狀向臺灣高等法院控告選舉事務所法定代理人與市長當選人選舉無效與當選無效，結果被法院駁回。[76]

1957 年，余登發參與高雄縣長選舉，發生投開票所人員冒領選票弊案，他訴諸法院，其中兩位工作人員被定罪判刑。[77]

---

[72] 參見臺灣省諮議會編印，《臺灣省參議會、臨時省議會暨省議會時期史料彙編計畫》，其中「五龍一鳳」個別的史料彙編。

[73] 1950、60 年代地方選舉訴訟的討論，可參見郎裕憲，《臺灣地方選舉》（臺北：國立政治大學公共行政及企業管理中心，1964），頁 154-163。

[74] 具體內容詳參歐素瑛編註，《戰後臺灣民主運動史料彙編（五）：地方自治與選舉》（臺北：國史館，2001），頁 437-465。

[75] 王燈岸著，王鏡玲編註，《磺溪壹老人》（臺北：玉山社，2018），頁 263-269。

[76] 楊金虎，《七十回憶》，中冊（臺北：龍文出版公司，1990），頁 369-396。

[77] 阮愛惠主編，《大時代的故事：臺灣第一位黨外縣長—余登發》（臺北：前衛出版社，2019），頁 58-61。

　　1960 年舉行第二屆省議員選舉，郭國基雖為臺北市第最高票當選人，選後卻聯合落選的李連麗卿、宋康霖等人，以此次選舉不公舞弊為由，向臺灣高等法院提出選舉無效之訴，成了臺灣選舉史上相當罕見的當選人提出選舉無效的官司。[78]

　　前述議員質詢的對象是行政部門，此處提起選舉無效與當選無效之訴則是透過司法的途徑，或許可產生一定的效果。然而，黨國威權時期的司法審判是否具備超然中立的角色，頗受質疑。而且，當時的選舉訴訟制度並不十分健全，仍有不少地方有待改進，[79]其實際效果恐受影響。

## （三）媒體途徑

　　在 1950 年代，在野菁英針對選舉弊端叢生，也常透過投書媒體的途徑進行抨擊，主要是幾份較具民主與批評色彩的「一報三刊」，包括李萬居主持的《公論報》、雷震主持的《自由中國》、青年黨主持的《民主潮》，以及民社黨主持的《民主中國》。[80]在國民黨的檔案中，可以看到該黨高層指稱「雷震及青民兩黨偏激人士」透過此一報三刊「經常發表反對本黨文字，以助長分歧份子競選聲勢。」[81]可見一報三刊是當時頗令當局仇視的異議報刊，

---

[78] 不撰著人，〈郭國基先生小傳〉，收於臺灣省諮議會編著，《臺灣省參議會、臨時省議會暨省議會時期史料彙編：郭國基先生史料彙編（上）》（臺中：臺灣省諮議會，2001），頁 26；謝德錫，〈議壇大砲—郭國基〉，收於張炎憲、李筱峰、莊永明等，《臺灣近代名人誌》（臺北：自立晚報社，1991），頁 182；謝漢儒，《早期台灣民主運動與雷震紀事—為歷史留見證》，頁 202-205。

[79] 例如，當時即有學者指出，依處理選訟的相關規定：「一則選舉人只有向選舉罷免監察委員會檢舉違法之權，無權向法院提起控訴，再則選監會有權最後決定檢舉是否屬實，以為移送法院之根據，倘檢舉人不服選監會之決定，即無補救之道，三則選監會之組成，並非實質上為各政黨之代表」。職是之故，「論者於此，嘖有煩言」。參見郎裕憲，《臺灣地方選舉》，頁 162。

[80] 「一報三刊」之所以被相提並論，主要原因是在強人藉由動員戡亂與戒嚴體制進行高壓統治的時代裡，這四種報刊是當時社會上少數較為獨立報導與評論而不依從官方口徑的媒體。參見薛化元，〈導論〉，收於薛化元編，《《公論報》言論目錄暨索引》（臺北：文景書局，2006），頁導論I。

[81] 「臺（49）央密字第 109 號唐縱、陳建中呈報本屆縣市長省議員選舉，青民兩黨

的確有其代表性。

　　透過媒體抨擊選舉弊端，有些是以個人為主體，有些則是以群體乃至政黨為主體。就個人而言，例如，1957年參選臺中縣長落選的楊基振，選後痛訴競選前中後的種種遭遇；[82]同年參選高雄縣長落選的余登發，選後也一再舉證指控諸多選舉舞弊情事。[83]又如，參選過1957臺中市長落選的何春木，1960年再度出馬競選臺中市長，選前投書報刊痛訴參選以來所受到的諸多打擊，[84]最後又告落選。再如，曾經參選1954、1957、1960年彰化縣長皆落選的石錫勳，1960年選後先為文痛批國民黨違法競選，「過去已然，現在更變本加厲」；[85]接著又發表文章，指出此次縣長競選過程中，「所發生之種種不合理、不合法、不公平之現象，將永為本縣人民記憶中的一大污點」。[86]

　　除個人外，尚有共同聲明或要求。如1957年選後的〈在野黨及無黨無派第三屆縣市長暨省議員競選人共同聲明〉[87]，1960年選前的〈在野黨及無黨無派人士對於本屆地方選舉向國民黨及政府提出的十五點要求〉[88]，1960年選後的〈在野黨及無黨無派人士舉行本屆地方選舉檢討會紀錄摘要〉[89]、

---

及無黨派人士當選名單分析，祈鑑核由」（1960.05.12），中國國民黨文化傳播委員會黨史館（藏），蔣中正總裁批簽檔案，館藏號：總裁批簽49/0087。

[82] 楊基振，〈我從競選失敗中得到的知識─參加第三屆臺中縣長選舉的遭遇〉，《自由中國》，第17卷第12期（1957.12.16），頁361-364。關於楊基振批評選舉弊端的討論，另可詳參林偉盛，〈從楊基振日記看他的從政與交友（1957-1960）〉，《臺灣風物》，第63卷第1期（2013.03），頁73-76。

[83] 余登發，〈高雄縣長選舉舞弊續訊〉，《自由中國》，第17卷第1期（1957.07.01），頁29；余登發，〈高雄縣長選舉訴訟近訊〉，《自由中國》，第17卷第2期（1957.07.16），頁43。

[84] 何春木，〈希望能得到公平─談我這次參加臺中市長競選的觀感〉，《自由中國》，第22卷第8期（1960.04.16），頁248。關於何春木批評選舉弊端的討論，另可詳參林良哲，《何春木回憶錄》（臺北：前衛出版社，2004），頁165-198。

[85] 石錫勳，〈競選縣長三次失敗的我〉，頁8。

[86] 石錫勳，〈競選縣長三次落選感言〉，頁349-350。關於石錫勳批評選舉弊端的討論，另可詳參蘇瑞鏘，〈石錫勳與戰後臺灣民主運動〉，《臺灣史料研究》，第50期（2017.12），頁71-72。

[87] 〈在野黨及無黨無派第三屆縣市長暨省議員競選人共同聲明〉，《民主潮》，第7卷第12期（1957.06.16），頁19。

[88] 〈在野黨及無黨無派人士對於本屆地方選舉向國民黨及政府提出的十五點要求〉，《自由中國》，第22卷第7期（1960.04.01），頁234。

[89] 〈在野黨及無黨無派人士舉行本屆地方選舉檢討會紀錄摘要〉，《自由中國》，第

〈選舉改進座談會的聲明〉[90]、〈選舉改進座談會鄭重要求內政部長連震東公開答覆〉[91]、〈選舉改進座談會緊急聲明〉[92]等，率皆控訴選舉過程中出現的種種弊端。

　　相較前述的議會與司法途徑，這類透過「第四權」的媒體途徑，亦能對執政者產生提醒作用，或許有一定的效果。然而，1950、60 年代臺灣仍處政治高壓的巔峰階段，多數媒體不是淪為當局的傳聲筒便是處於噤聲狀態，敢於批評當局的媒體畢竟有限。

## （四）集會途徑[93]

### 1. 1957 年選舉前後

　　1957 年 4 月 21 日，臺灣舉行第三屆縣市長暨臨時省議員選舉。選前，彰化在野菁英王燈岸向參選彰化縣長的石錫勳建議：

> 我們應該仿傚英國工黨發展之步驟，先將前參加第二屆的公職人員
> 無黨派候選人，民主社會人士，民青兩黨人士聯繫起來籌組一個聯誼
> 會，互相交換意見，共同研擬選務改進方案，……向政府提出建議，
> 交涉及防止選舉舞弊對策。[94]

---

22 卷第 11 期（1960.06.01），頁 352-356。

[90] 〈選舉改進座談會的聲明〉，《自由中國》，第 22 卷第 12 期（1960.06.16），頁 382。

[91] 〈選舉改進座談會鄭重要求內政部長連震東公開答覆〉，《民主中國》，復刊第 3 卷第 13 期（1960.07.01），頁 13。

[92] 雷震、李萬居、高玉樹，〈選舉改進座談會緊急聲明〉，《自由中國》，第 23 卷第 5 期（1960.09.01），頁 144。

[93] 關於選舉前後召開座談會的討論，可詳參蘇瑞鏘，《戰後臺灣組黨運動的濫觴—「中國民主黨」組黨運動》（臺北：稻鄉出版社，2005），頁 60-90。

[94] 王燈岸著，王鏡鈴編註，《磺溪壹老人》，頁 279-280。這個運動模式為日後「中國民主黨」組黨運動所依循。即組黨人士一方面猛批當局選舉不公，另一方面到各地舉行巡迴座談會。

石錫勳同意王燈岸的看法，透過串聯，由彰化縣、臺中縣與臺中市的縣市長候選人石錫勳、楊基振、何春木向內政部申請召開關於選務改進的座談會。4 月 11 日，若干在野菁英於臺中召開選務改進的座談會，會中通過建議政府應公正辦理選務的五項提議，以及要求李萬居選舉後召開選舉檢討座談會。選後，李萬居即依先前的決議奔走各地，而有 5 月 18 日於臺北舉行的「在野黨及無黨派第三屆縣市長暨省議員競選人選舉檢討座談會」。與會者主要為無黨籍與民、青兩黨人士，幾乎一致抨擊此次選舉的諸多弊端，會中並通過要籌組「中國地方自治研究會」。[95]

### 2. 1960 年選舉前後

1960 年 4 月 24 日，臺灣舉行第二屆省議員暨第四屆縣市長的選舉。2 月底三十餘名在野菁英舉行一場選舉問題座談會。座談會由李萬居主持，不少是準備參加該屆選舉的地方菁英。雷震、夏濤聲（青年黨領袖）以及蔣勻田（民社黨主席）等人也出席該次會議。他們批評執政當局包辦操縱選舉，導致選舉弊端叢生，他們並向當局提出十五點革新選舉的要求。[96]

選後這些在野菁英甚感憤怒，他們認為當局主辦選舉多有不公，而有 5 月 18 日於臺北舉行的「在野黨及無黨無派人士本屆地方選舉檢討會」的召開。該次集會人數共計有 72 位，大家接連抨擊選舉弊端，並通過要籌組反對黨（日後命名為「中國民主黨」）。[97]

這類透過選舉前後聚眾集會的途徑，具有凝聚在野民主勢力的功能。會後發表共同聲明或要求，尤其超越個人的言論範疇。特別從往後的發展來看，這兩次選舉前後召開的選舉討論會，最後促成在野菁英的集結而朝組織反對

[95] 蔡憲崇，〈中國民主黨—不希望取得政權的政黨〉，收於蔡憲崇，《鑼聲若響—臺灣島上的反對黨》（臺北：作者自印，1983），頁 22-23；〈在野黨及無黨派第三屆縣市長暨省議員競選人共同聲明〉，頁 19。
[96] 〈在野黨及無黨無派人士對於本屆地方選舉向國民黨及政府提出的十五點要求〉，頁 234。
[97] 〈在野黨及無黨無派人士舉行本屆地方選舉檢討會紀錄摘要〉，頁 352-356。

黨發展，[98]更是別具歷史意義。

## （五）結社途徑

### 1.籌設「中國地方自治研究會」[99]

　　如前所述，1957 年地方選舉結束後，若干在野菁英於 5 月 18 日召開選後的檢討會，會中決議籌組「臺灣地方自治選舉法規研究會」（按：日後改稱「中國地方自治研究會」）。[100]這些在野菁英欲將該會作為結合各地在野勢力的據點，[101]顯示在野勢力已有尋求建立常設組織的企圖。

　　1958 年，這些在野菁英兩度申請「中國地方自治研究會」，[102]皆未獲當局允許成立。在一場在野菁英的聚會中，當李萬居談到自治研究會未獲批准一事，與會者認為「反對黨是幹的問題，不是政府批准的問題。」[103]在另一場討論自治研究會的聚會中，王地提到該會將來可能發展成為反對黨，楊金虎也主張應該成立反對黨。[104]

　　由此可見，1957 年地方舉舉之後，在野菁英將結社（中國地方自治研究

---

98 蘇瑞鏘，〈「中國民主黨」組黨運動的再思考──以臺籍民選反對菁英為觀察視角〉，頁 196-202。

99 關於籌設「中國地方自治研究會」的過程，詳參蘇瑞鏘，〈臺灣（臨時）省議會「五龍一鳳」對結社權的態度──以「中國地方自治研究會」為中心〉，收於臺灣省諮議會編印，《「深化臺灣民主、促進地方建設」學術研討會會議論文集》（臺中：臺灣省諮議會，2004），頁 51-58。

100 〈在野黨及無黨無派第三屆縣市長暨省議員競選人共同聲明〉，頁 19；謝漢儒，《早期臺灣民主運動與雷震紀事：為歷史留見證》，頁 115-127。

101 鄭牧心，《臺灣議會政治 40 年》（臺北：自立晚報社，1991），頁 181。

102 〈中國地方自治研究會發起人略歷冊〉，收於中央研究院近代史研究所檔案館個人檔案室（藏），《雷震‧傅正檔案》，檔號：F02-47-003～005；〈臺灣省人民團體聯誼組合發起組織申請表（中國地方自治研究會）〉，收於中央研究院近代史研究所檔案館個人檔案室（藏），《雷震‧傅正檔案》，檔號：F02-48-001。

103 雷震日記（1959.02.05），傅正主編，《雷震全集（40）：第一個十年（8）：雷震日記（1959-1960）》（臺北：桂冠圖書公司，1990），頁 21-22。

104 雷震日記（1959.02.24），傅正主編，《雷震全集（40）：第一個十年（8）：雷震日記（1959-1960）》，頁 34。另見謝漢儒，《早期臺灣民主運動與雷震紀事：為歷史留見證》，頁 128。

會）作為解決選舉不公的思維已逐漸成形。到了 1960 年的地方選舉之後，面對未解的選舉弊端，彼等進而促成「中國民主黨」的籌組。

## 2. 籌組「中國民主黨」[105]

如前所述，1960 年 4 月 24 日選舉結束後，若干在野菁英於 5 月 18 日召開地方選舉檢討會。會中大家接連抨擊選舉不公的現象，其中曾兩度參選高雄市長落敗的楊金虎發言指出：「想將來臺灣的選舉能夠辦好，我們把希望寄託在執政黨，那是永遠沒有希望的。除非各位先生，大家能聯合團結起來，組織一個強有力的在野黨，來對抗國民黨。」楊金虎發言後，現場多人贊成籌組反對黨。最後決議要求改進選舉，以及籌組「地方選舉改進座談會」與「新的強大反對黨」，並於 6 月 15 日正式發表聲明確認。[106]以改進選舉作為驅動力，戰後臺灣第一波大規模籌組反對黨的行動，「中國民主黨」組黨運動正式展開。

相較於上述幾種途徑，透過結社（特別是組黨）能對當局產生更大的壓力，理應具有較大的效果。然而，戒嚴時期籌組反對黨的政治挑戰性太強，頗難為當局所容，最可能引起當局的鎮壓，1960 年發生的雷震案即很可能是組織反對黨的結果。[107]

綜而觀之，此時由於國民黨當局標榜其統治的臺灣是「自由中國」，為了維持這個形象，有時也會接納在野菁英的部分建議，做出一定的讓步。[108]

---

[105] 關於籌組「中國民主黨」的過程，詳參蘇瑞鏘，《戰後臺灣組黨運動的濫觴—「中國民主黨」組黨運動》。

[106] 〈在野黨及無黨無派人士舉行本屆地方選舉檢討會紀錄摘要〉，頁 352-356；〈選舉改進座談會的聲明〉，頁 382。

[107] 蘇瑞鏘，《戰後臺灣組黨運動的濫觴—「中國民主黨」組黨運動》，頁 188-189。

[108] 例如，1960 年 5 月 11 日，國民黨中常會上一份選後工作檢討報告當中指出：「兩黨人士仍一再要求對投票所之監察員應由政黨推荐出任，若按現行法制，並無政黨提名監察員之規定，惟為求昭大信於天下，本會經商由臺灣省縣市公職人員選舉罷免監察委員會，提示各縣市監察小組儘量予以接納」。參見：「中國國民黨臺灣省委員會輔導臺灣省第四屆縣市長第二屆省議員選舉工作檢討報告」（1960.05.11），中國國民黨文化傳播委員會黨史館（藏），中國國民黨第八屆中央委員會常務委員會第二一五次會議紀錄，館藏號：會 8.3/497。

然而，畢竟 1950、60 年代是國民黨當局硬性威權（hard authoritarian）統治的高峰期，[109]其對改革建議的接納實施程度實相當有限。

# 五、結語

1950、60 年代臺灣有定期舉行的地方選舉，雖具一定的民主形式，實質運作過程卻常出現弊端。當時不少在野派政治菁英常批評這些弊端，甚至透過許多途徑展開抗爭行動，這些在政治肅殺的年代所進行的抗爭作為，本身就是臺灣民主發展的重要過程，乃是不可忽略的重要議題。

首先，本文探討了此一時期選風逐漸敗壞的現象，並從統治端探討為何會出現越來越多選舉弊端，以及從在野端探討在野菁英為何致力於選舉弊端的抗爭。其次，本文也討論了買票、作票、公務人員違法介入、一人競選、選監體制等諸多選舉弊端的樣態。再者，本文亦分析了在野菁英透過議會、司法、媒體、集會、結社等途徑所進行的抗爭行動。

本文亦指出，此時由於國民黨當局標榜其統治的臺灣是「自由中國」，為了維持這個形象，有時也會接納在野菁英的部分建議，做出一定的讓步。然而，畢竟 1950、60 年代是國民黨當局硬性威權（hard authoritarian）統治的高峰期，其對改革建議的接納實施程度實相當有限。

透過本文的研究，相信不論對認識 1950、60 年代選舉弊端的成因與樣態，或對深化今日臺灣的民主發展，皆有一定的參考價值。

---

[109] Edwin A., Winkler 曾將戰後臺灣威權統治的歷史區分為所謂硬性威權（hard authoritarian）與軟性威權（soft authoritarian）兩個階段，相關論說詳參：Edwin A., Winkler, "Institutionalization and Participation on Taiwan: From Hard to Soft Authoritarianism?", *The China Quarterly*, No.99, Sept. 1984, pp.481-499.

# 徵引書目

## 一、中文

### 1. 檔案

中央研究院近代史研究所檔案館個人檔案室（藏），《雷震‧傅正檔案》。
中國國民黨文化傳播委員會黨史館（藏），《中國國民黨中央委員會常務委員會會議紀錄》。
中國國民黨文化傳播委員會黨史館（藏），《蔣中正總裁批簽》。
國家發展委員會檔案管理局館（藏），《石錫勳叛亂案》。

### 2. 公報、期刊

《口述歷史》，1993。
《民主中國》，1960。
《民主潮》，1950-1961。
《自由中國》，1957-1960。
《彰化人》，1991。
《臺灣省政府公報》，1959。
《臺灣黨務》，1956。

### 3. 大會專輯、史料彙編

臺灣省諮議會編印，《臺灣省參議會、臨時省議會暨省議會時期史料彙編》，臺中：臺灣省諮議
　　會，2001。
臺灣省臨時省議會秘書處編印，《臺灣省臨時省議會第二屆第五次大會專輯（上冊）》（1956）。
臺灣省臨時省議會秘書處編印，《臺灣省臨時省議會第二屆第五次大會專輯（下冊）》（1957）。
臺灣省臨時省議會秘書處編印，《臺灣省臨時省議會第三屆第三次大會專輯》（1958）。
臺灣省議會秘書處編印，《臺灣省議會第一屆第二次大會專輯》（1960）。
臺灣省議會秘書處編印，《臺灣省議會第二屆第二次大會專輯》（1961）。
臺灣省議會秘書處編印，《臺灣省議會第二屆第五次大會專輯》（1962）。
臺灣省議會秘書處編印，《臺灣省議會第三屆第三次大會專輯》（1964）。

### 4. 專書

王御風，《臺灣選舉史》（臺中：好讀出版公司，2016）。
王燈岸著，王鏡鈴編註，《磺溪壹老人》（臺北：玉山社，2018）。

任育德，《向下紮根：中國國民黨與臺灣地方政治的發展（1949-1960）》（臺北：稻鄉出版社，2008）。

任育德，《雷震與臺灣民主憲政的發展》（臺北：國立政治大學歷史學系，1999）。

江大樹、陳仁海，《臺灣全志‧卷四‧政治志‧選舉罷免篇》（南投：國史館臺灣文獻館，2007）。

李筱峰，《臺灣戰後初期的民意代表》（臺北：自立晚報社，1993）。

沈雲龍、林泉、林忠勝訪問，林忠勝記錄，《齊世英先生訪問記錄》（臺北：中央研究院近代史研究所，1990）。

阮愛惠主編，《大時代的故事：臺灣第一位黨外縣長—余登發》（臺北：前衛出版社，2019）。

周陽山編，《知識份子與中國現代化—知識份子與中國》（臺北：時報出版公司，1987）。

林良哲，《何春木回憶錄》（臺北：前衛出版社，2004）。

林明樺、周馥儀，《買來的政權：臺灣選舉文化觀察》（臺北：草根出版公司，2014）。

邱家洪，《打造亮麗人生：邱家洪回憶錄》（臺北：前衛出版社，2007）。

若林正丈著，洪金珠、許佩賢譯，《臺灣：分裂國家與民主化》（臺北：月旦出版社，1994）。

若林正丈著，洪郁如、陳培豐等譯，《戰後臺灣政治史：中華民國臺灣化的歷程》（臺北：臺大出版中心，2014）。

郎裕憲，《臺灣地方選舉》（臺北：國立政治大學公共行政及企業管理中心，1964）。

張炎憲、李筱峰、莊永明等，《臺灣近代名人誌》（臺北：自立晚報社，1991）。

傅正主編，《雷震全集（1）：雷震與我（1）》（臺北：桂冠圖書公司，1989）。

傅正主編，《雷震全集（40）：第一個十年（8）：雷震日記（1959-1960）》（臺北：桂冠圖書公司，1990）。

項昌權，《臺灣地方選舉之分析與檢討》（臺北：臺灣商務印書館，1980）。

黃英哲、許時嘉編譯，《楊基振日記（附書簡‧詩文）》，下冊（臺北：國史館，2007）。

楊金虎，《七十回憶》，中冊（臺北：龍文出版公司，1990）。

楊肇嘉，《楊肇嘉回憶錄》，第2冊（臺北：三民書局，1967）。

董翔飛編著，《中華民國選舉概況》（臺北：中央選舉委員會，1984）。

詹碧霞，《買票懺悔錄》（臺北：商周出版公司，1999）。

劉寧顏總纂，《重修臺灣省通志‧卷七‧政治志‧選舉罷免篇》（南投：臺灣省文獻委員會，1992）。

歐素瑛編註，《戰後臺灣民主運動史料彙編（五）：地方自治與選舉》（臺北：國史館，2001）。

潘光哲、劉季倫、孫善豪訪問，《顧紹昌先生訪談錄》（臺北：國史館，2001）。

蔡憲崇，《鑼聲若響—臺灣島上的反對黨》（臺北：作者自印，1983）。

鄭牧心，《臺灣議會政治40年》（臺北：自立晚報社，1991）。

薛化元，《《自由中國》與民主憲政—1950年代臺灣思想史的一個考察》（臺北：稻鄉出版社，1996）。

薛化元編，《《公論報》言論目錄暨索引》（臺北：文景書局，2006）。

謝漢儒，《早期臺灣民主運動與雷震紀事—為歷史留見證》（臺北：桂冠圖書公司，2002）。

蘇瑞鏘，《白色恐怖在臺灣—戰後臺灣政治案件之處置》（新北市：稻鄉出版社，2014）。

蘇瑞鏘，《超越黨籍、省籍與國籍—傅正與戰後臺灣民主運動》（臺北：前衛出版社，2008）。

蘇瑞鏘，《戰後臺灣組黨運動的濫觴—「中國民主黨」組黨運動》（臺北：稻鄉出版社，2005）。

龔宜君，《「外來政權」與本土社會—改造後國民黨政權社會基礎的形成（1950-1969）》（臺北：稻鄉出版社，1998）。

## 5. 論文

林偉盛，〈從楊基振日記看他的從政與交友（1957-1960）〉，《臺灣風物》，第 63 卷第 1 期（2013.03），頁 73-76。

徐暄景，〈臺灣硬性威權時期的省議會黨外菁英〉，《育達人文社會學報》，第 8 期（2012.07），頁 53-74。

陳明通，〈威權政體下臺灣地方政治菁英的流動（1945-1986）—省參議員及省議員流動的分析〉，國立臺灣大學政治學研究所博士論文，1990。

薛化元，〈臺灣地方自治體制的歷史考察—以動員戡亂時期為中心的探討〉，收於中央研究院臺灣研究推動委員會主編，《威權體制的變遷：解嚴後的臺灣》（臺北：中央研究院臺灣史研究所籌備處，2001），頁 172-181。

薛化元、楊秀菁，〈強人威權體制的建構與轉變（1949-1992）〉，收於李永熾、張炎憲、薛化元主編，《人權理論與歷史論文集》（臺北：國史館，2004），頁 272-315。

蘇瑞鏘，〈「中國民主黨」組黨運動的再思考—以臺籍民選反對菁英為觀察視角〉，收於翁聖峰、蘇瑞鏘主編，《民主、文化與認同：李筱峰教授榮退學術論文集》（臺北：國立臺北教育大學臺灣文化研究所，2018），頁 180-229。

蘇瑞鏘，〈石錫勳與戰後臺灣民主運動〉，《臺灣史料研究》，第 50 期（2017.12），頁 71-72。

蘇瑞鏘，〈雷震與蔣介石當局關係演變之研究〉，收於潘光哲主編，《自由的探尋——陳宏正先生七十壽慶論文集》（臺北：《陳宏正先生七十壽慶論文集》編輯委員會，2012），頁 253-265。

蘇瑞鏘，〈臺灣（臨時）省議會「五龍一鳳」對結社權的態度——以「中國地方自治研究會」為中心〉，收於臺灣省諮議會編，《「深化臺灣民主、促進地方建設」學術研討會會議論文集》（臺中：臺灣省諮議會，2004），頁 51-58。

## 6. 網路資料

王伯仁，〈中國國民黨「作票」史記〉，《民報》（2014.07.05），網址：http://t.cn/AiKYPjE5。

司法院法學資料檢索系統，網址：https://law.judicial.gov.tw。

李鎧揚，〈臺灣史學訊：從兩個例子談威權體制下國民黨對臺灣地方選舉的控制〉，《史原》論壇，網址：http://t.cn/E7gxFKg。

## 二、日文

岸川毅，〈臺湾省議会とオポジションの形成：党外議員の行動と戦略〉，《日本臺湾学会報》，18（2016.08），頁 42-62。

## 三、英文

Winkler, Edwin A., "Institutionalization and Participation on Taiwan: From Hard to Soft Authoritarianism?", *The China Quarterly* 99, Sept. 1984.

Wu, Nai-teh, "The Politics of Regime Patronage System: Mobilization and Control Within an Authoritarian Regime." Ph.D.Thesis, Chicago: Dpt. of Political Science, University of Chicago, 1987.

# 新國會的形塑：從軟性威權統治時期到總統直選後的立法院長劉松藩（1992-1999）

王靜儀[*]

## 摘要

　　劉松藩自 1972 年當選第一屆增額立法委員，1990 年 2 月擔任立法院副院長，1992 年 1 月擔任第一屆立法院院長，1993 年 2 月擔任第二屆立法院院長，1996 年 2 月續任第三屆立法院院長至 1999 年 1 月底止，這段期間正是臺灣民主發展最重要階段，劉松藩可謂關鍵時期的國會領袖。本文針對劉松藩擔任院長期間，對於立法院議事、研究單位與空間之增置，重要法案之推動，國會之改革等三個面向作討論。

　　根據本文的討論，目前立法院議事、研究單位與空間之增置大多在劉松藩擔任立法院長時完成的。在法案推動方面，劉松藩擔任院長期間共通過法律案 526 案。其中配合行政革新、組織調整、經濟發展及人民福利等法案不勝枚舉，例如消費者保護法、全民健康保險法、健康食品管理法等法案影響

---

[*]　弘光科技大學文化創意產業系副教授。

深遠，亦造福民眾。有關國會改革部分，立法委員名額部分，依增修條文第四條規定，自第四屆起增加為 225 人，制定修正「立法院組織法」及「立法院各委員會組織法」，制定「立法院職權行使法」、「立法委員行為法」及「立法院議事規則」等國會五法，對立法院及國會政治影響深遠。

**關鍵詞：立法院、新國會、立法院院長、劉松藩**

# 一、前言

1990 年 2 月，因應第一屆資深立法委員於隔年年底全面退職，選出只有一年多任期的正、副院長梁肅戎、劉松藩。1991 年 12 月 31 日，第一屆資深立法委員全部退職，由 130 位增額立法委員行使立法權，是為我國民主改革的重要階段。1992 年 12 月，依憲法增修條文選出 161 位第二屆立法委員，嗣後配合增修條文之修訂，分別於 1995 年 12 月選出 164 位第三屆立法委員，1998 年 12 月選出 225 位第四屆立法委員，2001 年 12 月選出 225 位第五屆立法委員。2004 年 12 月選出 225 位第六屆立法委員。2004 年 8 月 23 日，立法院通過憲法修正案，並於 2005 年 6 月 7 日經由最後一屆國民大會複決通過，經總統於 2005 年 6 月 10 日公布，因此立法委員自第七屆起減為 113 席，任期由 3 年改為 4 年。2016 年 1 月，總統與立法委員選舉同日舉行，選出 113 位第九屆立法委員。經過多次的國會改革，立法院已成為中華民國的單一國會。

從 1991 年第 1 屆資深立法委員全部退職到翌年 12 月全面改選第二屆立法委員這段時間，正象徵臺灣民主改革的重要里程碑。劉松藩自 1972 年當選第一屆增額立法委員，至 1990 年 2 月擔任立法院副院長，1992 年 1 月擔任第一屆立法院院長，1993 年 2 月擔任第 2 屆立法院院長，1996 年 2 月續任第三屆立法院院長至 1999 年 1 月底止，劉松藩可謂關鍵時期的國會領袖。

本文主要討論劉松藩擔任院長期間，對於立法院議事、研究單位與空間之增置，重要法案之推動。劉松藩是臺灣政治史上第一位出任立法院長的增額區域立委，當時的立法院在野立委的衝撞體制、肢體衝突日益升高，劉松藩任內建立一套朝野立委都可以接受的遊戲規則，最明顯的不同是絕對不用包裹表決來處理議事。在朝野意識形態極端對立時代，通過爭議性法案最簡單的方法就是激化朝野對立，接著在衝突中將法案未經二讀、三讀程序一舉過關，包裹表決雖然是萬靈丹，卻會使朝野關係更加惡化。劉松藩在擔任立法院院長的第一年，寧願熬夜審查預算，也不願意包裹式表決，可見其議事領導風格。

## 二、立法院議事、研究單位與空間之增置

　　立法院設立之初所使用的廳舍辦公室原為日治時期的臺北州立第二高等女學校的校地，空間不大，劉松藩上任後，在當時的立法院祕書處處長羅成典協助下，開始分階段溝通、協調其他政府單位或社團法人辦公空間，以編列預算換地方式，使該政府單位或社團法人辦公空間遷往他地。首先爭取的是今青島西路第一委員會會館，1991 年是中國大陸災胞救濟總會和世界亞洲反共聯盟（會長為谷正綱）在使用，為原臺灣省水利局辦公廳舍。當時世界亞洲反共聯盟的祕書長是胡志強，羅成典與之交涉，以編列預算換地方式，讓世界亞洲反共聯盟搬到行政院前一棟日式樓房。在青島會館搭建一座天橋，方便委員從會館走到立法院開會。[1]

　　第二棟爭取的房舍是鄰近林森北路的第二研究會館，原為行政院青年就業輔導委員會辦公室。後來立法委員助理越來越多，甚至有 6 人到 10 人，立法院於是編列每個月 40 萬元補助，讓立委自己決定助理人數，於是又要更多空間，第三棟爭取的是濟南路、鎮江街口的立法院中興會館。立法院遷址預算遭刪除後，立委議事空間過小問題一直困擾立法院院方，劉松藩與民進黨立委盧修一討論後，計畫購買臺開公司興建中的濟南路大樓，做為遷建新址前的過渡方案。由於該大樓部分產權屬臺灣省政府所有，劉松藩透過黨團協商，再與行政院長連戰、臺灣省長宋楚瑜協調。[2]興建當中的臺開公司濟南路大樓正好位於立法院議場後方，為 12 層樓建築，其中 1 到 6 樓為臺灣省政府所有；7 到 12 樓則簽約賣給臺閩勞工保險局，立法院在華山遷建案預算遭刪除後，積極尋覓適當場地做為擴充研究室之用。[3]

---

[1]　王靜儀訪談、記錄，〈前立法院副祕書長羅成典先生訪談記錄〉，2018 年 4 月 16 日上午於臺北市松山區民權東路羅宅。（未刊稿）

[2]　陳杉榮，〈遷建新址前有替代方案　立院計畫購買臺開公司興建中濟南路大樓　朝野立委若達共識　將由劉松藩與連戰、宋楚瑜協調　以解決立委研究室過小困擾〉，《中國時報》（1995.01.20），第 2 版。

[3]　陳杉榮，〈買樓充作研究室　立院態度積極　屬意臺開公司濟南路大樓　兩黨有默契〉，《中國時報》（1995.02.07），第 4 版。

　　為提升立法委員問政的素質，劉松藩任內成立了 3 個內部幕僚單位，起初稱立法諮詢中心，有立法、預算、編譯等三組。由於立法院立法品質常遭外界詬病，劉松藩於 1995 年 5 月推動將上述的立法諮詢中心改為「立法研究中心」，敦請中央研究院院長李遠哲負責規劃及延攬人才，對政策及法案進行研究，提出評估報告予立委做立法時的參考。[4]規劃設置 6 個法案組，委託中央研究院延聘 60 位海內外各領域高級研究人員，專責行政部門及立委所提法律案件之研究，充實立委問政資料庫。[5]經過一個多月兩次的黨團協商，決定以當時立法助理職務依其學術專業領域及中心之業務需要修正為「研究員」、「副研究員」、「助理研究員」三級，以加強議案研究能力，提升立法品質。這三級人員均依「教育人員任用條例」相關聘任規定聘任之，以避免任用上之僵化，編制員額為 8 組共 54 至 60 人。該中心規劃由中研院院長李遠哲主持，研究人員也委由中研院甄選。[6]

　　在 1998 年 4 月，因應「立法院組織法」修正草案，為強化立委預算、法案設計、法律諮詢等幕僚功能，劉松藩籌設預算局、法制局和國會圖書館三個單位，全力說服朝野立委接受新格局。[7]時任立法院副祕書長羅成典回憶，曾經帶領立法院幕僚考察歐洲和日本參眾兩院，了解日本國會有法制局的建置，約有 78 位人員編制，研究相關立法理論和制度，羅成典建議效法日本制度，在立法院成立法制局，延攬研究所畢業之人才，有法律、財經不同領域的專家，職等比較高，以 40 人到 60 人為目標招募。預算局主要延攬會計、主計背景人才，因為當時並不是每位委員都看得懂預算書，有專業幕僚能協助就能事半功倍。第三是仿造美國國會圖書館，建置立法院圖書資料室，招募人員做圖書資訊方面的協助，資訊人員後來獨立出來為資訊處。[8]

4　尚毅夫，〈劉松藩推動立法研究中心〉，《自立早報》（1995.05.17），第 3 版。
5　黃鴻鈞，〈立法院決增設立法研究中心〉，《聯合報》（1995.05.17），第 4 版。
6　何振忠，〈立法研究中心 近日提案設立 立法院放棄該中心人事權 擬聘李遠哲主持〉，《聯合報》（1995.06.15），第 4 版。
7　瞿德忻、盧素梅，〈劉松藩大幅翻修立法院 強化幕僚功能 有意籌設國會圖書館、法制局、預算局 全力說服現任立委接受新格局〉，《自立早報》（1998.04.18），第 4 版。
8　王靜儀訪談、記錄，〈前立法院副祕書長羅成典先生訪談記錄〉，2018 年 4 月 16 日上午於臺北市松山區民權東路羅宅。（未刊稿）

上述立法院組織法的另一個新設計是每個常設委員會人數由 18 席彈性調整為 12 至 20 席，且明定政黨保障席次，但是每一位立委只能參加一個委員會，是因為立法院有「聯席委員會」的制度，在聯席委員會投票時，若參加兩個委員會的立委是計算兩票還是一票？恐有爭議，因此經討論後，每位委員只能參加一個委員會。保障席次的規定是各政黨在各委員會席次，須依各黨籍立委在全院中的席次比例分配，例如一政黨在全院席次超過 12 席，每個委員會至少會有一席，若一政黨在全院席次未超過 12 席，則每一個委員會至多只能參加兩席，這種設計是因應第四屆立委人數擴增為 225 人所致。另一個新設計是除現有的 10 個委員會外，增設「環境及科技委員會」，專門負責行政院國家科學委員會、環保署的法案與預算案審理工作。為了顧及國家安全委員會、國家安全局預算案、法律案必須祕密審查的需要，現有的「國防委員會」改名為「國防及情報委員會」，擴大其功能，「預算委員會」改名為「預算及決算委員會」，「教育委員會」改名為「教育及文化委員會」，以便更周延處理政府會計、文化等方面的業務。[9]

另外，由於立法院次級團體紛紛成立，聯合問政，劉松藩於是建立政黨協商制度，第 2 屆及第 3 屆立法委員後，民進黨籍的立委越來越多，劉院長任內曾有 54 位紀錄，黨團協商法制化就是在議事規則中規定，立法院職權行使法中賦予法源依據，在委員會中難以達成共識的保留意見與提案透過政黨協商，各黨各派委員代表參加，協商有共識達成決議時則必須簽名，在院會中不能再反對，這是劉松藩建立的一個有效率的議會協商制度。此外，助理國外考察，專業素質提升，辦公室經費增加都是在劉松藩任內完成。[10]

---

9　瞿德忻、盧素梅，〈劉松藩大幅翻修立法院 強化幕僚功能 有意籌設國會圖書館、法制局、預算局 全力說服現任立委接受新格局〉，《自立早報》（1998.04.18），第 4 版。
10　王靜儀訪談、記錄，〈前立法院副祕書長羅成典先生訪談記錄〉，2018 年 9 月 10 日上午於臺北市松山區民權東路羅宅。（未刊稿）

# 三、院長任內重要法案之推動

　　劉松藩在院長任期內制定或修正全文的重要法案有「全民健康保險法」、「總統副總統選舉罷免法」、「公職人員財產申報法」、「司法院大法官審理案件法」、「公共債務法」、「政府採購法」、「預算法」、「地方制度法」、「行政程序法」，以及新國會五法：「立法院組織法」、「立法院各委員會組織法」、「立法院職權行使法」、「立法委員行為法」和「立法院議事規則」。個人的提案則有 1997 年 9 月 25 日所提的「二二八事件處理及補償條例」第二條條文修正草案。

　　1994 年初，國安局、國安會與人事行政局提出三項組織法草案在立法院院會二讀，所謂「國安三法」指的是「國家安全法」、「集會遊行法」和「人民團體法」，「國家安全法」施行於 1987 年，規範了國家對於出入境的管理及檢查、管制區的限制等國境安全規範，其中第二條對人民結社自由造成限制；「人民團體法」規範的是人民結社的要件，同樣在第二條「人民團體之組織與活動不得主張共產主義或主張分裂國土」，對人民的結社自由做了如此的限制；「集會遊行法」規定人民集會遊行必須先受到政府機關許可才得執行，並賦予警察機關驅離、管理民眾的權利。

　　「國安三法」的制定背景是在 1987 年解嚴及在 1991 年「動員戡亂時期臨時條款」終止後，法律的最高位階應該回歸憲法，但為維持總統權利，「國安三法」在立法院宣讀時，劉松藩不顧政策會執行長饒穎奇要求全案表決的提案，裁示休息，導致在黨團協商時，兩人對衝，「國安三法」三讀開天窗，黨團將責任怪罪到劉松藩不肯配合，不願表決確認議事錄。然而劉松藩卻認為假如照國民黨要求處理爭議，國民黨蒙受的傷害更多，在議事中立與政黨壓力間，劉松藩的強勢已造成黨團反彈，他堅持透過黨團協商來解決，寧願讓議事癱瘓，反對強制表決。他認為會議主席要不要中立，不是因其政黨背景，而是其是否有中立意願，例如當立委提出動議，主席要處理，不利的一方就霸占發言臺或包圍主席臺，表決輸的要求重付表決，造成立法院議事混亂的惡

性循環的主因。[11]劉松藩雖堅持議事中立原則，然最後仍在混亂中通過。[12]

　　「總統副總統選舉罷免法草案」在 1995 年 4 月付委時，劉松藩為避免破壞議事慣例，將行政院版的「總統副總統選舉罷免法草案」退回，贏得無黨籍立委葉憲修等人的喝采，認為行政院應尊重法律的公平原則，把總統選罷法草案依民意制定，立法院則應堅守程序正義，公正公平的審查該草案。劉松藩退回草案，讓國民黨黨鞭饒穎奇臉色鐵青，此舉證明劉松藩主持議事的立場中立、公正無私。[13]後來，「總統副總統選舉罷免法草案」二度向付委關卡叩門，由於在野黨反對將外交及僑政委員會納入聯席會審查，在劉松藩主導下，經過黨團協商後，朝野黨團簽下協議，同意法案在 5 月底前完成委員會審查，在立法院當會期結束前完成立法程序。[14]同年 7 月 4 日，則在國民黨立法院黨團優勢動員下，通過廖福本所提的國民黨版本「總統副總統選舉罷免法草案」逕付二讀，列入院會討論案議程，決議當會期必須完成三讀立法，該草案並於 7 月 5 日提報國民黨中常會核備，推動落實。[15]在逐條審查「總統副總統選舉罷免法草案」時發生朝野衝突事件，7 月 17 日在朝野肢體衝突中，立法院表決器遭破壞，18 日遂以舉手表決方式二讀通過「總統副總統選舉罷免法草案」第二 5、第二 6 條條文，不過民進黨籍立委質疑主席劉松藩違反議事規則之規定，發生民進黨黨團書記長李慶雄向劉松藩潑水之衝突場面。[16]為期一周牛步化的逐條審查看似無效率，卻有其民主意義，

11　林玉真，〈解決三法爭議 劉松藩與國民黨唱反調 廖福本表示在野黨若繼續爭吵不排除強制表決確認議事錄 劉松藩則堅持透過朝野協商來解決，寧願讓議事癱瘓，反對強制表決〉，《臺灣時報》（1994.01.11），第 2 版。

12　陳延仲，〈堅持程序正義 不願執政黨蒙受更大傷害 劉松藩的強勢 造成黨團反彈〉，《自由時報》（1994.07.25），第 4 版。

13　洪哲政，〈劉松藩堅守議事規則 贏得喝采 除戳破以往在野黨指責主持議事不公 說法外 更為朝野增加協商空間〉，《青年日報》（1995.04.26），第 2 版。

14　何振忠，〈剔除外委會 總統選罷法昨終於付委 朝野黨團簽下協議 本會期結束前完成三讀〉，《聯合報》（1995.04.29），第 2 版。

15　陳杉榮，〈立院通過國民黨版本 總統選罷法逕付二讀 為凝聚決策共識 國民黨今將草案提報常會核備 有信心在面對民進黨逐條杯葛下於本會期立院完成〉，《中國時報》，（1995.07.05），第 4 版。

16　蔡日雲，〈舉手表決 劉松藩被潑水〉，《自立晚報》（1995.07.18），第 2 版。

劉松藩寧可耗費大家的時間與精力，堅持不接受國民黨團包裹表決的提議，雖然不為黨團諒解，卻建立國會議長中立典範。[17]劉松藩甚至肯定民進黨理性制衡，符合議事規則且是理性的杯葛，對立法院來說是很大的進步。[18]

　　1995 年 5 月 19 日，在立法院「老年農民福利津貼暫行條例」攻防前夕，劉松藩以立法院長身分明確指出，為維護國會的立法慣例，反對訂定追溯條款，以免民眾造成期待立法回溯心理，並造成行政部門執行困難。[19]結果經過黨團協商後，當天「老年農民福利津貼暫行條例」通過，國民黨想提復議，劉松藩認為有違誠信。[20]由此可知，劉松藩主持議事掌握議事中立原則，並不因身為執政黨院長而有所偏頗。

　　總體來看，劉松藩擔任立法院長時，正值動員戡亂時期結束，民主轉型，憲政體制亦在調整，人民的權利有待制度化保障的重要階段。劉院長主持會議堅持中立原則，有效調和鼎鼐，折衝朝野間的歧見，靈活運用議事技巧，以達和諧圓滿。其擔任院長期間共通過法律案 526 案，重要者如下：

（一）落實憲政理念與轉型正義：制定「國家安全會議組織法」、「國家安全局組織法」、「行政院人事行政局組織條例」、「戒嚴時期人民受損權利回復條例」、「總統副總統選舉罷免法」、「國民大會同意權行使法」、「司法院大法官審理案件法」、「二二八事件處理及補償條例」及「戒嚴時期不當叛亂暨匪諜審判案件補償條例」，修正全部動員戡亂法制。

（二）兩岸及涉外條例與政府體制：制定「行政院大陸委員會組織條例」、「臺灣地區與大陸地區人民關係條例」、「香港澳門關係條例」、「中華民國專屬經濟海域及大陸礁層法」，制定「省縣自治

---

[17] 張景為，〈堅持程序民主 不能一打了事 牛步立法 也算「良性示範」〉，《中國時報》（1995.07.18），第 2 版。

[18] 尚毅夫，〈肯定民進黨理性杯葛作法 劉松藩：立院運作一大進步〉，《自立早報》（1995.07.21），第 3 版。

[19] 黃自強，〈老農津貼 劉松藩反對開追溯先例 許水德出面整合黨籍立委意見 蘇火燈、廖福本激烈口角〉，《中央日報》（1995.05.19），第 2 版。

[20] 費國禎、吳典蓉，〈劉松藩：復議老農津貼，涉及誠信。饒穎奇：是否復議由國民黨決定，而非政院〉，《自立晚報》（1995.05.22），第 2 版。

　　法」、「直轄市自治法」、「公共債務法」、「臺灣省政府功能業務與
　　組織調整暫行條例」、「金門馬祖東沙南沙地區安全及輔導條例」
　　及「地方制度法」，修正「財政收支劃分法」。

（三）進行國會改革：制定「立法院職權行使法」、「立法委員行為法」
　　及「立法院各委員會組織法」，全案修正「立法院組織法」及「立
　　法院議事規則」。

（四）完善法治行政：制定「政風機構人員設置條例」、「公職人員財產
　　申報法」、「政府採購法」、「電腦處理個人資料保護法」、「公務人
　　員保障法」、「洗錢防制法」、「組織犯罪防制條例」、「中華民國八
　　十年罪犯減刑條例」、「政風機構人員設置條例」及「行政程序
　　法」，全面修正「行政執行法」、「訴願法」與「行政訴訟法」。

（五）周延權利保障：制定「消費者保護法」、「全民健康保險法」、「兒
　　童及少年性交易防制條例」、「性侵害犯罪防治法」、「菸害防制
　　法」、「犯罪被害人保護法」及「家庭暴力防治法」。

（六）提升文化科技：制定「文化藝術獎助條例」、「有線電視法」、「國
　　家文化藝術基金會設置條例」、「教師法」、「中央通訊社設置條
　　例」、「藝術教育法」、「公共電視法」、「科學技術基本法」及「衛
　　星廣播電視法」。

（七）促進經濟民生便利：制定「促進產業升級條例」、「中小企業發展
　　條例」、「公平交易法」、「保全業法」、「就業服務法」、「環境影響
　　評估法」、「現行法規所訂貨幣折算新臺幣條例」、「公寓大廈管理
　　條例」、「公益彩券發行條例」、「信託法」、「期貨交易法」、「公營
　　大眾捷運股份有限公司設置管理條例」及「都市更新條例」。

（八）提升醫療衛生保障：制定「精神衛生法」、「後天免疫缺乏症候群
　　防治條例」及「藥事法」等。

　　上述法案中值得關切的是 1996 年 11 月 21 日，桃園縣長劉邦友與其機
要秘書、民意代表等 9 位在劉宅遭行刑式槍殺，造成 8 死 1 重傷，是臺灣地
方自治史上第一位任內遇害的縣市首長。劉松藩與朝野立委發表聲明，嚴厲

譴責暴行，輿論壓力下，立法院順利於 11 月 22 日三讀通過「組織犯罪防制
條例」。法務部長廖正豪表示，此法案之通過為防制黑道犯罪提供重要的法
源依據。原本國民黨針對第十四條限制黑道終身參選、第十五條「政黨連坐」
條款認為不妥，經劉松藩與朝野立委斡旋後，促成協商，順利進行三讀。[21]

　　當年 11 月 30 日，時任民進黨婦女部主任的彭婉如，南下高雄參加民進
黨臨時全國黨代表大會，當晚離開高雄市尖美大飯店後離奇失蹤。三天後被
發現陳屍高雄蔦松某工廠附近，全身赤裸且有多處刀傷。當時警務處抽絲剝
繭，雖已過濾、清查兩萬餘部計程車司機資料，但證據不足的情況下，迄今
亦未偵破。1996 年第三會期的最後一天，趕工通過「性侵害防治法」及延宕
6 年的「道路交通管理處罰條例」等治安相關法案。[22]

　　「立法院職權行使法」草案是在 1998 年 5 月間研議，劉松藩強調建立
黨團協商的權威性，把朝野協商法制化的構想納入「立法院職權行使法」中，
每一次立法院院長所主持的黨團協商，其結論將納入立法院議事錄中，一經
確定，即可作為院會議事的處理依據。另一個做法是對各法案的協商，將明
訂「委員認養制」，讓有心的立委負起審議之責，並召集小型的黨團協商會，
對其中的重大協商決議，請立法院各黨黨鞭見證、簽字，以確認協商的效力。
至於各委員會審查完議決交由黨團協商之議案，「立法院職權行使法」草案
也訂有專案規範協商方式、人員，以及決議的效力，使之與委員會開會，成
為相輔相成的一體兩面。[23]

　　「都市更新條例」則在 1998 年 10 月 22 日通過，賦予老舊地區更新的
法源，為臺灣的都市風貌展開新頁。透過容積獎勵的設計，以及相關稅捐減
免等優惠，以鼓勵民間積極參與都市更新。另一方面避免因少數人的反對阻
礙都市更新的腳步，在都市更新條例中訂有「強制參與都市更新」條款，經
劃定為應實施都市更新之地區，應經更新單元範圍內土地及合法建築物所有

---

[21] 蕭銘國，〈組織犯罪條例立法 政黨連坐條款爭議陷僵局 院長斡旋峰迴路轉促成
協商進行三讀 劉松藩臨門一腳竟全功〉，《中央日報》（1996.11.23），第 2 版。

[22] 林獻堂，〈會期最後一天 立法院趕業績 昨日通過『道路交通管理條例』、『土地稅
法修正案』等七項法案〉，《自立早報》（1997.01.01），第 4 版。

[23] 瞿德忻，〈劉松藩撂話 建立朝野協商權威性〉，《自立早報》（1998.05.11），第 4 版。

權人均超過五分之三，並其所有土地總面積及合法建築物樓地板面積均超過三分之二同意；若為非經劃定為應實施都市更新之地區，其土地及合法建築物所有權人如認為有必要，也可依規定提出申請都市更新，應經更新單元範圍內土地及合法建築物所有權人均超過三分之二，併其所有土地總面積及合法建築物樓地板面積均超過四分之三同意。根據「都市更新條例」規定，新成立的都市更新公司得公開募股，原本已經營不動產投資開發之上市公司也可以參與都市更新工作，得發行指定用途之公司債，籌措財源。此「都市更新條例」之通過，使具有更新價值的老房子身價大漲，建商、更新地區的所有權人皆蒙其利。[24]

　　此外，「全民健保法」界定了醫療體系與社會安全的設計；「省縣（直轄）市自治法」則為民眾政治參與和地方自治奠定基礎；核四預算案的通過則是未來經濟再發展的關鍵因素。

## 四、院長任內推動國會改革

　　有關國會改革部分，當時現行「立法院組織法」中刪除有關行使閣揆同意權，又憲法增修條文新賦予立法院得對行政院院長提出不信任案之權力，而特定事故發生時，立法院亦得對總統、副總統向國民大會提出彈劾案，有關行使此二種權力之具體辦法，自當立法或修法予以配合。立法委員名額部分，依增修條文第四條規定，自第 4 屆起增加為 225 人，制定修正「立法院組織法」及「立法院各委員會組織法」，制定「立法院職權行使法」、「立法委員行為法」及「立法院議事規則」等。其中「立法院組織法」作為立法院的根本大法，實居樞紐地位，依據憲法增修條文，配合立法委員名額之增加，有以下幾項措施，以期立法運作更順暢。

---

[24] 吳雯雯，〈給糖吃 棍子趕 都市新風貌可期 老舊社區可能麻雀變鳳凰 建商、更新地所有權人可互蒙其利〉，《聯合報》（1998.10.23），第 8 版。

## （一）強化院內會議組織結構

1、增訂全院委員會之舉行：依憲法第 104 條規定，對監察院審計長同意權之行使，及對行政院移請立法院覆議案之審查，即交由全院委員會審查，為配合憲法增修條文有關不信任案之處理及立法院對總統發布緊急命令之追認，亦規劃由全院委員會審查。

2、調整並增加常設委員會：自第 4 屆起立法委員名額增加為 225 人，行政院經立法之相關部會處局等機關已達 33 個，原先 10 個常設委員會增加為 11 個，即「環境及科技委員會」。

3、調整委員會委員人數基準：當時現行立法院各委員會人數以 18 人為限，提高為以 24 人為限，另增加下限為 12 人。

4、改善委員會組成方式：當時現行立法院組織法第十九條第二項規定，參加委員會超出各委員會上限時，於選舉前 5 日，由登記之委員抽籤決定。建議改採政黨比例代表制，各政黨在委員會之席次依其在院會中之席次比例分配。

5、賦予黨團及黨團助理法源依據：促請黨團法制化，賦予黨團在立法院組織法上之法源依據。

## （二）強化立法院行政與專業幕僚支援系統

　　確立立法院行政及專業支援系統架構為 4 處 2 局 1 館，除 11 個常設委員會及人事處、會計處外，有關行政支援系統部分，分設祕書處、議事處、公報處及總務處，另設 3 個專業支援系統，即法制局、預算局及國會圖書館，以期發揮行政支援及法律案、預算案及圖書資料研究功能。

## （三）建立立法院專業幕僚支援系統之必要性

1、增設法制局和預算局：立法院原設有立法諮詢中心，掌理法律案、

　　預算案之研究、分析評估、諮詢和法案編譯，惟助理僅有 20 人至 30 人，工作量龐大，遂參考民主先進國家，成立法制局和預算局。

　2、增設圖書館：立法院原設有圖書資料室，為配合國會改革，使立法委員隨時取得相關之圖書資料與立法資訊，擴編為國會圖書館。

　　另外，為使立法委員對於職權行使範圍、行使之方法程序有明確之法律可資遵循，制定「立法院職權行使法」將立法院職權分為議案審議、聽取報告與質詢、同意權的行使、覆議案的處理、不信任案之處理、彈劾案之提出、文件調閱之處理、公聽會之舉行、行政命令之審查、請願文書之審查及黨團協商等共計 13 章 76 條加以規範。有關立法院職權之行使，係透過集體參與會議以決議行之，因此，制定一套周全而符合議事學原理之議事規則，有助於議事運作之順暢，促進議事效率之提升。此次立法院議事規則之修訂除配合憲法增修條文之規定外，將民權初步、會議規範之精神，以及議事學「一事不再議」等原理納入其中，並將施行已一段時間而形成議事慣例者正式納入條文之規定。

　　針對立法委員的問政行為則制定「立法委員行為法」，根據憲法第 62 條規定，立法委員為中央公職人員，代表人民行使立法權，在社會日益多元化的趨勢下，立法委員扮演民意代表、立法者、溝通者和政黨成員等多重角色，因此，應建立對立法委行為規範之。盱衡歐美國家民主政治發展，國會議員多有一套「他律形式」的倫理規範或行為準則，例如英國在國會相關法規中規定議員的發言規範，以及對自身有利益關係之議案應行迴避，議員私人財產應對社會公開等；美國國會以法規管制議員之發言，禁止議員對其本身有金錢利益關係的議案參與表決，議員私人財產應公開於社會大眾，以及規定議員之財務紀律等；日本參眾兩院都制定議員的政治倫理及行為規範，並組成政治倫理審查會專司其事，因此，劉松藩在第 3 屆院長任內，參酌世界各國之立法例，將立法委員的倫理規範、義務與基本權益、遊說、政治捐獻、利益之迴避及紀律等基本規範，分門別類，統攝在內，以作為立法委員在行

使職權時應遵守的行為準據。[25]

　　「立法院職權行使法」及「立法委員行為法」等法案為國會改革奠定重要基礎，不僅強化立法院會議組織結構，調整、增加常設委員會，增設法制局、預算局及圖書館等立法幕僚支援系統組織，配合修正立法院議事規則，使立法院組織運作更為完善。並新增大陸事務委員會、衛生及環境委員會，使立法院各委員會數目增加為 12 個，體制外的朝野協商法制化，朝野立委將依政黨比例分配委員會席位，各委員會以 19 人為最高額，召集委員會將由三席改為兩席。「立法院職權行使法」以「屆期不延續制度」改善法案議事效率，亦即在上一屆立委任期內未經初審完成的立委提案獲政府提案，下屆立委均不再審議，總質詢制度分政黨與個人時間，官員不必全程枯坐。「立法委員行為法」對立委遊說及接受政治捐獻行為規範，立委應遵守利益迴避原則，強化立法院紀律委員會的功能。此法通過後，立委不得兼任公營事業機關或其轉投資之職務，立委待遇之支給比照中央部會首長之標準。[26]上述法案之通過係經過朝野不斷協商的結果，當時正值院長寶座的劉王之爭，劉松藩也強調，即使未續任院長，他仍須對國會改革五法負責。[27]其他配合行政革新、組織調整、經濟發展及人民福利等法案更不勝枚舉，例如消費者保護法、全民健康保險法、健康食品管理法等法案影響深遠，亦造福民眾，是福國利民之重要法源。

[25] 劉松藩，〈立法工作報告-民國 87 年 8 月 22 日中國國民黨第十五屆中央委員會第二次全體會議第一次大會書面報告〉，《近代中國-中國國民黨第十五屆二中全會專輯》，第 127 期（臺北市：近代中國雜誌社，1998.10），頁 40-48。

[26] 羅如蘭，〈國會改革五法 今高速闖關 逕送立院院會二讀 饒穎奇主張『立委行為法』緩議 劉松藩稱五法可全數過關〉，《中國時報》（1999.01.07），第 4 版。

[27] 林晨柏，〈劉松藩：當不當院長 都須對國政法負責 自詡立院重大協調多在手中完成 對政策會否『以戰逼和』語多保留」〉《中國時報》（1999.01.14），第 4 版。

# 五、結語

　　方頭大耳，又帶著濃濃臺灣國語的立法院長劉松藩，經過 30 餘年的政治生涯，從早期威權體制兩蔣時期，到強調民主法治的時代，本身就是一部臺灣民主政治發展史。在資深立委時代，劉松藩默默扮演增額立委的角色，直到他擔任中央政策會副祕書長，隨即轉任國民黨中央祕書處主任，又在多方競爭中，受到黨中央的青睞，出任立法院副院長。在黨團協商時，儘管在野黨在國民黨無法同意下，仍要求特定法案優先處理，只見劉松藩一口答應，多次讓國民黨黨團訝異，並表明黨團立場，劉松藩才說明，一讀付委也叫處理，委員會審查也叫處理，不讓法案通過也叫處理，讓國民黨黨團折服他調和鼎鼐的領導風格。劉松藩對立法院的貢獻，莫過於制度的建立，以往最讓人詬病的「包裹表決」在他任內絕不出現，建立起程序正義。在立法院第 3 屆第 4 會期通過的國會改革五法，連著 3 天從深夜到凌晨進行黨團協商並立法通過，建構國會新制度。[28]

　　2004 年 9 月 4 日，劉松藩判刑確定時，恰巧擔任中美國會聯誼會會長，外交部邀請他代表臺灣到美國紐約聯合國參加活動後，取道洛杉磯，順道探望家人，並訂好長榮班機從洛杉磯回臺，時任立法院國防外交委員會主任祕書鄭世榮已接到接機公文，當天中午電視新聞報導劉松藩遭臺中地方法院判背信罪，刑期 4 年，併科罰金三千萬元定讞，且限制出境。劉松藩詢問幕僚和家人的意見，決定留在美國，尋求法律救濟，因為一回臺就會面臨入獄。[29]前臺中縣長陳庚金回憶，當時每年到美國，一定順道到洛杉磯訪劉松藩，最後一次去探望他是 2016 年 10 月，以往劉松藩為身體健康著想，酒喝得很少，那次喝酒卻很豪邁，一直乾杯，也暢談很多事，沒想到 11 月就因心臟問題而過世。[30]在美國期間，心情的抑鬱，加上語言不通，劉松藩並不好過，晚

---

[28] 尚毅夫，〈劉松藩 臺灣民主政治活的歷史〉，《自立晚報》（1999.01.24），第 2 版。

[29] 王靜儀訪談、記錄，〈前立法院國防外交委員會主任祕書鄭世榮先生訪談記錄〉，2018 年 4 月 16 日下午於臺北市立法院中興大樓一樓。（未刊稿）

[30] 王靜儀訪談、記錄，〈前臺中縣長陳庚金先生訪談記錄〉，2018 年 7 月 16 日上午於臺中市豐原區陳宅。（未刊稿）

年際遇使社會觀感不佳，但劉松藩的一生仍然對立法院改革、國會政治有不可抹滅的貢獻。

# 徵引書目

## 一、口述訪談

王靜儀，〈劉松藩子女劉政林先生、劉玲玲女士訪談記錄〉，2018 年 4 月 16 日上午於臺北市信
　　義區松勇路劉宅。

王靜儀，〈前立法院副祕書長羅成典先生訪談記錄〉，2018 年 4 月 16 日、9 月 10 日下午於臺北
　　市松山區民權東路羅宅。

王靜儀，〈前立法院國防外交委員會主任祕書鄭世榮先生訪談記錄〉，2018 年 4 月 16 日下午於
　　臺北市立法院中興大樓。

王靜儀，〈前臺中市議員林素真女士訪談記錄〉，2018 年 4 月 9 日下午於大甲區育英路林素真
　　議員服務處。

王靜儀，〈前立法院法制委員會主任秘書張瑞濱先生訪談記錄〉，2018 年 5 月 3 日上午、6 月 14
　　日上午於臺北市臺灣戲曲學院內湖校區校長室。

王靜儀，〈前立法院劉松藩立法委員助理林華彬先生訪談記錄〉，2018 年 5 月 14 日上午於臺中
　　市大雅區公所區長室。

王靜儀，〈前臺中縣議會議長林敏霖先生訪談記錄〉，2018 年 6 月 29 日上午於臺中市自由路中
　　邑開發公司。

王靜儀，〈前臺中縣長陳庚金先生訪談記錄〉，2018 年 7 月 16 日上午於臺中市豐原區陳宅。

王靜儀，〈前霧峰農會總幹事曾松茂先生訪談記錄〉，2018 年 7 月 30 日上午於臺中市霧峰區
　　曾宅。

王靜儀，〈前立法院陳傑儒立法委員訪談記錄〉，2018 年 8 月 16 日上午於臺中市太平區功力化
　　學公司。

## 二、專書及期刊論文

江大樹、陳仁海，《臺灣全志卷四政治志・選舉罷免篇》（南投：國史館臺灣文獻館，2007）。

劉松藩，〈對立法院從政主管立法工作報告決議文－民國 87 年 8 月 23 日中國國民黨第十五屆
　　中央委員會第二次全體會議第三次大會通過〉，《近代中國－中國國民黨第十五屆二中全會
　　專輯》，第 127 期（臺北市：近代中國雜誌社，1998）。

## 三、網路資料

立法院國會圖書館新聞簡訊影像系統 https://lis.ly.gov.tw/lgcgi/ttsweb?@0:0:1:/disk1/lg/lgsnews/lgsnews@@0.10809532006305789（2018.03.05~2018.11.22）。

立法院議事暨公報檔案管理系統 https://lci.ly.gov.tw/LyLCEW/lcivCommQry.action#pageName_searchResult=1（2018.03.15~2018.11.22）。

## 四、報刊文章

何振忠，〈剔除外委會 總統選罷法昨終於付委 朝野黨團簽下協議 本會期結束前完成三讀〉，《聯合報》（1995.04.29），第 2 版。

吳雯雯，〈給糖吃 棍子趕 都市新風貌可期 老舊社區可能麻雀變鳳凰 建商、更新地所有權人可互蒙其利〉，《聯合報》（1998.10.23），第 8 版。

林玉真，〈解決三法爭議 劉松藩與國民黨唱反調 廖福本表示在野黨若 繼續爭吵不排除強制表決確認議事錄 劉松藩則堅持透過朝野協商來解決，寧願讓議事癱瘓，反對強制表決〉，《臺灣時報》（1994.01.11），第 2 版。

林晨柏，〈國民兩黨聯手 經廿六次表決 精省條例完成立法省府員工 權益條文多醫政院版本通過 省府暫行組織規程由政院訂定送立院查照〉，《中國時報》（1998.10.10），第 1 版。

林晨柏，〈劉松藩：當不當院長 都須對國改法負責 自詡立院重大協調多在手中完成 對政策會是否『以戰逼和』語多保留〉，《中國時報》（1999.01.14），第 4 版。

林獻堂，〈會期最後一天 立法院趕業績 昨日通過『道路交通管理條例』、『土地稅法修正案』等七項法案〉，《自立早報》（1997.01.01），第 4 版。

尚毅夫，〈劉松藩推動立法研究中心〉，《自立早報》（1995.05.17），第 3 版。

尚毅夫，〈肯定民進黨理性杯葛作法 劉松藩：立院運作一大進步〉，《自立早報》（1995.07.21），第 3 版。

洪哲政，〈劉松藩堅守議事規則 贏得喝采 除截破以往在野黨指責主持議事不公說法外 更為朝野增加協商空間〉，《青年日報》（1995.04.26），第 2 版。

陳杉榮，〈不滿行政部門遲未將入關立法計劃告知 劉松藩：時代不同立院不能再強行表決〉，《中國時報》（1994.09.09），第 4 版。

陳杉榮，〈買樓充作研究室 立院態度積極 屬意臺開公司濟南路大樓 兩黨有默契〉，《中國時報》（1995.02.07），第 4 版。

陳杉榮，〈立院通過國民黨版本 總統選罷法逕付二讀 為凝聚決策共識 國民黨今將草案提報常會核備 有信心在面對民進黨逐條杯葛下於本會期立院完成〉，《中國時報》（1995.07.05），第 4 版。

陳延仲特稿，〈堅持程序正義 不願執政黨蒙受更大傷害 劉松藩的強勢 造成黨團反彈〉，《自由

時報》（1994.07.25），第 4 版。

張景為，〈堅持程序民主 不能一打了事 牛步立法 也算「良性示範」〉，《中國時報》（1995.07.
　　18），第 2 版。

蔡日雲，〈舉手表決 劉松藩被潑水〉，《自立晚報》（1995.07.18），第 2 版。

蕭銘國，〈組織犯罪條例立法 政黨連坐條款爭議陷僵局 院長斡旋峰迴路轉促成協商進行三讀
　　劉松藩臨門一腳竟全功〉，《中央日報》（1996.11.23），第 2 版。

蕭銘國，〈樹立國會議長權威 朝野協商『一言九鼎』 超級黨鞭劉松藩當之無愧〉，《中央日報》
　　（1997.02.23），第 4 版。

瞿德忻，〈劉松藩搭話 建立朝野協商權威性〉，《自立早報》（1998.05.11），第 4 版。

瞿德忻，〈劉松藩擬修正議事規則〉，《自立早報》（1998.05.19），第 6 版。

羅如蘭，〈國會改革五法 今高速闖關 逕送立院院會二讀 饒穎奇主張『立委行為法』緩議 劉
　　松藩稱五法可全數過關〉，《中國時報》（1999.01.07），第 4 版。

# 第四輯 史料介紹與研究展望

# 日治時期臺灣企業史料與企業史研究[*]

陳家豪[**]

## 摘要

　　長期以來，臺灣企業史是本土管理學界與社會經濟史研究的邊緣領域，尚待更多研究成果來充實其內涵。有鑑於企業史研究非常仰賴各種經營資訊，本文將有系統地介紹日治時期臺灣企業文書的生產過程及其性質，並且稍微論述臺日兩地典藏的企業文書如何互相搭配，以運用於臺灣企業史研究，期能為臺灣企業史研究建立必要的根基。本文以日治時期為研究斷限，除了受到篇幅限制，主要原因在於 1895 年到 1945 年之間是臺灣社會正式且大規模學習與運用現代公司制度（Modern Corporation Law）的關鍵年代，對於非公司之個人合夥商號的「現代化」管理亦首見於此一階段。

**關鍵詞：企業史、企業史料、企業文書、公司制度、會社**

---

[*]　本文初稿發表於韓國高麗大學在 2016 年 12 月 16 日舉辦的「韓國與臺灣殖民地比較研究」學術研討會，會議主題設定為「從資料看殖民地社會經濟史」，承蒙與談人李明學老師以及在座林文凱老師、文明基老師、鄭晛旭老師、李力庸老師、林佩欣老師、曾齡儀老師提供的寶貴修改意見，特此致謝。

[**]　國立政治大學臺灣史研究所兼任助理教授。

# 一、前言

　　人類工業革命以來，現代企業（Modern Enterprise）是工商業經營活動的主體，也是推動市場經濟發展與資本主義體制的基礎單元。環顧世界經濟史研究趨勢，企業史是主流研究領域之一，1926 年在哈佛大學即有專門研究機構與刊物出現。[1]

　　臺灣企業史研究的起點是所謂的合股組織，這是基於清代臺灣商業已有深厚商業傳統、合股組織異常發達之故。另一方面，海內外社會科學界對於臺灣中小企業成功的「經營之道」，從 1980 年代開始逐漸抱有高度興趣。儘管如此，相較於歐美企業史、日本企業史與中國企業史，臺灣企業史長期是本土管理學界與社會經濟史研究的邊緣領域，尚待更多研究成果來充實其內涵。[2]。

　　毫無疑問，企業史研究非常仰賴各種經營資訊。企業史研究先驅、哈佛大學商學院教授 N.B.S.Gras 在"Are you writing a business history?"這篇重要文獻，花費大量篇幅討論如何取得與運用各種類型的企業史料。[3]若是論及臺灣企業史料的取得與運用此一課題，日本殖民者遺留的龐大調查報告、企業（家）名錄、企業統計以及企業設立與清算等相關資料，當然不能予以忽略。進而言之，19 世紀中葉被視為臺灣接觸現代公司制度（Modern Corporation Law）的起點，西方洋行（外資企業）在淡水、大稻埕、臺南與高雄所設的據點，成為重要媒介。日本殖民統治階段則是臺灣社會正式且大

---

[1]　大河內曉男，《經營史講義〔第 2 版〕》（東京：東京大學出版會，2004），頁 6。

[2]　有關兩岸三地企業史研究現況以及其各自發展的軌跡、特色與比較，參見陳家豪、蔡龍保，〈中国語圏における経営史学の動向〉，《経営史学》，第 54 卷第 1 期（2019.06），頁 23-41。

[3]　N.B.S.Gras 鉅細靡遺地解釋：1.企業史的內涵、企業史研究的目的，以及企業史研究成果與一般新聞記者所撰寫的傳記式作品或者企業自行編纂的企業發展史，有何差異；2.從學術分科的角度來看，那一些學門應該重視企業史研究；3.企業史研究過程必須運用那些資料，又如何去挖掘出這些資料背後隱藏的真相；4.如何設定議題、如何分析資料，寫作乃至出版過程必須注意那些問題。參見：N. S. B. Gras, "Are you writing a business history?", *Bulletin of the Business Historical Society*, 18:4, October 1944, pp.78-82.

規模學習與運用現代公司制度的關鍵年代，對於非公司之個人合夥商號的
「現代化」管理亦見於 1895 年以後，[4]這一方面解釋了為何日本殖民者會留
下類型豐富、數量眾多的企業史料，同時彰顯出日治時期臺灣企業史是臺灣
經濟史重要領域之一。

　　筆者博士論文改寫出版的專書，側重於臺人資本如何學習日本殖民者所
引進的現代公司制度，並且發現跨政權的臺人資本在殖民經濟體制之下，靈
活地適應新制度與吸收新經營知識，最終匯流於 1950 年代中期中小企業
興起的潮流。[5]本文立基於筆者既有研究經驗，有系統地介紹日治時期臺灣
企業文書的生產過程及其性質，並且稍微論述臺日兩地典藏的企業文書如
何互相搭配，以運用於臺灣企業史研究，期能為臺灣企業史研究建立必要
的根基。至於戰後臺灣企業文書礙於篇幅限制，無法一併探討，另待他文
處理。

## 二、日治初期臺灣總督府的「會社登記」與「會社調查」

　　明治維新以降，日本開始接觸日文稱之為會社的現代公司制度，針對所
謂「特種會社」，日本政府一開始都是發佈單行法規作為法源，如「日本銀
行條令」、「橫濱正金銀行條令」、「私設鐵道條令」、「國立銀行條令」、「株式
取引所條令」等。日本政府基於這一系列單行法規許可「內國通運會社」、
「日本鐵道會社」、「日本郵船會社」等現代公司的設立。[6]爾後，日本政府

---

4　相關討論參見高淑媛，〈日治前期臺灣總督府之企業管理政策〉，《臺灣史研究》，
　　第 12 卷第 1 期（2005.06），頁 43-71；王泰升，〈臺灣企業組織法之初探與省思〉，
　　收於氏著，《日治時期台灣法律史的建立》（臺北：國立臺灣大學法學編輯委員會，
　　1997），頁 281-342。
5　陳家豪，《近代臺灣人資本與企業經營－以交通業為探討中心（1895-1954）》（臺
　　北：政大出版社，2018）。
6　佐佐英彥、小野三郎編，《臺灣銀行會社要錄》（臺北：臺灣興信所，1920），頁 2。

在 1881 年委託德國學者萊斯拉（Karl Friedrich Hermann Roesler）起草《商法》草案，該草案在 1884 年完成，1890 年 3 月經過「元老院」批准後予以公佈，此即所謂「舊商法」。這部「舊商法」明確規定「會社」擁有法人格。[7]

這部「舊商法」由於人為因素未能立刻實施，直到 1893 年，日本政府為了因應不景氣才在該年 7 月 1 日實施部份法條。到了 1899 年，日本政府正式頒布「新商法」，從此針對市場經濟的運作，始有完備的法律進行規範。[8]

日本本土伴隨「舊商法」部分法條的實施，正式展開「會社登記」制度。此一制度基於所謂「許可主義」，「會社」設立必須獲得主管機關許可，其手續為四人以上的發起人將招股說明書與企業章程經由地方長官交付給主管機關查核，主管機關給予認可之後，才能進行募股、召開創立大會、選任董監事等程序，並且需要再次將相關書類交付主管機關查核，等到主管機關正式發出設立許可之後，法院才會受理其登記。[9]

日本領有殖民地臺灣後，臺灣總督府隨即參照日本「舊商法」的相關規範，基於「許可主義」進行「會社」設立的審查工作；舉例言之，1896 年 10 月，立石榮吉、福田常三郎、長野源吉等在臺日人以「貨物倉庫」名義申請設立「會社」，隨即被臺灣總督府退件，退件理由是誤將「經營事業」當成「法人」；亦即，日人申請者的觀念似乎仍然停留在上述「特種會社」階段，以為只要是政府的「特許產業」，就會自動認定「會社」。1897 年 1 月，這批在臺日人再以「貨物倉庫會社」名義，向臺灣總督府申請發起認可，仍因企業章程不備、貨物保管方法不明、營業細則說明有誤遭退件。直到 1897 年 2 月改以「臺北倉庫株式會社」名義，才獲臺灣總督府勉強同意。[10]

---

[7]　高村直助，《会社の誕生》（東京：吉川弘文館，1996），頁 68、172。

[8]　高村直助，《会社の誕生》，頁 174。

[9]　高村直助，《会社の誕生》，頁 174-175。

[10]　「臺北倉庫株式會社」的法定資本額 5 萬圓，倉庫預計設立地點在臺北大稻埕。〈福田常三郎外四名臺北倉庫株式會社設立認可〉，《臺灣總督府公文類纂》，1897

　　下表為筆者根據「臺灣總督府公文類纂」整理出「會社」設立相關案件，類型有民間業者向臺灣總督府申請「會社」設立與變更，亦可見日本本土「會社」向臺灣總督府申請開設分公司、分行（支店）與辦事處（出張所）的情形。

表1　「臺灣總督府公文類纂」的「會社」相關案件（1896-1899）

| 文件名稱 | 日期 | 備註 |
|---|---|---|
| 臺灣鐵道會社補助金ニ關スル予算表ニ關スル件 | 1895 年 4 月 15 日 | 第 4 卷 |
| 定期船出航期日變更ノ際拓殖務省へ報告方大阪商船會社へ命令 | 1896 年 12 月 14 日 | 第 31 卷 |
| 株式會社臺北米穀市場發起設立許可ノ件 | 1896 年 12 月 23 日 | 第 27 卷 |
| 三井物產會社外一商會〔サミユール商會〕ニ交付セシ購入契約命令書中改正 | 1896 年 12 月 25 日 | 第 21 卷 |
| 臺灣、內地間定期航海大阪商船會社へ命令 | 1896 年 4 月 17 日 | 第 31 卷 |
| 臺灣沿岸郵便物航送方伊万里運輸會社へ命令 | 1896 年 4 月 28 日 | 第 31 卷 |
| 郵便電信ニ關スル收入引繼及〔丁抹國〕大北部電信會社ノ所得支出方遞信大臣內訓 | 1896 年 5 月 13 日 | 第 13 卷 |
| 基隆、淡水ニ荷客取扱所設置ノ件大阪商船會社屆出 | 1896 年 5 月 1 日 | 第 31 卷 |
| 運賃割引ノ件大阪商船會社出願認可 | 1896 年 7 月 13 日 | 第 31 卷 |
| 香港ドグラス會社へ郵便物搭載依賴ノ件 | 1896 年 8 月 21 日 | 第 31 卷 |
| 臺灣鐵道會社保護ニ關スル敕令按 | 1897 年 10 月 9 日 | 第 25 卷 |
| 英商ヅヤーデン、マゼソン〔會社〕及英商ラプレイク、カス會社〔ヨリ〕淡水鼻仔頭石油倉庫及附屬棧橋建設出願ノ件 | 1897 年 11 月 06 日 | 第 30 卷 |
| 郵船會社棧橋架設地指定 | 1897 年 11 月 16 日 | 第 47 卷 |
| 株式會社臺北米穀市場發起人變更并改印屆 | 1897 年 12 月 24 日 | 第 42 卷 |
| 臺灣鐵道會社鐵道敷設用材料輸入稅免除規則（律令第八號） | 1897 年 12 月 28 日 | 第 25 卷 |
| 臺北電燈株式會社役員當選者報告 | 1897 年 1 月 12 日 | 第 42 卷 |
| 臺灣鐵道會社鐵道敷設用貨物出納簿樣式臺灣鐵道會社へ命令 | 1897 年 1 月 23 日 | 第 25 卷 |

　　年 5 月，第 186 冊，第 3 號，乙種永久保存；〈臺北倉庫會社設立屆ニ關スル件〉，《臺灣總督府公文類纂》，1898 年 1 月，第 11069 冊，第 4 號，乙種永久保存。

| 株式會社日本中立銀行臺南出張所開始屆大藏大臣〔松方正義〕へ進達 | 1897 年 3 月 18 日 | 第 42 卷 |
|---|---|---|
| 株式會社臺北米穀市場株式申込簿下附願 | 1897 年 3 月 4 日 | 第 42 卷 |
| 福田常三郎外四名臺北倉庫株式會社設立認可 | 1897 年 5 月 11 日 | 第 42 卷 |
| 福田常三郎外四名臺北倉庫株式會社設立認可 | 1897 年 5 月 11 日 | 第 42 卷 |
| 臺北電燈株式會社設立申請願 | 1897 年 5 月 17 日 | 第 42 卷 |
| 臺灣鐵道會社ニ官有森林原野ヨリ生スル木竹土石下付敕令案 | 1897 年 6 月 29 日 | 第 17 卷 |
| 株式會社中立銀行臺北支店及基隆出張所印鑑及營業開始屆大藏大臣へ進達 | 1897 年 7 月 12 日 | 第 42 卷 |
| 合名會社藤田組鑛區名訂正許可 | 1897 年 7 月 31 日 | 第 40 卷 |
| 臺灣鐵道會社株數減少ニ關スル聞置 | 1897 年 8 月 17 日 | 第 42 卷 |
| 臺北電燈株式會社主任技術者撰定報告 | 1897 年 8 月 18 日 | 第 42 卷 |
| 基隆、新竹間既成鐵道臺灣鐵道株式會社へ下付ノ聞置 | 1897 年 8 月 19 日 | 第 42 卷 |
| 補助金ヲ受クル海運會社ノ提出ニ係ル收支計算書取扱方 | 1898 年 12 月 20 日 | 第 14 卷 |
| 臺北倉庫會社設立屆ニ關スル件 | 1898 年 1 月 1 日 | 第 43 卷 |
| ラプレスカス會社鼻仔頭ニ浮標設置ニ關スル件 | 1898 年 1 月 20 日 | 第 26 卷 |
| ラプレスカス會社鼻仔頭棧橋延長ニ關スル件 | 1898 年 1 月 20 日 | 第 26 卷 |
| 大阪商船會社ニ於テ基隆海面埋立ノ件 | 1898 年 2 月 7 日 | 第 56 卷 |
| 大阪商船會社定款中改正屆及支店長交迭屆、委任狀屆、委任狀屆、委任狀屆、定款中改正屆、社長更任屆、委任狀屆 | 1898 年 5 月 02 日 | 第 56 卷 |
| 臺南商工俱樂部ヨリ大阪商船會社貨物取扱方ニ關スル建議、同上ニ關スル商船會社ノ意見、船籍規則并ニ外國船不開港場へ航通ノ儀ニ付澎湖廳及臺南縣へ通牒 | 1898 年 7 月 25 日 | 第 52 卷 |
| 淡水港內浮標設置方大阪商船會社願出ノ件ニ付臺北縣へ指令、告示第一〇七號同上ニ付告示 | 1899 年 9 月 15 日 | 第 21 卷 |
| 郵便葉書封皮ノ遞送及荷造大阪商船會社へ命令 | 時間不明 | 第 31 卷 |

資料來源：筆者根據國史館臺灣文獻館與中央研究院臺灣史研究所共同製作的「臺灣
　　　　　總督府公文類纂查詢系統」所整理。

　　另一方面，臺灣總督府於 1897 年展開臺灣首次「會社」調查。臺灣總督府於同年 4 月 2 日要求臺北縣、臺中縣、臺南縣、澎湖島調查管內日人在臺設立「會社」以及開設之分公司與辦事處的情形，涵蓋企業名稱、董監事姓名住所、總經理姓名住所、企業章程、營業項目以及營業現況等資訊，地方官廳在同年 6 月 12 日將調查成果回報臺灣總督府。[11]

　　既然臺灣總督府是殖民地「會社」設立的主管機關，為何需要推動企業調查工作呢？筆者推測是因為日本商法在 1898 年以前未能在臺施行，加上剛剛所提臺北倉庫株式會社的個案所顯示，當時在臺日人未必具備相應的法律知識，因此可能存在日本本土逕自在臺設立分公司或辦事處，乃至於出現在臺日人「違法」設立「會社」等情形，臺灣總督府希望能加以掌握。

　　然而，1897 年的企業調查成果似乎不太完整，地方官廳向臺灣總督府回報時普遍提到：因為抗日武力未靖、在臺設立分公司的日人企業向日本總公司調閱企業章程須若干時日等因素，導致無法提供充分資訊。同時，臺灣總督府要求以日人企業為調查對象，地方官廳卻將臺人商號、臺人掛名負責人的洋行、臺日合資的企業等都納入範圍。[12]為何會有此一意外，不得而知，不過卻是有助於臺人企業研究的「美麗意外」。

---

[11] 〈本島二於ケル會社二關スル事項取調ノ件〉，《臺灣總督府公文類纂》，1897 年 4 月，第 218 冊，第 7 號，永久保存。

[12] 〈本島二於ケル會社二關スル事項取調ノ件〉，《臺灣總督府公文類纂》，1897 年 4 月，第 218 冊，第 7 號，永久保存。

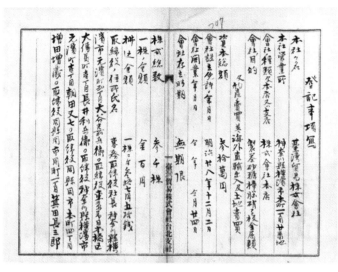

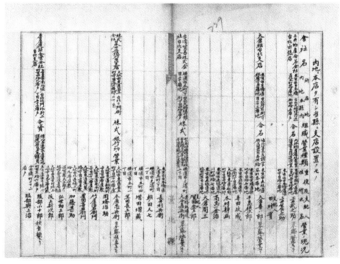

**圖 1　臺北縣回報之「會社」調查成果。**

資料說明：1、上圖為臺北縣知事橋口文藏於 1897 年 6 月 12 日回覆給臺灣總督府
　　　　　　的調查成果。

　　　　　2、下圖為臺灣貿易株式會社臺北分公司（支社）回報給臺北縣的企業設
　　　　　　立資訊。

資料來源：〈本島二於ケル會社二關スル事項取調ノ件〉，《臺灣總督府公文類纂》，
　　　　　1897 年 4 月，第 218 冊，第 7 號，永久保存。

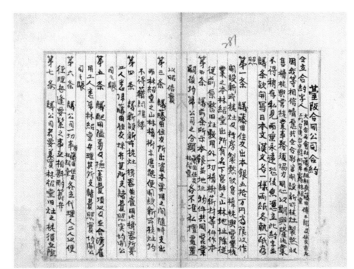

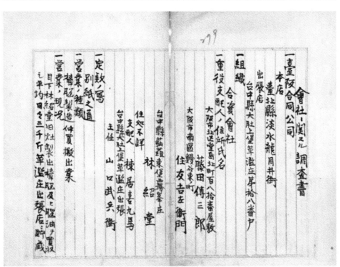

圖2　臺日合資之「臺阪合同公司」

資料說明：根據漢人傳統合股契約的形式製作企業設立資訊。

資料來源：〈本島二於ケル會社二關スル事項取調ノ件〉，《臺灣總督府公文類纂》，
　　　　　1897年4月，第218冊，第7號，永久保存。

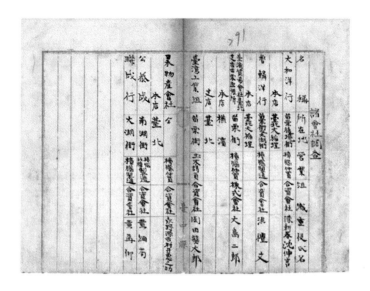

圖 3　臺中縣回報的臺人商號資訊

資料來源：〈本島二於ケル會社二關スル事項取調ノ件〉，《臺灣總督府公文類纂》，1897 年 4 月，第 218 冊，第 7 號，永久保存。

# 三、臺灣「會社登記」制度的實施與地方法院

1898 年 8 月 16 日總督府以律令第八號公佈「民事、商事及刑事之律令」，其中第一條規定：

凡民事、商事及刑事案件，依民法、商法、刑法、民事訴訟法、刑事訴訟法以及其附屬法律（按：均指日本本國法）照辦，但左開事項暫從依現行之例：

一、跟本島人及清國人有關之民事商事案件。

二、本島人及清國人之刑事案件[13]

---

[13]　〈律令〉，《臺灣總督府府報》，第 343 號（1898.07.16），頁 55。

　　基於「民事、商事及刑事之律令」，日本民商法將部分施行於臺灣。如此一來，臺灣「會社」登記制度不僅獲得法源基礎，1899 年以後還與日本本土同步，配合「新商法」改為「準則主義」；亦即，特許行業以外之「會社」，只要檢附符合法令規定的各項文件，即可於法院進行登記，主管機關無庸再審查其實體上是否屬實。[14]是故，1899 年以後，臺灣「會社」登記的權限為各地方法院所有，「日治法院資料庫」因而保留了大量「會社」登記資訊。

　　戰前臺灣法院檔案在國民政府接收時獲得保存，並經國立臺灣大學法學院整理、數位化而完成了「日治法院檔案資料庫」。此一資料庫主要收錄臺北、新竹、臺中、嘉義等四個地方法院典藏的各類司法文書，涵蓋範圍有：1.刑事判決原本、民刑事案件登記簿、非訟事件以及強制執行事件；2.公證書原本以及各種登記簿、行政卷宗。此一資料庫總數為 5,645 冊，以民事類最多、約佔 71%，刑事與司法行政文書大約占 21% 與 6%。民事類的 4,139 冊之中有 193 冊為登記簿，此一登記簿涵蓋各類型「會社」的登記簿。[15]另外，「會社」經營與清算的相關書類以及訴訟資料，亦可見於此一資料庫。

　　附帶一提的是，臺灣「會社」登記的權限雖然從臺灣總督府移轉到地方法院，但是臺灣總督府仍會於「臺灣總督府府報」刊載相關訊息，[16]不過僅限於「會社」登記本身，無法如「日治法院檔案資料庫」看到如此豐富的資訊。

---

[14] 高村直助，《会社の誕生》，頁 177。
[15] 王泰升，〈日治法院檔案的整編與研究〉，《臺灣史研究》，第 16 卷第 1 期（2009.03），頁 167。
[16] 〈商業登記〉，《臺灣總督府府報》，第 584 號（1899.08.17），頁 33-34。

## 四、日治初期臺灣「會社」統計暨企業（家）名　錄的編纂

### （一）「會社」統計

　　明治維新初期，日本開始學習歐美進行各項統計事業，此即 1871 年 7 月設立於大藏省的統計司。[17]日本政府對於「會社」的統計遲至 1896 年 3 月才展開，日本農商務省出版的「株式會社統計」，應該可視為開端。[18]

　　日本領有臺灣後並未立即於殖民地展開統計事業，必須等到後藤新平出任民政長官後，相關業務才獲得推動，並由臺灣總督府民政部文書課在 1899 年 2 月出版了《臺灣總督府第一統計書》。[19]《臺灣總督府第一統計書》是以 1897 年為統計年份，並無收錄任何「會社資訊」，[20]等到以 1898 年為統計年份之《臺灣總督府第二統計書》編製時才放入「會社資訊」，其內容還跟上述 1897 年企業調查有高度一致。[21]筆者推測，1897 年臺灣總督府的企業調查，成為編撰《臺灣總督府第二統計書》之「會社資訊」的重要參考資訊，亦可反推《臺灣總督府第一統計書》沒有登載任何「會社」資訊的理由在於，沒有任何「相關資訊」可資參考。

　　接下來，《臺灣總督府統計書》在以 1900 年至 1905 年為統計年份的 6 個年度不登載「會社資訊」，改登載法院的「商事會社及法人登記件數」，可視為臺灣最早的企業統計，呈現的資訊是按照不同類別的「會社」（株式會

---

[17] 相關討論參見林佩欣，《臺灣總督府統計調查事業之研究》（新北市：花木蘭出版社，2014），頁 23-31。

[18] 田中克也，《国立国会図書館所蔵会社信用錄目錄：明治・大正・昭和前期》（東京：國立國會圖書館，1990），頁 66。

[19] 林佩欣，《臺灣總督府統計調查事業之研究》，頁 39-40。

[20] 臺灣總督府民政部文書課編，《臺灣總督府第一統計書：明治三十年》（臺北：編者，1899）。

[21] 臺灣總督府民政部文書課編，《臺灣總督府第二統計書：明治三十一年》（臺北：編者，1900），頁 253-254。

社、合資會社、合名會社）進行分類統計。[22]《臺灣總督府統計書》以 1906
年為統計年份的第十統計書，再次登載「會社」資訊，放置於「商業及金融」
此一類別，法院的「商事會社及法人登記件數」亦保留下來。[23]直到 1945 年
為止，《臺灣總督府統計書》的編輯方式，便未脫離第十統計書的樣貌。

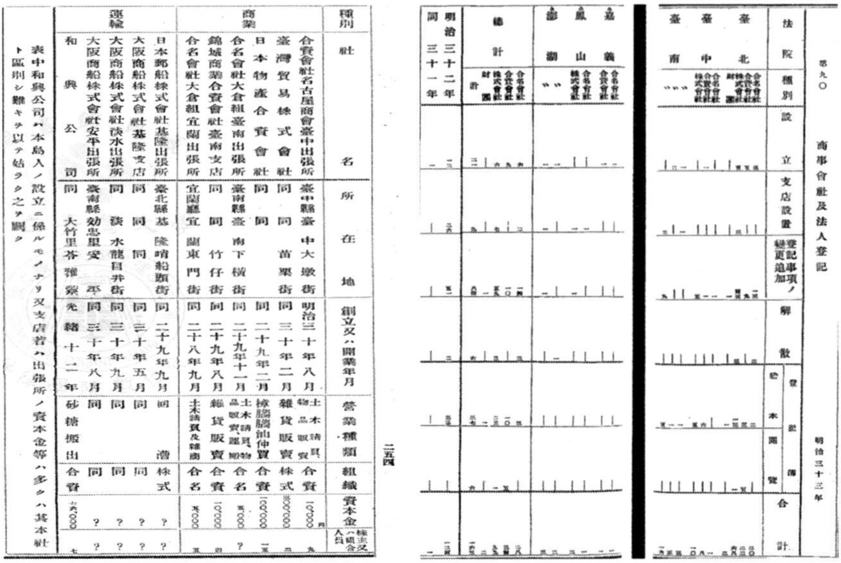

### 圖 4　《臺灣總督府統計書》的「會社」資訊

資料說明：左圖為臺灣總督府統計書首次刊載之《會社》資訊，右圖為臺灣「會社」
　　　　　分類統計的開端。

資料來源：1、臺灣總督府民政部文書課編，《臺灣總督府第二統計書：明治三十一
　　　　　　年》（臺北：編者，1900），頁 253。
　　　　　2、臺灣總督府民政府文書課編，《臺灣總督府第四統計書：明治三十三
　　　　　　年》（臺北：編者，1902），頁 212-213。

---

[22] 臺灣總督府官房文書課編，《臺灣總督府第四統計書：明治三十三年》（臺北：編
者，1902），頁 212-213。
[23] 臺灣總督府官房文書課編，《臺灣總督府第十統計書：明治三十九年》（臺北：編
者，1907），頁 643-644。

　　基本上,《臺灣總督府統計書》是日治時期臺灣最完整的企業統計史料,因為商工業專門性統計刊物必須等到 1922 年才問世,此即臺灣總督府殖產局商工課編輯的《臺灣商工統計書》。《臺灣商工統計書》的出版持續到 1942 年為止,總共出版 20 冊,由「會社」、「組合」與「工場」等三大類別構成;其中,「會社」部分所載資訊相較於《臺灣總督府統計書》而言,更為詳盡豐富。[24]

圖 5　《臺灣商工統計》的封面與內頁

資料來源:臺灣總督府殖產局商工課編,《臺灣商工統計:大正十一年三月刊行》
　　　　　(臺北:編者,1922),頁 2。

## (二)企業(家)名錄編纂

　　明治維新期日本企業(家)名錄編纂,與所謂「興信所」的出現有直接關聯性。伴隨商工業活動日益興盛、各類型「會社」普遍設立,民間業者模仿歐美,陸續開辦以工商行號之信用調查為主要營業目的的「興信所」。日本最早的「興信所」為 1892 年創立於大阪的「商業興信所」,發起人為日本銀行理事、關西地區知名企業家外山修三,獲得了日本銀行與大阪當地銀行團的出資,帶有半官半民色彩。1896 年,擁有「日本資本主義之父」稱號的

---

[24] 臺灣總督府殖產局商工課編,《臺灣商工統計:大正十一年三月刊行》(臺北:編者,1922)。

涉澤榮一於東京發起「東京興信所」，同樣帶有半民半民色彩，出資來源為日本銀行與東京當地銀行團。

日本第一家純民營「興信所」為後藤武夫在 1900 年發起的「帝國興信所」，緊接著內尾直二在 1902 年發起「人事興信所」、藤山雷太在 1906 年發起「東京商業興信所」。[25]

基本上，「商業興信所」、「東京興信所」、「人事興信所」與「東京商業興信所」構成戰前日本四大「興信所」，所出版的企業（家）名錄皆具代表性。首先，「商業興信所」於創立隔年的 1893 年，率先出版《日本全國諸會社役員錄》，此應為日本最早的企業（家）名錄，直到 1944 年為止每年發行一冊。「東京興信所」於 1897 年出版《銀行會社要錄》，直到中日戰爭爆發為止，每年發行一冊。「人事興信所」於 1903 年出版《人事興信錄》，同樣每年發行一冊。「帝國興信所」於 1906 年出版《帝國興信所內報》與《帝國銀行會社要錄》，持續發行至今，現今名稱是《帝国タイムス》與《帝国データバンク会社年鑑》。[26]

臺灣第一本企業（家）名錄並非由所謂「興信所」出版，而是出自個人之手，此即上田元胤與湊靈雄於 1901 年出版的《臺灣士商名鑑》。兩位編者在序言宣稱要收錄「全臺」企業家資訊，實際上只侷限於大臺北地區與基隆，因此這本企業（家）名錄算是未完成的作品。為何出現這種結果呢？筆者推測原因不外乎抗日武力的存在，導致日人在 1900 年以前的主要活動範圍受到很大限制。[27]

另一方面，兩位編者並未言明編纂目的，或許是受到日本本土企業（家）名錄編纂風潮所影響，因為自從「商業興信所」出版《日本全國諸會社役員錄》之後，日本各府縣人士開始投入於地域性企業（家）名錄的編纂，《臺灣士商名鑑》應該可以歸為此一類型。至於兩位編者之一的上田元胤，出身

---

[25] 金子祐正，〈我が国の興信所の創業者：渋沢栄一と後藤武夫〉，《青淵》，第 786 號（2014.09），頁 30-33。

[26] 田中克也，《国立国会図書館所蔵会社信用録目録：明治‧大正‧昭和前期》，頁 66。

[27] 上卷收錄了臺、日人企業家的身分背景，下卷為商家資訊。上田元胤、湊靈雄，《臺灣士商名鑑》（臺北：にひたか社，1901）。

於 1872 年，鳥取縣人士，他於 1901 年以《臺灣日日新報》員工的身分前來臺灣。1910 年，他從《臺灣日日新報》離職，轉而跟臺籍人士吳永富、日人瀧野種孝一起創設「合資會社協立商會」；[28]或許，記者身分也是促成上田元胤編纂《臺灣士商名鑑》的動機之一。

　　第一本以全臺為範圍企業（家）名錄應為 1912 年出版的《臺灣實業家名鑑》，出版者是臺灣雜誌社。《臺灣日日新報》在前一年度報導此一書籍即將出版的消息時提到：「日本本土有紳士錄之類的出版品帶來種種便利，但臺灣卻缺乏這類型書籍，因此臺灣雜誌社將發行如標題（按：指這則新聞報導的標題）的名鑑」。這則報導同時提到，臺灣雜誌社位於東京，為了宣傳特別派人從東京前來臺灣鼓勵各地人士預購。[29]

　　《臺灣實業家名鑑》內容有略歷、照片、姓名、電話、年齡、出身地、現住所、家號等，原本似乎只設定日人為對象，岩崎潔治[30]這位編者在序言提到：日本領有臺灣已十八個年頭，日人官民為了殖民統治貢獻相當多心力，其中日人官員部分可以透過臺灣總督府編輯職員錄得知「這些有功戰士的芳名」，但是移居於臺灣的日人民間人士則無從知其略歷，所以編輯此書。[31]

　　若細審其內容，所謂「本島人」並沒有真正被排除，不過除了北部地區「本島人」的介紹較為詳盡之外，其他地區均失之簡略；同時，「本島人」的介紹絕大部分是採「全漢文」，顯然是從已經出版的中文傳記性資料直接抄錄而來，並非編者親自採錄的資訊。

28 岩崎潔治編，《臺灣實業家名鑑》（臺北：臺灣雜誌社，1912），頁 70；〈商會宴客〉，《臺灣日日新報》（1911.08.02），第 3 版。
29 〈臺灣實業家名鑑發行〉，《臺灣日日新報》（1911.04.26），第 5 版。
30 岩崎潔治為福島縣人士，曾任臺灣日日新報記者。平野奧村，《南部臺灣紳士錄》（臺南：臺南新報社，1907），頁 3。
31 岩崎潔治編，《臺灣實業家名鑑》，〈序言〉。

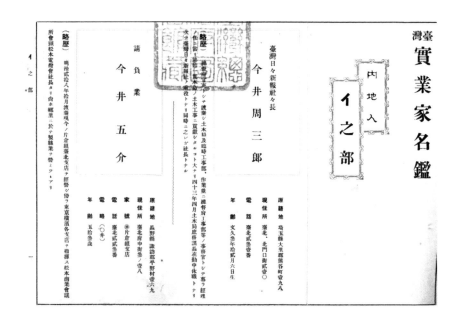

圖 6　《臺灣實業家名鑑》的內頁

資料來源：岩崎潔治編，《臺灣實業家名鑑》（臺北：臺灣雜誌社，1912），頁 2。

# 五、日治中期以降臺灣企業（家）名錄與社史的 編纂熱潮

## （一）企業（家）名錄編纂

　　1920 年代以降，臺灣出現了一股企業（家）名錄的編纂熱潮。這是因為日俄戰爭之後，日人大舉來臺灣投資，不僅機械製糖業逐步在臺灣壯大，臺灣資本主義體制亦逐漸確立；尤其，日俄戰爭結束到 1920 年末期，臺灣企業邁入快速成長期，對於企業（家）名錄的編纂，更是存在推波助瀾的效果。[32]

---

[32] 涂照彥著、李明峻漢譯，《日本帝國主義下的臺灣》（臺北：人間，1991），頁 284、291。

　　首先，最具代表性、存續時間最長者莫過於臺灣實業興信所從 1922 年出版的《臺灣銀行會社錄》，持續到 1943 年才因戰爭因素中斷。杉浦和作這位編輯在出版序言明確強調：日治初期以來到 1922 年為止，臺灣經濟的顯著成長，成為他們出版的主要動力。[33]

　　饒富趣味的是，臺灣實業興信所雖然冠名「臺灣」，卻非臺灣「本土企業」，真正身分是「合名會社日本實業興信所」臺灣代理店。「合名會社日本實業興信所」設立於 1906 年，出資額為 3 萬圓，應該屬於小規模的「興信所」。[34]

　　事實上，約莫在 1910 年代，日本本土興信所陸續在臺灣設置分店或辦事處，並以 1910 年「帝國興信所」在臺南與高雄設立分店、基隆與臺北設立辦事處為最早。[35]臺灣亦於 1910 年代初期出現了「本土」興信所設立的動向，《臺灣日日新報》在 1910 年 6 月 17 日的社論開頭提到：「伴隨本島經濟蓬勃發展，有關交易所、接著是興信所的設立計畫時有所聞⋯⋯」。儘管《臺灣日日新報》在這篇社論的立場是不贊成這些設立計畫，因為「時機尚早」。[36]臺灣首家「本土」興信所應該是岩村一哉與幸野武鷹創立的「合資會社新高興信所」，地點位於臺北市，出資額為 7 千圓。[37]

　　《臺灣銀行會社錄》登載資訊以企業名稱、設立時間、總公司與分公司的位置、資本額、財產目錄、配息等基本資訊為主，並在 1932 年改題《臺灣會社銀行錄》、1942 年的最後一期改題為《臺灣諸銀行會社錄》。至於企業分類基準，1937 年以前是依據產業別，並會隨產業結構調整而改變產業分類方式，之後改為日文五十音。

---

[33] 杉浦和作對於臺灣設立「會社」家數、已繳資本額如何巨幅成長，有詳盡分析。參見臺灣實業興信所編，《臺灣銀行會社錄：大正十一年版》（臺北：編者，1922），頁 1。

[34] 臺灣實業興信所編，《臺灣銀行會社錄：大正十五年版》（臺北：編者，1926），頁 262。

[35] 〈帝國興信所支部設立〉，《臺灣日日新報》（1911.04.21），第 5 版。

[36] 〈日日雜信〉，《臺灣日日新報》（1910.06.17），第 5 版。

[37] 臺灣實業興信所編，《臺灣銀行會社錄：大正十五年版》，頁 262。

　　《臺灣銀行會社錄》性質相近者有《臺灣株式年鑑》（後改名《臺灣會社年鑑》）。《臺灣株式年鑑》是臺灣經濟研究會編輯出版，存續時間為 1931 年至 1942 年。臺灣經濟研究會成立於 1931 年 8 月 25 日，小松吉久、許丙等臺、日知名企業家所組成，該會以發行經濟專業刊物與相關書籍為設立目的，《臺灣株式年鑑》成為該會成立後的第一份出版品。[38]

　　臺灣經濟研究會一開始就展現出雄大的野心，《臺灣株式年鑑》創刊的「凡例」提到：這本刊物將盡可能把最多資訊放進來，從而扮演起所謂「本島股票界指南針」的角色。[39]考其實際，《臺灣株式年鑑》登載的訊息確實比《臺灣銀行會社錄》豐富許多，除了上述《臺灣銀行會社錄》所登載之基本資訊外，尚涵蓋：

1、董監事名單、大股東名單、重要幹部名單、資本額、生產額與產值。

2、資產負債表、營業收支表與損益表等「財報三表」，這是理解企業經營最重要的會計資訊。

3、每年度開頭列出各項歷年統計數字，諸如「會社」家數、資本額、公司債、純益金額、配息金額、純損金額與實收資本收益率。

4、保險、電力、機械製糖相關之大型企業的營業資訊（如保單、生產額、使用動力數等等）。

5、解散「會社」的家數及其資本額。

　　《臺灣株式年鑑》的分類方式與《臺灣銀行會社錄》一樣，1940 年以前是產業別（隨產業結構調整而改變），之後改為日文五十音。

---

[38] 竹本伊一郎編，《臺灣株式年鑑》（臺北：臺灣經濟研究會，1931），〈序言〉。

[39] 竹本伊一郎編，《臺灣株式年鑑》，〈序言〉。

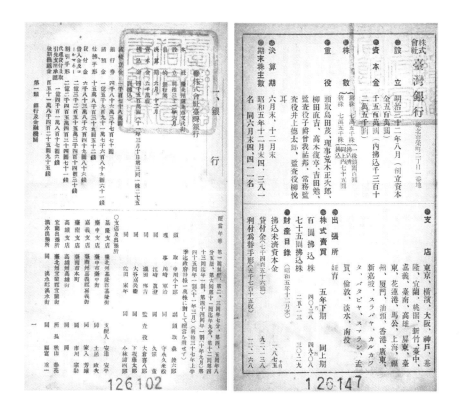

**圖 7　《臺灣銀行會社錄》與《臺灣株式年鑑》的樣式**

資料說明：左圖為《臺灣銀行會社錄》、右圖為《臺灣株式年鑑》。

資料來源：1、臺灣實業興信所編，《臺灣銀行會社錄：大正十一年版》（臺北：編者，
　　　　　　1922），頁1。

　　　　　2、竹本伊一郎編，《臺灣株式年鑑》（臺北：臺灣經濟研究會，1931），
　　　　　　頁1。


　　日治中期以降，臺灣還出現了專門對企業經營展開分析的出版品，此即
「臺灣產業の批判社」在1927年出版的《臺灣產業の批判：第一卷》以及
「事業界と內容批判社」在1928年至1932年間出版的《事業界と內容批
判》（1929年後更名為《本島會社の內容批判》）。

　　這幾本企業經營分析書籍的出版背景與1920年末期的經濟不景氣有
關。如所周知，1927年3月以片岡直溫大藏大臣失言風波開啟了「昭和金

融恐慌」，緊接著 1929 年世界經濟不景氣爆發，日本帝國勢力範圍內進入所謂「昭和恐慌」。面對昭和恐慌，日本政府以德國所展開的「產業合理化」為前例，全面性推動企業合併與卡特爾組織設立，減少「無謂」競爭。[40]「臺灣產業の批判社」在《臺灣產業の批判：第一卷》序言強調：當下最緊迫者為財經界的產業合理化，前三章更對當時臺灣金融企業界面臨的危機有深刻地分析。若干程度而言，「臺灣產業の批判社」出版《臺灣產業の批判：第一卷》的目的，正是為了分析各家企業的經營優劣，作為推動「產業合理化」的判斷依據。

　　《臺灣產業の批判：第一卷》挑選了金融、製糖、交通、電力、工業、鹽業等重要產業的代表性企業，先從每家企業的設立背景談起，進而言及每家企業的營業方針、所面臨的難題以及營收能力等。

　　「臺灣產業の批判社」後改組為「事業界と內容批判社」，因此《事業界と內容批判》以及《本島會社の內容批判》，均可視為《臺灣產業の批判：第一卷》的延續；其中，《事業界と內容批判》的內容架構與《臺灣產業の批判：第一卷》一致，但進一步根據企業經營績效區分為：「未來具有發展性」與「有需要加以整理」（經營績效較差）等兩大類。《事業界と內容批判》在訊息豐富度方面也有所提升，這包括刊載資產負債表、營業收支表與損益表等「財報三表」。

　　千草默仙編輯的《會社銀行商工業者名鑑》，同樣是這一階段具代表性的企業（家）名簿。《會社銀行商工業者名鑑》在 1928 年版由高砂改進社發行，1932 年起改由圖南協會出版，發行時間涵蓋 1928 年、1932 年、1934 年至 1942 年，對於企業名稱、設立年度、營業報告決算期、資金、經營者、職員、地址、電話等有所登載。

---

[40] 安藤良雄，〈序章：兩大戰間の日本資本主義〉，收於安藤良雄編，《兩大戰間の日本資本主義》（東京：東京大學出版會，1979），頁 31。

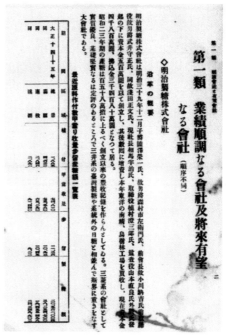

圖 8　　1928 年出版的《事業界と
　　　　內容批判》的內頁

資料來源：熊野城造，《事業界と內容
　　　　　批判》（臺北：事業界と內
　　　　　容批判社，1928），頁 1。

　　日治中期以降，臺灣各出版社與民間團體大量出版的企業（家）名簿，
亦不可忽略，其出版背景則跟臺灣於 1920 年代開徵綜合所得稅有關。原本
臺灣只在 1910 年實施法人稅，1920 年伴隨日本本土稅制修改，臺灣所得稅
令亦「改正」，並開徵個人分類所得稅。[41]

　　若依時間序列而言，最早是臺灣物產協會在 1927 年發行的《臺灣商工
名錄》，出版凡例提到：收錄對象是 1926 年度繳交營業稅達二十圓以上且
開設於市、街的商號，所登載資訊有經營者、行業別、稅額、商號等。[42]爾
後，「日本殖民地批判社」在 1930 年出版《臺灣產業との人物》[43]與《事業

---

[41]　這一點而言，臺灣大量出版企業（家）名錄的背景與明治維新期日本相似，均跟
　　　所得稅開徵有關。臺灣總督府財務局編，《臺灣稅制ノ沿革》（臺北：編者，1935），
　　　頁 55。
[42]　栗田政治，《臺灣商工名錄》（臺北：臺灣物產協會，1927），〈凡例〉。
[43]　大園市藏，《臺灣產業との人物》（臺北：日本殖民地批判社，1930）。

界と人物》[44]，再於 1931 年出版《臺灣產業發達誌》[45]。

　　以上三本對於每一位企業家的介紹，會以生動的筆觸細說其家世、個性、思想與興趣等，如同小傳，因此性質上略有別於剛剛提及的企業（家）名錄。

表 2　日治中期以降臺灣企業（家）名錄

| 書名 | 出版時間 | 編／著者 | 出版單位 | 內容／備註 |
|---|---|---|---|---|
| 《臺灣銀行會社錄》 | 1922-1943 | 臺灣實業興信所 | 臺灣實業興信所 | 1932 年改名為《臺灣會社銀行錄》，1942 年改名為《臺灣諸銀行會社錄》。 |
| 《臺灣株式年鑑》（後改名臺灣會社年鑑） | 1931-1942 | 竹本伊一郎 | 臺灣經濟研究會 | 1928 年另有《全島商工人名錄》，依臺北市、基隆市、桃園街、新竹街、豐原街、臺中市、彰化街、員林街、嘉義街、高雄市、屏東街、花蓮街、臺東街、臺南市等不同城市，各自獨立一冊。 |
| 《臺灣產業の批判　第一卷》 | 1927 | 大園市藏 | 臺灣產業の批判社 | |
| 《事業界と內容批判》 | 1928-1932 | 熊野城造 | 事業界と內容批判社 | 1929 年後改名為《本島會社の內容批判》。 |
| 《臺灣產業發達誌》 | 1931 | 大園榮人 | 日本殖民地批判社 | |
| 《會社銀行商工業者名鑑》 | 1928、1932、1934-1942 | 千草默仙 | 1928年版由高砂改進社發行，1932年起改由圖南協會出版 | 登載項目有企業名稱、設立年度、營業報告決算期、資金、經營者、職員、地址、電話等。 |
| 《臺灣實業家名鑑》 | 1912 | 岩崎潔治 | 臺灣雜誌社 | 登載項目有略歷、照片、姓名、電話、年齡、出身地、現住所、家號等。 |
| 《臺灣商工名錄》 | 1927 | 栗田政治 | 臺灣物產協會發行 | 1926 年繳交營業稅達二十圓以上而且居住於市、街的商號為收錄對象，登載項目有經營者、行業別、稅額、商號等。 |

---

[44] 大園市藏，《事業界との人物》（臺北：日本殖民地批判社，1930）。
[45] 大園市藏，《臺灣產業發達誌》（臺北：日本殖民地批判社，1931）。

| 《事業界と人物》 | 1930 | 大園市藏 | 日本殖民地批判社 | |
| --- | --- | --- | --- | --- |
| 《臺灣產業との人物》 | 1930 | 大園市藏 | 日本殖民地批判社 | |
| 《東臺灣商工名錄》 | 1933 | 吉村新郎 | 東佐次郎 | 花東各街庄的經營者為對象，登載內容有營業項目、住所、電話等資料。 |

資料說明：以上資料均典藏於國立臺灣圖書館。

資料來源：筆者自製。

## （二）「社史」編纂

　　從明治維新以來，日本企業逐漸孕育出編撰「社史」的習慣，「社史」研究成為日本企業史的重點課題之一。日本企業第一部出版的「社史」應該在 1889 年，此即日本橋漁會所編撰的《沿革紀要》。1900 年代至 1920 年代，「社史」編撰風氣逐漸在金融業界普及開來，特別是指政府大量出資的幾家全國型銀行或殖民地銀行。1920 年代起，政商財閥經營的銀行以及地區性的電氣企業、鐵道企業、銀行企業等，也著手編撰「社史」。戰前日本「社史」編撰高峰在 1930 年代，幾乎是橫跨不同產業，直到 1940 年代因為戰爭因素才中斷。[46]

　　臺灣第一部「社史」出現於何時？礙於相關研究成果匱乏，無法確切回答，或許是 1910 年出版的《臺灣銀行十年誌》，[47]等於是上述 1900 年代至 1920 年代，全國型銀行或殖民地銀行之「社史」編撰風潮的產物。[48]同時，日本本土「社史」編撰風氣不僅延伸到殖民地臺灣，尚且持續到戰後；從這個角度來看，戰後臺灣企業的「社史」編撰是日本企業文化要素的殘存。

　　日治時期臺灣企業「社史」的調查，目前僅見波形昭一、木村健二、須永德武等日本經濟史學者的初步成果，此即涵蓋臺灣、韓國、滿州等殖民地的

---

[46] 藤田誠久編，《社史の研究：日本企業成長の軌跡》（東京：有斐閣，1990），頁 54-55、64。

[47] 臺灣銀行，《臺灣銀行十年誌》（臺北：該行，1910）。

[48] 相關討論參見藤田誠久編，《社史の研究：日本企業成長の軌跡》（東京：有斐閣，1990），頁 54。

「社史で見る日本経済史・植民地編（全 35 卷）」。[49]上述學者掌握到 8 家臺灣企業的社史，這似乎並非完整成果，至少遺漏了上述《臺灣銀行十年誌》。

事實上，單就臺灣銀行而言，每十年會固定出版一本「社史」，這些都未見於「社史で見る日本経済史・植民地編（全 35 卷）」。[50]究竟日治時期臺灣有多少家企業編撰過「社史」？臺灣「社史」編撰風潮是否與日本本地連動？都有待進一步的調查工作加以釐清。

表 3　「社史で見る日本経済史・植民地編（全 35 卷）」復刻臺灣「社史」一覽

| 書名 | 出版年 |
|---|---|
| 臺灣商工銀行誌 | 1916 |
| 臺灣商工銀行十年誌 | 1920 |
| 臺灣日日三十年史—附臺灣の言論界— | 1928 |
| 創業二十年史（基隆輕鐵株式會社） | 1928 |
| 臺灣倉庫株式会社二十年史 | 1930 |
| 臺灣畜產株式会社十周年誌 | 1933 |
| 臺灣畜產株式会社二十周年誌 | 1939 |
| 臺灣拓殖株式会社 | 1940 |

資料來源：ゆまに書房網站，網址：http://www.yumani.co.jp/np/isbn/9784843352410，
　　　　　2020 年 2 月 11 日瀏覽。


## 六、臺灣銀行的企業調查

臺灣銀行在臺灣島內展開的各項企業調查，並據此編撰的各項報告書、出版品與刊物，同樣是珍貴的企業史料。

臺灣銀行約莫從 1902 年開始展開企業調查，這一類企業調查是否與臺灣總督府同步進行，有待進一步釐清。臺灣銀行調查的結果在 1902 年出版了《第

---

[49] 波形昭一負責臺灣、木村健二負責韓國、須永德武負責滿州。
[50] 臺灣銀行，《臺灣銀行二十年誌》（臺北：該行，1919）；名倉喜作，《臺灣銀行四十年誌》（東京：臺灣銀行，1939）。

一次臺灣金融事項參考書》，並在「附錄」登載臺人商號與漢人商業慣習的相關資訊。臺灣銀行的調查方式是派出行員前往各地調查，還有參考臺灣總督府與地方官廳提供的資訊，所謂「本書根據本行行員在臺灣各地視察的復命書編纂而成」，「參考或引用臺灣總督府或各地方的材料與調查之處亦不少。」[51]

另一方面，《臺灣金融事項參考書》從 1919 年開始按照不同類別的「會社」（株式會社、合資會社、合名會社）進行分類統計，[52]此一分類統計持續到 1922 年的《第十六次臺灣金融事項參考書》，《第十六次臺灣金融事項參考書》亦宣告了此一系列性出版品的結束。

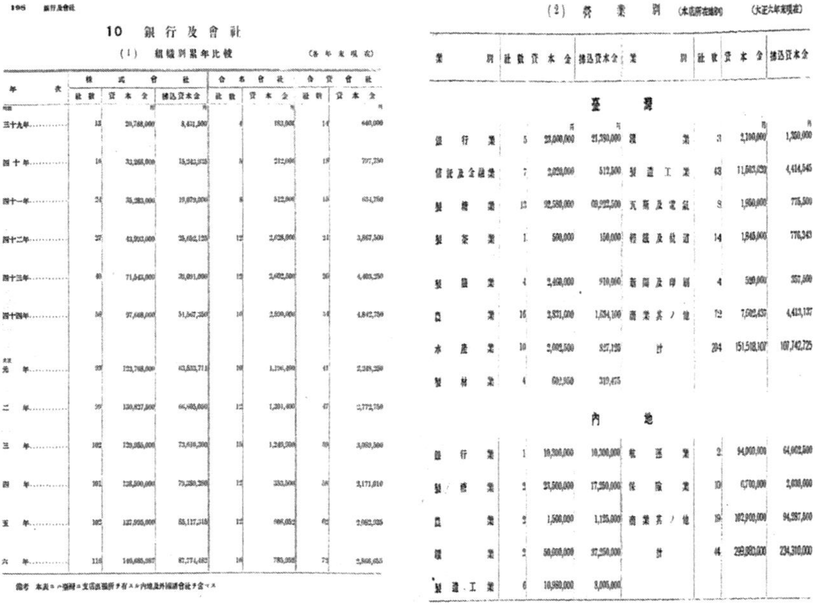

198 銀行及會社

10 銀行及會社

(1) 組織別累年比較 （各年末現在）

| 年次 | 株式會社 社數 | 株式會社 資本金 | 株式會社 拂込資本金 | 合名會社 社數 | 合名會社 資本金 | 合資會社 社數 | 合資會社 資本金 |
|---|---|---|---|---|---|---|---|
| 明治三十九年 | 13 | 20,768,000 | 8,451,500 | 6 | 183,000 | 14 | 640,000 |
| 四十年 | 16 | 32,268,000 | 15,242,[illegible] | 8 | 212,000 | 18 | 797,250 |
| 四十一年 | 24 | 35,283,000 | 19,879,000 | 8 | 512,000 | 15 | 634,750 |
| 四十二年 | 27 | 43,903,000 | 28,6[illegible]2,125 | 12 | 2,028,000 | 21 | 3,867,500 |
| 四十三年 | 40 | 71,543,000 | 30,891,000 | 15 | 2,402,500 | 26 | 4,403,250 |
| 四十四年 | 58 | 97,608,000 | 51,567,250 | 10 | 2,530,000 | 34 | 4,842,750 |
| 大正元年 | 93 | 123,768,000 | 63,533,711 | 10 | 1,196,400 | 41 | 2,348,250 |
| 二年 | 99 | 130,827,000 | 66,485,000 | 12 | 1,201,400 | 47 | 2,772,750 |
| 三年 | 102 | 129,855,000 | 73,616,300 | 14 | 1,249,300 | 59 | 3,093,500 |
| 四年 | 101 | 128,500,000 | 79,250,298 | 12 | 333,500 | 58 | 2,171,810 |
| 五年 | 105 | 127,995,000 | 85,117,318 | 12 | 998,052 | 65 | 2,062,325 |
| 六年 | 116 | 146,685,067 | 87,774,482 | 16 | 785,958 | 72 | 2,866,653 |

備考 本表ニハ臺灣ニ支店出張所ヲ有スル內地及外國諸會社ヲ含マス

(2) 營業別 （本店所在地別） （大正六年末現在）

| 業別 | 社數 | 資本金 | 拂込資本金 | 業別 | 社數 | 資本金 | 拂込資本金 |
|---|---|---|---|---|---|---|---|
| 臺灣 | | | | | | | |
| 銀行業 | 5 | 23,000,000 | 21,750,000 | 鑛業 | 3 | 2,100,000 | 1,350,000 |
| 信託及金融業 | 7 | 2,020,000 | 512,500 | 製造工業 | 43 | 11,503,020 | 4,414,545 |
| 製糖業 | 13 | 92,580,000 | 60,922,500 | 瓦斯及電氣 | 8 | 1,950,000 | 775,500 |
| 製茶業 | 1 | 500,000 | 150,000 | 輕鐵及鐵道 | 14 | 1,845,000 | 770,343 |
| 製鹽業 | 4 | 2,460,000 | 910,000 | 新聞及印刷 | 4 | 580,000 | 357,500 |
| 農業 | 16 | 3,331,000 | 1,634,100 | 商業其ノ他 | 72 | 7,502,437 | 4,413,137 |
| 水產業 | 10 | 2,002,500 | 827,195 | 計 | 204 | 151,518,107 | 107,742,725 |
| 製材業 | 4 | 602,950 | 319,475 | | | | |
| 內地 | | | | | | | |
| 銀行業 | 1 | 10,300,000 | 10,300,000 | 航運業 | 2 | 94,000,000 | 64,002,500 |
| 製糖業 | 2 | 23,500,000 | 17,250,000 | 保險業 | 10 | 6,700,000 | 2,030,000 |
| 農業 | 2 | 1,500,000 | 1,125,000 | 商業其ノ他 | 19 | 102,900,000 | 94,287,500 |
| 鑛業 | 2 | 50,000,000 | 37,250,000 | 計 | 44 | 293,980,000 | 234,310,000 |
| 製造工業 | 6 | 10,980,000 | 3,005,000 | | | | |

圖 9 《第十二次臺灣金融事項參考書》的「會社」分類統計

資料來源：臺灣銀行，《第十二次臺灣金融事項參考書附錄》（臺北：該行，1902 年），頁 198-199。

51 臺灣銀行，《第一次臺灣金融事項參考書附錄》（臺北：該行，1902），〈序言〉、〈凡例〉。

52 臺灣銀行，《第十二次臺灣金融事項參考書附錄》（臺北：該行，1902），頁 198。

　　除了《臺灣金融事項參考書》之外，臺灣銀行分別在 1910 年代編纂 1913
年至 1914 年為統計年份的《臺灣產業及金融統計摘要》，以及 1919 年與 1920
年為統計年份的《臺灣經濟統計摘要》。其中，《臺灣產業及金融統計摘要》
史料價值頗高，不僅登載企業名稱、設立地點、資本額、營業項目之外，還
有代表人。也就是說，《臺灣產業及金融統計摘要》出版之前，我們幾乎找
不到一份完整的資訊來分析臺人與日人在各類型「會社」所佔比重，《臺灣
產業及金融統計摘要》提供了此一分析的可能性。[53]

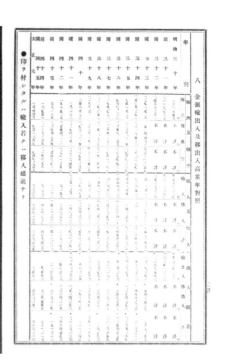

**圖 10　《臺灣產業及金融統計摘要》的「會社」資訊**

資料來源：臺灣銀行編，《臺灣產業及金融統計摘要》（東京：臺灣銀行，1913），
　　　　頁 25。

---

[53] 有助於研究者透過「會社」代表人姓名來判斷其民族別。

　　臺灣銀行在日治時期最具代表性的出版品是《臺灣金融經濟月報》。這份刊物前身是《臺北卸物價調》，從 1929 年 1 月開始發行，該年 10 月號改題為《臺灣金融經濟月報》，[54]持續到 1945 年 1 月號才中斷。不論是《臺北卸物價調》與《臺灣金融經濟月報》均詳細記錄了每月經濟情勢演變，重點式介紹特定企業經營績效與產業發展概況，以及新設或解散「會社」的名稱、位置、資本額、時間、代表人。

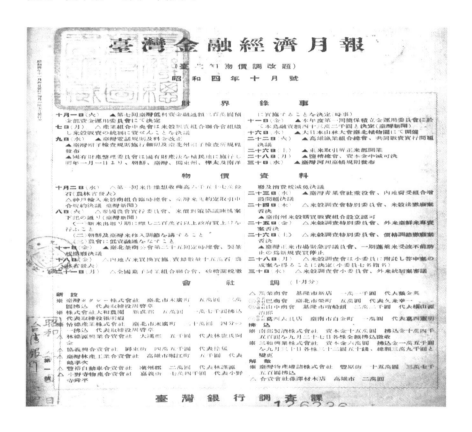

圖 11　《臺灣金融經濟月報》的「會社」資訊

資料來源：臺灣銀行調查課，《臺灣金融經濟月報》，昭和 4 年 10 月號（1929.10），未編頁碼。

---

[54] 臺灣銀行調查課，《臺灣金融經濟月報》，昭和 4 年 10 月號（1929.10），未編頁碼。

　　到了戰爭時期，臺灣銀行為了因應戰時工業化政策，臺北調查部完成了兩份以新興工業為對象的調查報告，分別是 1942 年的《臺灣に於ける主要工業會社調》[55]與 1943 年的《臺灣に於ける主要統制會社並に統制組合調》。[56]

　　《臺灣に於ける主要工業會社調》將所謂「工業會社」分成紡織工業、金屬工業、機械器具工業、窯業、化學工業、食品工業、電力及瓦斯業，依次列出各企業的名稱、設立年月、所在地、資本額、股份、代表人、主要股東姓名、工廠或事業所在地、營業目的等。《臺灣に於ける主要統制會社並に統制組合調》將「統制會社」與「統制組合」分成食品、金屬機械、纖維及其製品、化學製品、土木建築、交通運輸通信、貿易，依次列出其名稱、所在地、設立年月、代表人、組合員數、資本額、組織架構、重要幹部、營業目的等。

　　以上，尚非臺灣銀行的企業調查全貌。經過中央研究院臺灣史研究所的整理與數位化、並於 2015 年對外公開的「臺灣銀行所藏日治時期文書」，讓我們更進一步認識到，臺灣銀行自成立以來，長期派員至島內外調查產業狀態、經濟情勢、進出口貿易以及各地地理與風俗民情，足跡涵蓋整個東亞之外，更遠赴中南美及非洲等地。臺灣銀行總行與各分行、辦事處的各類型調查報告，成為這批史料的重要構成部分。[57]

---

[55] 臺北調查部，《臺灣に於ける主要工業會社調》（臺北：臺灣銀行，1942）。

[56] 臺北調查部，《臺灣に於ける主要統制會社並に統制組合調》（臺北：臺灣銀行，1943）。

[57] 「臺灣銀行所藏日治時期文書」的背景資訊，可參見中央研究院臺灣史研究所檔案館所製作之「臺灣史檔案資源系統」。網址：http://tais.ith.sinica.edu.tw/sinicafrsFront/browsingLevel1.jsp?xmlId=0000288930，2020 年 2 月 12 日瀏覽。筆者利用這批史料的研究成果如下：陳家豪，〈日中戰爭期における臺銀上海支店の国策業務の展開：中央研究院臺灣史研究所所藏資料を中心とした檢討（1937-1945），發表於「戰前日本的南進與臺灣、南洋」工作坊，臺北：中央研究院臺灣史研究所，2016 年 2 月 18 日；陳家豪（已接受），〈日中戰爭期における中支那振興株式会社の資金調達手段—日本から現地への転換（一九三八—一九四五）〉，收於蓑原俊洋主編，《東アジア秩序の変容：政治外交史と経済史からの複眼的視点より》（兵庫縣：關西學院大學出版社）。

　　當然，「臺灣銀行所藏日治時期文書」雖然數量龐大，不過相對零散且缺乏連續性，必須與前文所提的其他企業史料互相搭配使用，始能發揮出真正的史料價值。

　　茲將「臺灣銀行所藏日治時期文書」與企業調查有關者，依據不同全宗羅列如下：

表 4　「臺灣銀行所藏日治時期文書」的企業調查相關案卷

| 全宗 | 案卷名稱與主要內容 |
|---|---|
| 臺灣銀行本店文書 | 「本行金融關係文書」：各分行報告當地經濟情勢與企業資訊。<br>「通貨交易及稅務關係文書」：中小企業金融與稅法等。<br>「出差與調查報告關係文書」：日本、臺灣、華中、華南與東南亞的中小企業調查。<br>「經濟與商業關係文書」：日本、臺灣、華中、華南與東南亞的中小企業調查。<br>「工礦業與農業關係文書」：紡織及造紙等工業調查報告與統計資料、石炭石油及水泥業等礦業現況與需給情形報告、農林水產及畜牧業等概況與調查報告、產業發展走向等，並針對如臺灣電化株式會社等新興工業企業，有相當詳細的經營內容介紹。<br>「綜合調查與參考資料」：商法、票據法等各類法律研究。 |
| 臺灣銀行支店文書 | 「支店課文書」：產業金融法的相關資訊以及 1935 年朝鮮出差報告。<br>「各支店文書」：各分行報告當地經濟情勢與企業資訊、外國工商法律、信用調書。<br>「東京頭取席文書」：各分行報告當地經濟情勢與企業資訊、外國工商法律。 |
| 各機關團體相關文書 | 「金融機構文書」：華南銀行營業資料、朝鮮金融事情概觀（2 冊）、地方信用組合。<br>調查研究機關文書：南方事業會社關係資料第 1-17 冊（飯塚鐵礦株式會社、石原產業海運株式會社等不同企業）、蒙疆地區主要會社已繳資本國籍別一欄表併營業成績分析表。<br>「產業團體組合文書」：臺灣拓殖株式會社的文書量為多，另有福大公司、野村合名會社、臺灣青果株式會社、臺北商工會議所、日本糖業聯合會等產業團體，並且涵蓋農林工礦業相關文書（例如，「臺灣工礦股份有限公司橡膠分公司概況一（1947 年度）」、南洋經濟與產業調查資料（例如，「臺灣畜產興業株式會社南方事業經營ニ關スル陳狀書並許可願」）、經濟概況調查等。<br>「其他單位與個人文書」：製糖會社、信用組合、臺灣產業與信託會社。 |

資料說明：以上資料均典藏於中央研究院臺灣史研究所檔案館製作之「臺灣史檔案資源系統」。網址：http://tais.ith.sinica.edu.tw/sinicafrsFront/browsingLevel1.jsp?xmlId=0000288930，2020 年 2 月 12 日瀏覽。

資料來源：筆者自製。

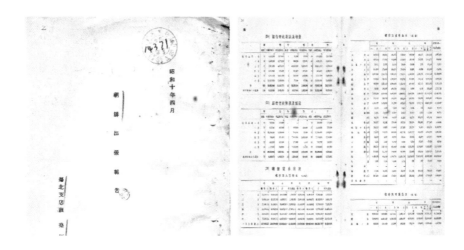

圖 12　「臺灣銀行所藏日治時期文書」的「朝鮮金融事情概觀」

資料來源：「朝鮮金融事情概觀」,「金融機構完書」卷（全宗：各機關團體相關文
　　　　書），識別號：T0868_03_03007_1022，中研院臺史所檔案館藏。


# 七、代結語：搭配日本企業史料

　　總體而言，臺灣典藏的戰前企業史料堪稱豐富，仍存在侷限性。依筆
者所見，營業報告書是企業史研究的重要一手史料，這類型史料卻難以在
臺灣公私立檔案館或圖書館尋得，企業本身妥善保存者亦屬罕見。所幸，
日本學界在 1960 年代整理出戰前日本帝國勢力範圍內上市與非上市之「株
式會社」的營業報告書，總共 913 家，此即所謂「營業報告書集成」，共有
八輯。[58]

　　戰前營業報告書隨著時代演進以及產業差異，名稱並不統一，諸如「實
際考課狀」、「實際報告」、「報告書」等，格式與記載內容也有差異，大體提
供如下資訊：

---

[58] 由井常彥解題，《營業報告書集成：第一集解說・收錄總目錄》（東京：雄松堂，
　　1966）。

1、營業概況：一般又稱「事業概況」、營業景況、生產與販賣狀況等，主要說明企業生產、製造、販賣等情形，如為金融企業還會記載利率變化。

2、股東大會決議：戰前日本將股東大會視為企業最終決策機關，擁有相當大的權限，股東大會的決議案是最重要事項而須刊載於營業報告書的開頭，特別在大正年間以前基於對股東大會的重視，還會看到諸如企業合併契約等機密資訊。

3、行政事務報告：此為較次要的訊息，諸如股份的各項登記、轉讓、申請、分店與廠房開設或廢止、營業權讓渡、特許申請，人事任免、賞罰、升遷等。

4、各項決算表格：戰前日本除銀行業之外，針對營業報告書尚未制訂統一的會計準則，不過財產目錄表、資產負債表、利潤表及股東權益對照表等基本資訊，不論產業類別，均會予以刊載。[59]

「營業報告書集成」似乎收錄不少戰前臺灣主要企業的營業報告書，涵蓋範圍及於地方型企業，研究者得以運用這批史料，連續性地理解企業經營方針、實施概況、營業計畫實施成果、營業收支預算執行情形、獲利能力分析、研究發展狀況，從而較為完整地把握企業經營動向。

進而言之，日本學界向來重視企業史研究，企業史料的大規模整理工作，獲得長期且有計畫的推動，上述「社史で見る日本経済史・植民地編（全35卷）」即是一例。另一方面，歷史悠久的大型企業普遍重視史料保存工作，若干設有史料館，提供研究者閱覽企業內部檔案。因此，日治時期臺灣企業史研究若能以臺灣典藏的企業史料為基礎，再搭配日本典藏的相關史料，各種研究課題皆得以開展，藉此提升整體研究成果的質與量。

---

[59] 由井常彥解題，《営業報告書集成：第一集解說・收錄總目錄》，頁3。

# 徵引書目

## 一、史料

### （一）檔案

#### 1、臺灣總督府公文類纂

〈本島ニ於ケル會社ニ關スル事項取調ノ件〉，1897 年 4 月，第 218 冊，第 7 號，永久保存。

〈福田常三郎外四名臺北倉庫株式會社設立認可〉，1897 年 5 月，第 186 冊，第 3 號，乙種永久保存。

〈臺北倉庫會社設立屆ニ關スル件〉，1898 年 1 月，第 11069 冊，第 4 號，乙種永久保存。

#### 2、「臺灣銀行所藏日治時期文書」

「朝鮮金融事情概觀」，「金融機構完書」卷（全宗：各機關團體相關文書），識別號：T0868_03_03007_1022，中研院臺史所檔案館藏。

### （二）統計與調查報告

佐佐英彥、小野三郎編，《臺灣銀行會社要錄》（臺北：臺灣興信所，1920）。

竹本伊一郎編，《臺灣株式年鑑》（臺北：臺灣經濟研究會，1931）。

臺灣總督府民政部文書課編，《臺灣總督府第一統計書：明治三十年》（臺北：編者，1899）。

臺灣總督府民政部文書課編，《臺灣總督府第二統計書：明治三十一年》（臺北：編者，1900）。

臺灣總督府官房文書課編，《臺灣總督府第四統計書：明治三十三年》（臺北：編者，1902）。

臺灣總督府官房文書課編，《臺灣總督府第十統計書：明治三十九年》（臺北：編者，1907）。

臺灣總督府殖產局商工課編，《臺灣商工統計：大正十一年三月刊行》（臺北：編者，1922）。

臺灣實業興信所編，《臺灣銀行會社錄：大正十一年版》（臺北：編者，1922）。

臺灣實業興信所編，《臺灣銀行會社錄：大正十五年版》（臺北：編者，1926）。

### （三）報紙、期刊與出版品

#### 1. 報紙

〈日日雜信〉，《臺灣日日新報》（1910.06.17），第 5 版。

〈商會宴客〉，《臺灣日日新報》（1911.08.02），第 3 版。

〈帝國興信所支部設立〉，《臺灣日日新報》（1911.04.21），第 5 版。

〈臺灣實業家名鑑發行〉，《臺灣日日新報》（1911.04.26），第 5 版。

## 2. 期刊

〈律令〉，《臺灣總督府府報》，第 343 號（1898.07.16），頁 55。
〈商業登記〉，《臺灣總督府府報》，第 584 號（1899.08.17），頁 33-34。
臺灣銀行調查課，《臺灣金融經濟月報》，昭和 4 年 10 月號（1929.10），未編頁碼。

## 3. 出版品

上田元胤、湊靈雄，《臺灣士商名鑑》（臺北：にひたか社，1901）。
大園市藏，《事業界との人物》（臺北：日本殖民地批判社，1930）。
大園市藏，《臺灣產業との人物》（臺北：日本殖民地批判社，1930）。
大園市藏，《臺灣產業發達誌》（臺北：日本殖民地批判社，1931）。
平野奧村，《南部臺灣紳士錄》（臺南：臺南新報社，1907）。
名倉喜作，《臺灣銀行四十年誌》（東京：臺灣銀行，1939）。
岩崎潔治，《臺灣實業家名鑑》（臺北：臺灣雜誌社，1913）。
栗田政治，《臺灣商工名錄》（臺北：臺灣物產協會，1927）。
熊野城造，《事業界と內容批判》（臺北：事業界と內容批判社，1928）。
臺北調查部，《臺灣に於ける主要工業會社調》（臺北：臺灣銀行，1942）。
臺北調查部，《臺灣に於ける主要統制會社並に統制組合調》（臺北：臺灣銀行，1943）。
臺灣新聞社，《臺灣實業名鑑》（臺中：臺灣新聞社，1934）。
臺灣銀行，《第一次臺灣金融事項參考書附錄》（臺北：該行，1902）。
臺灣銀行，《第一次金融事項參考書附錄》（臺北：該行，1902）。
臺灣銀行，《第十二次臺灣金融事項參考書附錄》（臺北：該行，1902）。
臺灣銀行，《臺灣銀行十年誌》（臺北：該行，1910）。
臺灣銀行，《臺灣產業及金融統計摘要》（東京：該行，1913）。
臺灣銀行，《臺灣銀行二十年誌》（臺北：該行，1919）。

# 二、專書

大河內曉男，《經營史講義〔第 2 版〕》（東京：東京大學出版會，2004）。
王泰升，《日治時期台灣法律史的建立》（臺北：國立臺灣大學法學編輯委員會，1997）。
田中克也，《国立国会図書館所蔵会社信用録目録：明治・大正・昭和前期》（東京：國立國會圖書館，1990）。
由井常彥解題，《営業報告書集成総目録：第一集解説・收錄總目錄》（東京：雄松堂，1966）。

安藤良雄編,《両大戰間の日本資本主義》(東京：東京大學出版會,1979)。

林佩欣,《臺灣總督府統計調查事業之研究》(新北市：花木蘭出版社,2014)。

涂照彥著、李明峻漢譯,《日本帝國主義下的臺灣》(臺北：人間出版社,1991)。

高村直助,《会社の誕生》(東京：吉川弘文館,1996)。

陳家豪,《近代臺灣人資本與企業經營——以交通業為探討中心(1895-1954)》(臺北：政大出版社,2018)。

藤田誠久編,《社史の研究：日本企業成長の軌跡》(東京：有斐閣,1990)。

# 三、期刊論文

Gras, Norman S. B. "Are you writing a business history?", *Bulletin of the Business Historical Society*, 18:4, October 1944, pp.73-110.

王泰升,〈日治法院檔案的整編與研究〉,《臺灣史研究》,第 16 卷第 1 期(2009.03),頁 169-201。

金子祐正,〈我が国の興信所の創業者：渋沢栄一と後藤武夫〉,《青淵》,第 786 號(2014.09),頁 30-33。

施添福,〈日治時代臺灣地域社會的空間結構及其發展機制——以民雄地方為例〉,《臺灣史研究》,第 8 卷第 1 期(2001.06),頁 1-39。

高淑媛,〈日治前期臺灣總督府之企業管理政策〉,《臺灣史研究》,第 12 卷第 1 期(2005.06),頁 43-71。

陳家豪、蔡龍保,〈中国語圏における経営史学の動向〉,《経営史学》,第 54 卷第 1 期(2019.06),頁 23-41。

# 四、單篇論文與會議論文

陳家豪,〈日中戰争期における臺銀上海支店の国策業務の展開：中央研究院臺湾史研究所所蔵資料を中心とした検討(1937-1945),發表於「戰前日本的南進與臺灣、南洋」工作坊,臺北：中央研究院臺灣史研究所,2016 年 2 月 18 日。

陳家豪(已接受),〈日中戰争期における中支那振興株式会社の資金調達手段——日本から現地への転換(一九三八——一九四五)〉,收於蓑原俊洋主編,《東アジア秩序の変容：政治外交史と経済史からの複眼的視点より》,兵庫縣：關西學院大學出版社。

# 五、網站

ゆまに書房網站，網址：http://www.yumani.co.jp/np/isbn/9784843352410。

中央研究院臺灣史研究所檔案館，「臺灣史檔案資源系統」。網址：http://tais.ith.sinica.edu.tw/sinicafrsFront/browsingLevel1.jsp?xmlId=0000288930。

附錄

# 附錄一　賴澤涵教授的生平自述

　　我出生於臺中沒落的地主家庭，幼時即對周遭鄰居或親戚貶抑或歧視窮人的眼光相當的敏感，故小時即立志將來長大一定要讓父母以我為榮。

　　在求學過程中我成績一直很好，故相當得到師友的愛護與栽培，各階段的老師，如小學時代的甯懋欽老師、陳金來老師，國中時代的董彬勳老師，臺中師範學校時代的王靜珠老師、李存祿老師，大學時代的郭廷以教授、朱雲影教授、李樹桐教授、李符桐教授，在美國伊利諾大學（香檳校區）時候的 Robert B. Crawford 教授和 Lloyd E. Eastman 教授，都啟發我向上的志願，這都是我永誌不忘的師長。

　　國中時代開始閱讀中國古典名著如《三國演義》、《水滸傳》、《儒林外史》、《西遊記》、《西廂記》等，對文史充滿了興趣，因此頗有志歷史的研究。到師範學校讀書時，更受國文老師戴皓東、歷史老師陳寶琴等人的影響，深知國學歷史對一個人終身學習的重要性，並受王靜珠老師、李存祿老師不斷的鼓勵，因而才考入母校的史地系（歷史組）。在這裡接受名師的教誨，如朱雲影師史學的淵博，尤其是中國文化對日、韓、越的影響研究，李樹桐師唐史的考證與造詣，趙鐵寒師的遼金元細心的考證及認真的治學精神，尤其郭廷以教授對中國明清史、近代史的啟發，因而瞭解利用第一手資料的重要，加上美國學界的衝擊，才知道光靠中文不足言治史，因而才慢慢閱讀西洋史的著作。大學四年頗為充實，自認也念了一些書，而且僥倖以第一名畢業，被郭廷以師延攬到中央研究院近代史研究所工作。首先接觸了檔案、參加了各種學術討論會及閱讀有關大陸（時列為禁書）和美國中國近現代史

的名著，郭老師垂詢興趣，鼓勵並推薦出國深造，因而獲伊利諾大學（香檳校區）歷史學系的 fellowship 攻讀博碩士學位。指導教授 Lloyd E. Eastman 治學嚴謹，在清史及中國現代史的造詣，擁有崇高的學術地位，他是伊大有名的「殺手」（給學生分數奇嚴）。故我從他那裡學了撰寫論文用字力求簡潔，多利用原始資料（到處蒐集）以及不畏權勢、秉筆直書的客觀史學精神，而且為治好歷史必須廣泛閱讀中國史以外的世界各國史、日本史等著作，以便作比較研究。

回到臺灣，初期研究以中國現代史為主，主要集中在「廣州革命政府的研究」，先後發表了七篇論文，使大陸治現代史學者也瞭解我的研究，接著是與陳政寬教授合作研究〈中國家庭制度的變遷〉，發表了三、四篇論文，為臺灣、大陸學者廣泛使用，到 1980 年代初期才開始研究臺灣史，而「二二八事件」的研究，引起中外輿論及學界的重視，因而被稱為「二二八先生」（當時我擔任行政院「二二八事件研究小組」的委員兼總主筆），引起中外媒體大幅度的報導與評論，尤其美國 *The New York Times*、*Far Eastern Economic Review*，甚至英國 BBC 的專訪，其中《紐約時報》獲普利茲獎的克利斯多福的專訪，尤感榮幸。此外，為新公園二二八紀念碑因有碑無文出任二二八紀念碑碑文的總主筆。由於學術的一點成果，因此 2000 年時獲哈薩克歷史學會一致推薦獲該國國家科學院院士榮銜（人文組）。此外也獲大陸南京大學聘為中華民國研究中心的基地教授，東南大學和嘉應大學的客座教授。

我於 1976 年回臺先服務於中央研究院三民主義研究所（後來改為中山人文社會科學研究所，現又改為人文及社會科學研究中心），在臺灣，我相當的支持學術批評的風氣及科際整合的寫作。此外，在負責圖書館時，把許多英文史學著名期刊卷期不完整的給予補齊，成為完整刊物，以利讀者使用。

在中研院我經歷錢思亮院長、吳大猷院長以及李遠哲院長，由副研究員而研究員兼第一組主任，在中研院共待了十四年被國立中央大學借調去籌設歷史研究所（1997～2003 年），客家研究中心（1996～2003 年）並兼文學院院長長達六年（1997～2003 年），在所長、主任及院長任內推動學術國際化，

與美、日、韓、哈薩克共和國等校簽約，院刊《人文學報》學術化，走出學校，推動學校成立語文中心，爭取文三館的一億校務基金，舉辦國際研討會，駐校導演，駐校藝術家，邀請大陸學者到校客座，舉辦大陸客家畫家來臺展覽，建議頒贈榮譽博士學位給余紀忠和高行健兩位先生，成立客家學院以及爭取教育部客委會兩億元興建客家學院的經費，惟另外兩項建議，如設立社會科學院及校史館，未獲成功，甚覺可惜。

我在文學院院長任內覺得比較特殊的建設為在文二館二樓中庭設咖啡時間（每星期一～星期四下午二時～四時），以低價咖啡讓師生可以自由交談，以激盪思想的火花。

2003 年因院長任期屆滿，不想再接任何行政職務，故準備提早退休，我若不退休，則將接任自創客家學院院長，並兼客家社會文化所所長及客家研究中心主任，可說事多繁雜，令我生畏，剛好四月時我接到玄奘大學聘我為專任講座教授的聘書，有此優厚條件，故提早退休。

至於學術研究之外的學術會議，除擔任多次專題演講人外，擔任會議主持人、評論人可說多到不可勝數，對公眾的演講亦超過百次以上，擔任的學會理事、常務理事，則有中國社會學會、海外華人學會、近代史學會，客家研究學會，及現任的中華檔案及微縮管理學會理事長等職。

參與學術研究的創立則有東海大學社會研究所博士班、成大政經研究所、臺北大學歷史系、交通大學客家文化學院，以及中央研究院臺灣史研究所。目前除為中大的榮譽教授外，還是國立交通大學客家文化學院指導委員會委員，中央研究院臺灣史研究所的學術諮詢委員。在學術刊物來講，我曾為《思與言》的總編輯，此外，也擔任 Asian American 季刊的顧問、《臺灣史研究》的編輯顧問、World Island Studies 的編輯委員，以及中央研究院中山人文社會科學研究所《人文及社會科學季刊》第一、二期的執行編輯（事實上為總編），至於指導的博碩士論文大概在六十篇以上。

我對書籍的興趣很廣泛，至今還感覺只有到書店或有書的地方最樂，我蒐集的書籍不限歷史學門，旁及哲學、文學、社會科學以及科學等類，至今藏書可說有數萬冊之多，至於撰寫的報刊雜誌文章（含社論）不下百萬言，

成書三冊，主編八、九部書，中外論文約在百篇以上。

　　個人覺得讀書最樂，治史更樂，史料的發現尤樂。秉筆直書是我的信條，為弱勢說話是我的職責，評論力求客觀中立，這是我做人的基本原則，不畏權勢，伸張正義，是我為人處事的個性，願與大家共勉之，並望惠予指教。

（資料來源：國立臺灣師範大學第五屆傑出校友，「賴澤涵」，http://archives.lib.ntnu.edu.tw/c4/c4_5_63.jsp。）

# 附錄二　臺灣「客家學院」成立的經緯

　　由報得知交通大學前校長張俊彥院士於 2018 年 10 月 12 日清晨辭世，聞之不勝悲痛，惋惜之至。張校長學的是工業的半導體，有傑出的成就。我的專業是人文學科，我們可說在專業上沒有一點點的交集，但我們卻有一項共同的目標，即為創設客家學院，共同奮鬥過。

　　我原在中央研究院服務，擔任研究人員的工作，而中研院給我的聘期是到 65 歲。由於我住在中研院的附近，離院區不過幾步路，到研究室也不過 15 分鐘左右。我原來想就如此工作到退休，平平安安過日子也是一種福氣。可是世事難料，事與願違。在 1992 年的某天，我接到國立中央大學劉兆漢校長的毛秘書來電，說校長要約我在臺北的福華大飯店見面。我在 1970 年左右與劉校長在美國伊利諾大學香檳－歐本那校區見過一面。當時他是伊大的助理教授，我們沒有什麼長談，因此印象不深。事隔二十多年，中間都沒有聯絡過。我也不知道他的面貌變得怎樣，到了福華大飯店，該如何找到他？也許因我擔任過行政院「二二八事件研究報告」的總主筆，在媒體前曝光較多的緣故，他一見就認出我來。我們在喝茶聊天之際，他告訴我中大要籌設歷史研究所，希望我能幫忙。我也回些客套話，然後就結束了這次的會面。與此同時，中研院也在籌設臺史所，中研院副院長張光直院士，在 1993 年元旦那天，找我談了籌設臺灣研究所的事。我在美國大學研究所的主、副修其實為中國近代史、歐洲近代史和日本近代史。接觸臺灣史是在回臺之後，只因好奇，才開始研究臺灣史上最悲慘的「二二八事件」。嚴格說來，臺灣史並非我的專長。因此，我告訴張光直院士，比我合適的人選很多，後來我就舉薦臺大的黃富三教

授，由他出任臺史所籌備處主任。此時因中大歷史所招生在即，過了沒幾個月毛秘書再來電，說劉校長再約見於福華大飯店，他告訴我歷史所招生在即，亟需助陣，我只好請劉校長行文至中研院借調到中央大學。

中大歷史所籌設期間，因歷史課程的教師大多在通識教育中心，必須把相關人員納入歷史所，因此歷史所名額幾近額滿，很難招聘新進人才，但在劉校長的支持下，撥了一個專任及幾名兼任員額，故中大歷史所開辦初期，我得以聘請著名學者來所幫忙，包括曹永和院士、王世慶教授、許雪姬教授、朱德蘭教授、吳文星教授、林麗月教授和張炎憲教授等人。可以說，當時中大的歷史所教授的陣容非常齊整，早年報考者相當踴躍。而且，從一開始中大歷史所就以臺灣史研究著稱。

我既然主持所務，就借鑑中研院招聘研究人員辦法、升等辦法和研究人員考核辦法等引進，並與同仁商討增刪條文，以適合中大文化。本著所務一切公開的原則，使所務很快上軌道。主持所務的第二年，我認為中大歷史所既然已順利運轉，有無我當所長都沒問題，遂請辭所長，希望歸建中研院。但劉校長卻與當時的主秘朱建民教授（後來任華梵大學校長）勸我留在中大，共同為學術奮鬥。因劉校長的懇切與尊重，我只好暫時擱置請辭一事。所長任滿三年後，因所務章程規定所長只能一任，我想這是很好的契機，便再次考慮回中研院。可是劉校長還是不放我走。他告訴我，中大位於平鎮和中壢地區，客家人口不少，而當時臺灣的氛圍，客家界的「還我母語運動」已引起社會各界對客家文化的重視。因此，劉校長認為中大應可設立「客家文化研究中心」，以學術對客家界做出貢獻。他堅持讓我主持新籌設的中心，並且表示會全力支持該中心的學術研究及推廣工作。有了劉校長的支持，我在中研院的職位與中大的職位必須做選擇，最後我決定辭去中研院研究員的職位。不過，我仍應聘為中研院臺史所的學術諮詢委員迄今。

於 1996 年正式卸任歷史所所長後，我不得不思考如何推動客家文化的問題，才不辜負劉兆漢校長所交代我的使命，為此，劉兆漢校長給了一名助理協助，我便聘用有碩士學位的傅寶玉小姐為講師級研究助理（現她已獲香港中文大學博士學位，並為中大的助理研究員），辦理行政業務，並請她聯

絡一些客籍人士且關心客家文化的學者為顧問，討論如何推動客家文化問題，期間獲得臺大的梁榮茂教授和國立臺北商業科技大學的范振乾教授的鼎力幫忙，至為銘感。我們先從辦理推廣教育著手，以「保存客家優美文化資產，並發揮社區學校功能，落實服務、教育社區居民」為目的，乃規劃了一系列客家語言、歷史與文化等相關研習課程，同時提供各縣市中小學教材設計及師資培訓的管道，在中大夜間則開設授「客語初級班」、「客語中級班」、「客語古籍誦讀」、「客語民謠賞析班」，另開授「客家社區與社會」、「客家語言與文化」、「客家社會與文化」、「認識客家話」、「客家小戲入門」、「客家俚諺賞析」、「客家語詞彙與文化」、「客家社會與民俗」、「歷代古文選及詩詞導讀」、「談語法學客語」、「文公家禮研究」、「客家實驗合唱團初期課程」、「客語研習四縣中級班」等課程，參加者十分踴躍，師資方面則有涂春景先生、羅烈師先生和李漢銘先生等人的幫忙。其中，年高德劭的李漢銘先生，不辭辛苦，鼎力幫忙，實為感人。

2001 年，我們於全校通識教育中心開授客家相關課程，如「客家導讀」、「客家文化概論」、「客家鄉土音樂」、「客家語言與客家族群」、「客家文學與客家文化」等。這些課程獲得何石松教授、羅肇錦教授和羅烈師教授等人的幫助甚大，此為臺灣的大學院校第一個正式開授客家文化的課程。

另外，為培養社會大眾對客家文化的興趣，我們舉辦了「客家知性之旅」、「客家田野調查」、「兩岸客家風情畫展」、「人間真情演唱會」等文化活動，吸引中壢及附近鄉鎮地區居民的熱心參與與參觀。因此，中大於 1997 年通過正式成立「客家文化研究中心籌備處」，歷經兩年，即 1999 年 12 月，經校務會議通過正式定名為「客家研究中心」。翌（2000）年五月奉教育部令正式成立，成為學校的一級單位，並撥給兩個正式員額，以利客家文化的推動工作，這是臺灣首創客家專責研究的單位。為提高行政人員的素質，以利政策的推行，中心公開徵聘人才。經過評選，約聘研究助理傅寶玉女士聘為講師級研究助理，另黃萍瑛女士亦聘為講師級研究助理。

這兩名研究助理都受過嚴謹的學術訓練，因此，推動中心業務相當順利，並朝客家學術研究方面而努力。例如，主辦或協辦學術研討會，如「義民信

仰與客家社會：兩岸三地學術研討會」、「第四屆國際客家學術研討會」（與
中央研究院民族學研究所等單位合辦）、「客家文化學術研討會：語文、婦女、
拓墾與社區發展」（行政院客委會委辦）、「客家研究」研究生論文研討會。
另設有「專題講座」（每學期至少二至三次）、「學術座談會」，並於 1998 年
創刊《客家文化研究通訊》，此為國內第一份客家研究的專門刊物，該刊公
開接受國內外有關客家研究之論著、研究計畫、田野調查、書評、會議、報
導，以及客家社團活動的介紹，論著部分則需經兩名學者匿名審查通過，經
修改後才予以刊登。故雖名為通訊，但學術水準頗高，風評極佳。例如 2001
年 12 月 3 至 4 日舉辦的「義民信仰與客家社會」應邀來中大參加學術研討
會的嘉應大學校長張亮先生，即在臺灣媒體公開稱讚中大「客家研究中心」
刊物的水準，為華人世界的佼佼者。

　　這份刊物由傅寶玉女士和黃萍瑛女士輪流主編。由於她們兩人在客界的
人脈，使稿源源源不斷，前後發行十期，並獲美國國會圖書館致函國家圖書
館要求典藏。可惜後來在我退休後，不知何故停刊。由於中大努力推廣客家
文化，在 2002 年的某一天，我看到「中央日報」大幅的報導，教育部和客
委會會議擬先在中大設立「客家學院」。消息傳來，令人振奮，乃請傅、黃
兩位女士擬具籌備設院計畫，送教育部審查，中大於 2002 年 6 月奉核設院。

　　客家文化在中大的推廣下，也引起全臺公私立大學設客家系所、中心的
風潮，這當然是熱心學者的幫忙，但我們也不能忘記當時政府官員的鼎力支
持。我們不能不提的是兩任教育部長曾志朗院士和楊朝祥博士、教育部政次
范巽綠女士、教育部高教司代司長張國保先生、兩任客委會主委范光群和葉
菊蘭女士，以及行政院人事行政局局長朱武獻等人。朱局長在人事員額不易
撥給的情況下，毅然給中大「客家研究中心」兩個正式員額，可說是已盡力
的幫忙。為了表示慎重，我們邀請陳水扁總統於 2003 年 6 月 12 日到中大，
為「客家學院」揭牌，[1]出席觀禮的人不少，可說是熱鬧非凡，從此客家研究

---

[1]　揭牌活動情形可參《客家文化研究通訊》，第 6 期（「客家學院揭牌暨賴澤涵教授
　　榮退專號」），2003 年。

正式進入學術殿堂，中大實為華人地區第一所設立「客家學院」的大學，可能也是全世界第一所「客家學院」。

2003 年 6 月 12 日國立中央大學客家學院揭牌日盛景。
前排左起為賴澤涵教授，中為前總統陳水扁，右為中央大學前校長劉全生，後排左一為前桃園縣長朱立倫及左二為前客委會主委葉菊蘭。（中央社邱俊欽攝）

（《客家雜誌》第 157 期封面人物）

在客家界流行甚廣的《客家雜誌》第 157 期（2003 年 7 月 1 日），就以我為封面，封面的標題是「臺灣客家學術教育的先知先覺賴澤涵院長」，「他是中央大學客家研究中心的開路先鋒，他是中央大學客家學院的領航者」，這期的副總編輯陳康宏也這樣寫著「他並不是客家人，然而客家人的夢想他來實現，客家人想做的事，他做到了。他同時也是臺灣首創客家研究中心的開路先鋒，當客家人尚在思索客家大學時，他已為客家學院點點地播種耕耘。終於，他完成了中央大學客家學院及三個客家研究所的創設。他是臺灣首創客家學院的領航者，他更是臺灣客家學術教育的先知先覺」[2]，多年心血總算是有了一些成果。

我記得在兩次不同的地點，有兩位客家前輩在公眾場合稱讚我，一位是當時擔任農委會主委的范振宗先生，在一次行政院聚會散會後高聲說：「我們客家人應感謝賴澤涵教授。」另一位是客家出版業前輩、南天書局的魏德文總經理，在某一學術研討會，**也說令我感動的話「客家人應感謝賴澤涵先生」**。葉菊蘭主委也曾在 2002 年客委會委託中大舉辦的「客家文化學術研討會：語文、婦女、拓墾與社區發展」會上致詞：「除感謝中大外，還感謝賴院長，原以為他是客家人，後來才知道不是，但他常為客家人發言，為客家研究中心及客家學院奔走。」

但是說來也是夠滑稽的，當客委會正式成立（2002 年）的時候客委會的委員甚或諮詢委員，中大一個也沒有，我記得劉校長也頗有感觸，好像中大付出這麼多，結果被人很快的遺忘似的，我只好笑笑的說就算我們「但開風氣不為師」吧！（我曾是客委會的籌備委員，2000 至 2002 年）就當現代的介之推！有何不可？

就在這時，交大和聯合大學也想籌設「客家學院」，事實上教育部曾召開過一次會議（會議由當時高教司司長黃政傑教授召集），討論民間是否能設立「客家大學」（或稱義民大學）的可能性。但是枋寮義民廟魏董事長表示設立大學所需經費龐大，義民廟管理委員會財力不夠，恐無能為力。教育

---

2　《客家雜誌》，157 期，2003 年，頁 16。

部只好朝在大學設立客家學院的方向努力，事實上這三所學校都是位於客籍人口最多的縣市，中大位於桃園，客籍人口最多，其次為新竹的交大，再次為聯合大學的苗栗。我曾在教育部的會議，或其他客家會議等不同的場所表達過，由於客籍師資有限，是否在中大先設立「客家學院」，等到有相當成果，才設立第二所學院，以此類推。可是 1990 年代，臺灣社會普遍對「客家」多年被壓抑，咸認為社會氣氛有利於學術機構設院。但是教育部只給每所教師名額一所四名，但不給設院建築經費，我想這不太合理，應多少撥給蓋院的經費，為此在劉校長的支持下，我乃於 2001 年 9 月 5 日邀請政府有關部門首長來討論，當時我邀請的有教育部長曾志朗院士、政次范巽綠女士、高教司代司長張國保先生、客委會主委范光群、鍾萬梅處長（後亦擔任過客委會主委）、蒙藏委員長徐正光博士（客籍）、研考會主委林嘉誠教授（由副主任余玲雅女士代為出席）、文建會主委陳郁秀，以及客籍大老吳伯雄先生（時為中國國民黨副主席）、許信良先生等人，加上中大的劉校長、副校長鄭光甫教授、主秘朱建民教授、研發長蔣偉寧教授、理學院院長葉永烜教授、電算中心主任范國清教授及客委會委員范振乾教授等人，在臺北福華大飯店討論客家文化的研究問題，曾部長認為中大可發揮「客家學院」的特色，但計畫書還要深入。我特別提到三校建築經費的問題，建議政府將來每校務必撥二億作為建築經費。當時范主委及范政次（曾部長與張司長都有事先離開）均答應將來會予以協助，但由教育部和客委會最近可能沒有什麼經費可予補助。這提議恐是後來三校獲補助經費並蓋了「客家學院」大樓的由來。

就在「客家研究熱」持續升溫之際，交通大學也在爭取設立「客家文化學院」（事實上當時還有聯合技術學院的校長金重勳教授，也很熱心推動客家文化），我乃有機會認識交大的兩位熱心推動設立「客家學院」的教授，一為交大總務長、璞玉計畫執行長的林健正教授，另一位為交大工學院院長劉增豐院長。他們在交大校長張俊彥的支持下，來回新竹與臺北，為客家文化學院的增設而努力，我們因目標一致，所以互相交換訊息。交大終於也獲教育部同意設立「客家文化學院」，內設「人文社會學系」及「傳播科技學系」，並且在 2004 年正式揭牌，預定 2005 年開始招生。

　　我因非客籍人士，我想我的使命完成後，必須把客家研究的責任交給客籍學者承擔，因此，我乃請清華大學社會系教授張維安借調到中大承乏此重擔。此時剛好是 2003 年 7 月 31 日，我的文學院院長任期屆滿，加上 2003 年 4 月某私校已預聘為該校講座教授，我乃藉機申請從中大退休，以便能順利交卸兩院院長的職位。但是交大成立了客家文化學院，誰來承擔這個重任呢？林健正教授乃屬意我到交大去接院長，他多次勸說，力邀我務必幫忙，並且開了頗為優厚的條件。但我因中大已正式退休，且不願與中大「客家學院」打對臺，加上年齡距離法定退休的年齡不過只能擔任一任，作用不大，故而予以婉拒。林健正教授還是不依不饒，跑到教育部與有關人員商談，似乎教育部也同意今後大學的校長、院長任期可至 70 歲，不過我還是婉拒了。蓋我想把我的剩餘價值貢獻給聘我的私立學校，其中的緣由則是我與該私校有一共同的信仰，故而願意付出。

　　林健正教授和張校長為此頗為憂心，因為交大「客家文化學院」2005 年招生在即，不能沒有院長，沒有院長就不能聘任兩個學系的系主任，我則建議張校長和林教授不妨向中央研究院借將，我和張校長、林教授的屬意人選就是莊英章教授（他曾任中研院民族所所長、總辦事處處長，及後來中研院的臺史所所長，專長是文化人類學，著作相當多）為此，我乃請李遠哲院長秘書林素琴女士安排時間，與李院長見面詳談借將事宜。

　　大概在 2004 年 6 月底，張俊彥校長，林健正教授和我依約前往中研院拜會李院長，李院長在我們坐定後就問張校長：「今天有什麼事要和我談？」張校長直嘆：「院長，我很苦呀！我很苦呀！」院長說：「您不說出來，我怎麼知道您苦什麼？並幫忙您呢？」張校長還是不開口，我只好開口了，我說：「張校長要來向中研院借將。」李院長問借哪個人？我同林健正教授說：「莊英章教授！」李院長馬上說：「這不行，臺灣史研究所剛成立，立法院給予中研院壓力，臺史所很重要，今年是不行的，若明年，你們要去見劉翠溶副院長，看她准不准！」既然說服不了李院長，只好再約時間見劉副座了。7 月 1 日如期見了劉副院翠溶院士，表明借莊英章教授到交大承擔剛成立的「客家文化學院」院長，劉副院長體諒交大苦處，但只同意借調一年。然而，

張校長、林教授和我所打的算盤卻是「有借不還」了。就這樣莊教授於 2006 年借調到交大。莊英章教授果不負我們的期待，他一星期住交大宿舍四至五天，不離交大，精心擘劃「客家文化學院」，很快把交大客家學院的人員聘任、人才培養以及學院建築，都一一佈置妥貼。而張俊彥校長、林健正教授對莊英章教授的要求，也幾乎是「有求必應」因此，交大聘了不少年輕而又傑出的學者（可惜後來有二至三位又被他校挖走），後來院務蒸蒸日上，成為臺灣客家研究的領頭羊。

我受聘為交大「客家文化學院」的指導委員會委員，可一看聘書，卻沒有聘任的起訖時間，這不免讓我有些納悶。在一次私下見面的場合，我跟張校長提到聘書沒有聘期的問題。原來張校長早有腹案，不是遺漏，而是要指導委員終身作為顧問，使「客家文化學院」能夠茁壯成長，才算是完成使命。他希望臺灣能成為世界客家文化中心的目標。想起張校長這種辦學精神，我總是十分感動。如今他返歸道山，自不無感慨。別的校長是否有他的見識，交大「客家文化學院」如無張校長、林健正教授和劉增豐教授的全力支持、無私的奉獻，如果沒有莊英章院長的全心的投入與付出，今天交大的「客家文化學院」是否能夠如此的茁壯成長，這些都不無疑問。可惜很多人只知張校長是位傑出的半導體專家，但恐怕很少人記得他為「客家文化學院」的努力所做出的貢獻。多年來屢獲有關單位獎勵的客籍學者，不知道他們是否對前人的努力心存感激之心？沒有這些人的辛辛苦苦地奔走與努力，他們是否可以在客家學界安心立命、發揮所長？雖說前人種樹，後人乘涼，但請不要忘了飲水思源呀！張校長對客家文化的推動，值得我們的紀念與思念！他的真知灼見，值得我們的肯定與效法。我誠摯地希望客家界永誌不忘記他的無私辦學精神。

後記：本文原刊於《傳記文學》，第 114 卷第 5 期（2019 年 5 月），頁 126-132。另亦將收於筆者《微塵錄》一書，以紀念國立交通大學前校長張俊彥院士。

# 附錄三　賴澤涵教授的學經簡歷

## 一、教育

1. 國立臺灣師範大學史地系歷史組第一名畢業（1965）
2. 美國伊利諾大學（香檳校區）歷史學系碩士（1970）、博士（1976）

## 二、經歷

1. 美國伊利諾大學（香檳校區）博士研究員（1976-1977）、客座助理教授
   （1977-1979）
2. 美國史丹佛大學胡佛研究所資深研究員（1982-1991，每年暑期 3 個月）
3. 中央研究院三民主義研究所副研究員（1979-1983）、中山人文社會科學研
   究所研究員兼第一組主任（1983-1993）
4. 國立中央大學歷史研究所所長（1993-1996）、客家研究中心主任（1996-
   2003）、文學院院長（1997-2004）、客家學院創院院長（2003）、榮譽教授
   （2004-）
5. 玄奘大學專任講座教授（2003-2007）
6. 兼任教授：國立中山大學、東海大學、國立清華大學、國立臺灣師範大學、
   國立政治大學、國立中興大學、文化大學、東吳大學
7. 南京大學全國人文及社會科學重點基地客座教授（1995-）、東南大學客座

教授（2000-）、嘉應大學等校客座教授

# 三、學術活動

## 1、學會理事

(1) 海外華人研究學會理事

(2) 近代史研究學會理事

(3) 中國社會學會理事

(4) 中華檔案暨微縮管理學會理事長、榮譽理事長（迄今）

## 2、期刊編輯與顧問

(1) 《中山人文社會科學集刊》（執行編輯）

(2) 《思與言》執行編輯（總編輯）

(3) 《清華學報》

(4) 《客家文化研究通訊》

(5) 《孫學研究》

(6) 《客家研究》（國立中央大學、國立交通大學、國立聯合大學三校主編）

(7) 《臺灣史研究》（中央研究院臺灣史研究所發行）

(8) 《歷史月刊》（聯合報發行）

(9) Island Studies

(10) Journal of the World Islands（1998）

(11) American Asian Review（1992-2001）

## 3、高等教育學術諮詢審議委員

(1)　中央研究院臺灣史研究所學術諮詢委員（2004-）
(2)　國立交通大學客家文化學院指導委員會委員（2004-）
(3)　大學評鑑委員（2005）
(4)　教育部「94-96 年度私立大學校院整體發展獎助審查委員會」委員（2005-2007）
(5)　財團法人高等教育評鑑中心 95 學年度評鑑委員（2006）
(6)　國立臺灣科技大學人文社會學院諮議委員（2007）
(7)　教育部九十年度技職院校通識教育訪視小組委員（2001-）

## 4、學術單位推動與協助創設

(1)　東海大學社會所博士班（1980）
(2)　中央研究院臺灣史田野研究室策劃委員（1988-1993）
(3)　中央研究院臺灣史研究所設所學術諮詢委員（1993-）
(4)　國立成功大學政經研究所
(5)　國立中央大學客家研究中心（1997-2003）
(6)　國立中央學客家學院（2003）
(7)　國立中央大學語文中心

# 四、社會服務

1. 行政院研究二二八事件小組委員兼報告總主筆（1990-1992）
2. 財團法人二二八紀念基金會董事（1995-1998）
3. 〈二二八事件〉碑文總主筆（中央級）（1996）
4. 行政院研考會「二二八檔案蒐集整理工作計畫」訪查小組委員（2000）

5. 臺北二二八紀念館顧問（2000-）

6. 行政院新聞局金鼎獎評審委員（1994）

7. 國家展望文教基金會董事（前副總統呂秀蓮創設，1998-）

8. 臺灣心會人文社會組召集人（前副總統呂秀蓮創設）

9. 教育部國民小學社會科課程標準委員（1990-1994）

10. 教育部國民中、小學補習學校課程標準總綱組委員（1991-1994）

11. 教育部國民中學社會科課程標準總綱組委員（1991-1998）

12. 教育部《認識臺灣》編輯委員會委員

13. 教育部公費留學考試命題委員（2000）、人文及社會學科召集人

14. 國科會薪傳子弟教授

15. 桃園縣客家民俗館籌備委員兼副籌審會召集人（1998-）

16. 桃園文化藝術發展諮詢委員會委員（1998-）

17. 公共電視臺客語節目諮詢委員（1998-）

18. 財團法人蘆洲李宅古蹟維護文教基金會董事（1999-）

19. 行政院客家事務委員會籌備委員（2000-2002）

20. 中華民國九十年度第一屆總統教育獎評審委員（2001）

21. 《新修桃園縣志》總編纂（2004-2007）、《嘉義縣志》顧問

22. 學人社區管理委員會主任委員（2018-）

23. 唐獎提名人（2019）

# 五、榮譽

1. 哈薩克共和國國家院士（人文組）（2001）

2. 中央通訊社《臺灣名人錄》

3. 風雲論壇社《臺灣名人錄》

4. 國立臺灣師範大學傑出校友

5. 美國 Biographical Institute Gold Medal

6. 美國伊利諾大學、國立中山大學、國立中央大學、淡江大學四校合作交流
計劃臺灣區執行人（1995-1997）

# 六、創刊

1. 《史匯》（國立中央大學歷史所刊物，1996-）
2. 《客家文化研究通訊》（出過十期，美國國會圖書館來函要求典藏）

# 七、報社撰述委員主筆

1. 《臺灣時報》主筆
2. 《民生報》〈民生論壇〉撰述委員
3. 《民生報》專欄〈滴水集〉（撰述人員包括：陳其南、陳寬政、瞿海源、
蕭新煌、賴澤涵）
4. 報紙方塊：《中國時報》、《聯合報》

# 附錄四　賴澤涵教授的學術著作

## 一、主編

賴澤涵，《歷史與社會變遷（中國社會史）研討會論文集》（臺北：中央研究院中山人文社會科
　　學研究所，1982）。

賴澤涵，《卅年來我國人文及社會科學之發展與回顧》（臺北：東大圖書公司，1987）。

賴澤涵，《中國戰史大辭典：現代戰役部分》（臺北：國防部史政編譯局，1989）。

賴澤涵、黃俊傑合編，《光復後臺灣地區發展經驗》（臺北：中央研究院中山人文社會科學研究
　　所，1991）。

賴澤涵，《臺灣光復初期歷史》（臺北：中央研究院中山人文社會科學研究所，1993）。

賴澤涵、于子橋合編，《臺灣與四鄰論文集》（中壢市：國立中央大學，1998）。

賴澤涵，《總統圖書文物管理法制作業之研究》（臺北：國家檔案局籌備處，2000）。

賴澤涵，《客家文化學術研討會論文集》（臺北：客家事務委員會，2003）。

賴澤涵，《臺灣四百年來的變遷》（中壢市：國立中央大學，2005）。

賴澤涵，《臺灣社會經濟與文化的變遷》（中壢市：國立中央大學，2005）。

賴澤涵、朱德蘭合編，《歷史視野中的兩岸關係（1895~1945）》（臺北：海峽學術出版社，2005）。

賴澤涵、傅寶玉合編，《義民信仰與客家社會》（臺北：南天書局，2006）。

## 二、專書與專書論文

Jeh-Han Lai, Ramon H. Myers &Wei Wou, *A Tragic Beginning; The Taiwan Uprising of February
　　28,1947*, Stanford: Stanford University Press. 1991.

Jeh-Han Lai, *Taiwan's Role in Asia,* Almaty: Center for Comparative Area Studies，University of
　　Kazakhstan, 2001.

賴澤涵，〈孫科與廣州市的近代化（一九二一～一九二七）〉，收於《中華民國現代史專題研究報告》，第 8 輯（臺北：中華民國史料研究中心，1978），頁 249-302。

賴澤涵，〈北伐前後的孫哲生先生（一九二四～一九三〇）〉（臺北：中華民國史料研究中心，1979），頁 487-554。

賴澤涵，〈研究蔣總統中正先生的重要英文資料〉，收於《先總統蔣公有關論述與史料》（臺北：中華民國史料研究中心，1980），頁 681-696。

賴澤涵，〈辛亥革命的社會意義〉，收於《孫中山先生與辛亥革命》（臺北：中華民國史料研究中心，1981），頁 1475-1488。

賴澤涵，〈我國社會科學研究的未來勢勢：以儒家思想與近代化為例〉，收於楊國樞、文崇一編，《社會及行為科學研究的中國化》（臺北：中央研究院民族學研究所，1982），頁 51-67。

賴澤涵，〈歷史學與社會學的互補性及合流的可能性〉，收於瞿海源、蕭新煌編，《社會學理論與方法：研討會論文集》（臺北：中央研究院民族學研究所，1982），頁 151-167。

賴澤涵，〈廣州革命政府的財政，民國六年至十五年〉，《中國歷史與文化討論集》，第 4 冊，社會經濟史（1984.06），頁 33-59。

賴澤涵，〈近代中國知識份子的憂患意識〉，《憂患意識的體認》（臺北：中華民國國際教育研究會，1986）頁 195-208。

賴澤涵，〈社會變遷與我國家庭制度〉，收於臺中師範科專科學校校友會編輯小組編，《學術與思想（黃金鰲先生八秩華誕紀念論文集）》（臺北：五南圖書出版公司，1986），頁 343-374。

賴澤涵，〈從商人、紳商到企業家：我國經濟發展史的回顧與前瞻〉，收於黃明堅編，《瘦小的富翁》（臺北：久大文化股份有限公司，1987），頁 138-154。

賴澤涵，〈臨時政府的北遷〉，《中華民國建國史》，第二篇：民初時期（一）（臺北：國立編譯館，1987），頁 1-25。

賴澤涵，〈民初政黨政治與二次革命〉，《中華民國建國史》，第二篇：民初時期（一）（臺北：國立編譯館，1987），頁 26-62。

賴澤涵，〈民國十七年以前的社會運動〉《中華民國建國史》，第二篇：民初時期（五）（臺北：國立編譯館，1987），頁 1701-1795。

賴澤涵，〈宋教仁〉，《中華民國名人傳》（臺北：近代中國出版社，1988），頁 115-134。後收於《近代中國》，第 94 期（1993.04.01），頁 45-59。

賴澤涵，〈北伐期間的財政〉，《中華民國建國史》，第三篇：統一與建設（臺北：國立編譯館，1989），頁 685-710。

賴澤涵，〈廖仲愷〉，《中華民國名人傳》（臺北：近代中國出版社，1988），頁 445-462。

賴澤涵，〈陳儀與閩、臺、浙三省省政（民十五年－卅八年）〉，收於中華民國建國八十年學術討論集編輯委員會編，《中華民國建國八十年學術討論集》，第四集：社會經濟史組（臺北：近代中國出版社，1991），頁 233-356。

賴澤涵著、羅珞珈譯，《悲劇性的開端：臺灣二二八事變》（臺北：時報文化出版事業公司，1993）。

賴澤涵總主筆，《二二八事件研究報告》（臺北：時報文化企業出版有限公司，1994）。

賴澤涵，〈廣州革命政府的社會與社會運動（民六年－十四年）〉，《國父建黨革命一百週年學術

討論集》，第二冊，北伐統一史（臺北：近代中國出版社，1995），頁 62-84。

賴澤涵，〈光復初期臺灣政治社會變遷：回顧與展望〉，收於黃俊傑主編，《高雄歷史與文化論集
　　（二）》（高雄：財團法人陳中和翁慈善基會，1995），頁 137-154。

賴澤涵〈家庭與生活〉，《中華民國史社會志（初稿）》，上冊（臺北：國史館，1998），頁 235-
　　296。

賴澤涵，〈中國社會運動〉，《中華民國史社會志（初稿）》，下冊（臺北：國史館，1999），頁 1-
　　143。

賴澤涵，〈荷、西、鄭氏王朝在臺的經營與臺灣的經濟、社會與文化的影響〉，收於賴澤涵主編，
　　《臺灣社會、經濟與文化的變遷》（中壢市：國立中央大學，2005），頁 105-128。

賴澤涵，〈臺灣光復接收與光復初期的臺灣社會與政治變遷〉，收於賴澤涵主編，《臺灣四百年
　　來的變遷》（中壢市：國立中央大學，2005），頁 289-306。

賴澤涵，〈臺灣的轉型：從威權體制到民主化、本土化與國際化〉，收於賴澤涵主編，《臺灣四百
　　年的變遷》（中壢市：國立中央大學，2005），頁 307-325。

賴澤涵，〈戰後臺灣經濟社會與文化變遷〉，收於賴澤涵主編，《臺灣社會、經濟與文化的變遷》
　　（中壢市：國立中央大學，2005），頁 239-260。

賴澤涵，〈多元文化與族群關係：臺灣的抉擇〉，收於賴澤涵、劉阿榮主編，《多元文化與族群關
　　係》（臺北：揚智文化事業股份有限公司，2006），頁 1-27。

賴澤涵、黃萍瑛，《立法院院長孫科傳記》（臺中：立法院議政博物館，2013）。

# 三、期刊論文

Jeh-hang Lai, "Taiwan's Political Development: A Historical Overview", in Kenneth Klinkner ed., *The
　　United States and Cross–Straits Relations: China, Taiwan and the US Entering a New Century*,
　　Urbana, Illinois, Center for East Asian and Pacific Studies, University of Illinois, 2001, pp.3-24.

賴澤涵，〈孫科與與廣州市政建設〉，《傳記文學》，第 34 卷第 4 期（1978.10），頁 82-87。

賴澤涵，〈淺談革命〉，《近代中國》，第 11 期（1979.06），頁 37-41。

賴澤涵，〈Sun Fo as Liberal leader（1932-1946）〉，《中國歷史學會史學集刊》，第 12 期（1980.05），
　　頁 317-350。

賴澤涵、陳寬政，〈我國家庭形式的歷史與人口探討〉，《中國社會學刊》，第 5 期（1980.11），
　　頁 25-40。

賴澤涵、蕭新煌，〈現代城鄉策略之分析一九一一～一九四九〉，《思與言》，第 18 卷第 6 期
　　（1981.03），頁 533-540。

賴澤涵，〈北伐前後的孫科，民國十三年～十九年〉，《中華學報》，第 7 卷第 1 期（1981.11），
　　頁 1-24。

賴澤涵，〈二二八事件與當代臺灣的發展〉，《當代》，第 34 期（1989.02），頁 80-93。

賴澤涵、鄭政誠，〈當代臺灣歷史教育的變遷與展望〉，《臺灣教育》，第 674 期（2012.04），頁 25-30。

# 四、研討會論文集

賴澤涵，〈從中國政治哲學思想論我國社會指標的建立〉，《第一次社會指標論文集》（臺北：中央研究院三民主義研究所，1980），頁 33-48。

賴澤涵，〈歷史學與社會學的互補性及合流的可能性〉，收於瞿海源、蕭新煌編，《社會學理論與方法：研討會論文集》（臺北：中央研究院民族學研究所，1982），頁 151-167。

賴澤涵，〈辛亥革命前後的社會變遷〉，《辛亥革命研討會論文集》（臺北：中央研究院近代史研究所，1983），頁 357-371。

賴澤涵，〈我國家庭的組成，權力結構及婦女地位之變遷〉，收於陳昭南等編，《社會科學整合論文集》（臺北：中央研究院三民主義研究所，1982），頁 383-404。

賴澤涵，〈我國家庭的組織及權力結構之變遷〉，《歷史與社會變遷（中國社會史）研討會論文集》（臺北：中央研究院三民主義研究所，1982），頁 99-118。

賴澤涵，〈近代中美保守主義之比較〉，《比較社會學：中美社會之比較研討會論文集》（臺北：中央研究院美國文化研究所，1982），頁 245-263。

賴澤涵，〈辛亥革命前後的社會變遷〉，《辛亥革命研討會論文集》（臺北：中央研究院近代史研究所，1983），頁 357-371。

賴澤涵，〈廣州革命政府的建立，1917-1927〉，《中華民國初期歷史研討會論文集》（臺北：中央研究院近代史研究所，1984），頁 363-394。

賴澤涵，〈戰前我國的勞工運動，民國十六年－廿六年〉，《抗戰前十年國家建設史研討會論文集》（臺北：中央研究院近代史研究所，1985），頁 133-143。

賴澤涵、陳寬政，〈臺灣的社會與家庭制度〉，《促進社會和諧學術研討會論文集》（臺北：行政院研究考核委員會，1986），頁 15-42。

賴澤涵，〈廣州革命政府的對內與對外策略〉，《中央研究院第二屆國際漢學會議論文集：明清與近代史組（下冊）》（臺北：中央研究院近代史研究所，1989），頁 927-968。

賴澤涵，〈廣州革命政府的對外關係，一九一七～一九二五年〉，《近代中國與亞洲學術討論會論文集（下）》（香港：珠海書院亞洲研究中心，1995），頁 984-1024。

# 五、會議論文

Jeh-hang Lai, "Christianity and the Advancement of the Status of Women in Chinese Society" Paper Presented at the International Conference on The Role of Christian Higher Education in Asia, 1983.4, pp.9-15.

Jeh-hang Lai, "Nanking Vs. The Canton Separatist Movement,1931." Paper Presented at the Symposium on the" Nanking Decade: Man, Government and Society", National Australian University and Hong Kong University, 1983.8.

Jeh-hang Lai, "Social Change and the Family System in Taiwan", International Symposium on Taiwan Studies, The University of Chicago. 1984.7.

Jeh-hang Lai, "The Stem Family System and Solution of the Social Problems in Taiwan, Republic of China", Paper Presented at the 2nd Sino-American Conference, Sponsored by San Jose State University and Tunghai University, California, 1984.8.

Jeh-hang Lai, "The Domestic and Foreign Policies of the Canton Revolutionary Government, 1917-1925," XXXII International Congress for Asian and North African Studies, Hamburg, West Germany, 1986.8.

Jeh-hang Lai, "The Analytical Framework： The War Years and Changing Japanese-Taiwanese Relations, 1940-1945", XXXII Annual Conference of the Association for Asian Studies, Boston, 1987.4.

Jeh-hang Lai, "Political and Social Development in Modern Taiwan", Paper Presented at the Taiwan in Asia International Conference Champaign,1995.3.31-4.1.

Jeh-hang Lai, Te-lan Chu, "The Chang of Life in Taiwan,1895-1995", Paper Presented at *"Taiwan: State and Society in Transition an International Conference"*, Center for East Asian and Pacific Studies University of Illinois at Urbana-Champaign, 1997.9.21-23.

Jeh-hang Lai, "Taiwan Political Development: A Historical Overview", Paper Presented at "The United States and Cross-Straits Relations since the Taiwan Election", Sponsored by University of Illinois, 2000.10.6-7.

賴澤涵、張維安，〈中國近代化的起點問題：以中國的輪船招商局的官督商辦為例〉，「國際明清史研討會」，香港大學主辦，1985 年 12 月。

賴澤涵，〈中央研究院社科所之近代海洋史研究〉，「海峽兩岸關係發展的歷史、現狀及其展望：中國、日本、臺灣、香港國際研討會」，香港中文大學主辦，1990 年 12 月 20-21 日。

賴澤涵，〈臺灣光復初期歷史資料〉，《臺灣光復初期史料研討會》，國史館主辦，1994 年。

賴澤涵，〈臺灣「中國社會史」的教學、研究及其展望〉，《傳統中國與當代中國社會史學術研討會》，中國社會科學院歷史研究所和聯合報學術基金會主辦，1995 年 8 月 13-14 日。

賴澤涵，〈民國以來家庭制度及日常生活的變遷，1912-1996〉，《中國社會史學會第六次年會暨「區域社會比較」國際學術研討會》，中國社會史學會主辦，1996 年 9 月 18-20 日。

賴澤涵，〈社會運動的研究〉，《家庭、社會和大眾心態變遷國際學術研討會》，蘇州大學主辦，
　　1998 年 8 月 24-30 日。

賴澤涵，〈廣州革命政府的教育事業，1916-1917〉，《第四次中華民國史國際學術研討會》，南京
　　大學和江蘇省政協文史資料委員會主辦，2000 年 9 月 21-24 日。

賴澤涵，〈臺灣二二八事件研究的回顧與展望〉，《紀念二二八事件六十周年學術研討會》中央
　　研究院臺灣史研究所主辦，2007 年 1 月 26-27 日。

# 六、其他著作

## 1、翻譯

Jeh-hang Lai trans., "Mid-Century Rebels", "Lan Ting-yuan's Casebooks" (with Lily Hwa) in Patricia
　　Buckley Ebrey ed, *Chinese Civilization and Society: A Sources Book*, New York: The Free Press,
　　1981,pp.200-203;224-231.

## 2、書評

賴澤涵，〈評介于子橋著《民國的政黨政治：國民黨，民國六至十三年》〉，收於張玉法主編，
　　《中國現代史論集》，第 4 輯（臺北：聯經出版事業公司，1980），頁 45-66。

賴澤涵、蔡慧玉，〈評介賈祖麟（Jerome B. Grieder）Hu Shih and the Chinese Renaissance〉，收
　　於張玉法主編，《中國現代史論集》，第 6 輯（臺北：聯經出版事業公司，1981），頁 459-
　　472。

賴澤涵，〈評介張明貴著《費邊社會主義思想》〉，《聯合月刊》，第 30 期（1984.01），頁 111-113。

賴澤涵，〈評介漢普生著 The Enlightenment〉，《聯合月刊》，第 35 期（1984.06），頁 102-103。

賴澤涵，〈評林增平《中國近代史》〉，《中國現代史書評選輯》，第 3 輯（臺北：國史館編，1988）
　　頁 13-22。

賴澤涵，〈評胡寄窗《中國經濟思想史》〉，《中國現代史書評選輯》，第 5 輯（臺北：國史館編，
　　1990），頁 18-26。

## 3、辭典

賴澤涵，《中國現代史辭典》（臺北：近代中國出版社，1985）。

賴澤涵，《中國現代史辭典（一）史事部分》、〈中國現代史辭典（二）人物部分》（臺北：近代
　　中國出版社，1987），以上計 33 條目。

# 4、中學教科書

賴澤涵，全華版《高中歷史》第一冊（臺灣史，2019）。
賴澤涵，全華版《高中歷史》第二冊（中國與東亞史，2019）。
賴澤涵總校正，全華版《高中歷史》六冊。

# 附錄五　賴澤涵教授的論文指導

| 姓名 | 題目 | 學校（系所與班別） | 畢業年度 | 碩博士 |
|---|---|---|---|---|
| 黃國仲 | 國民政府對戰後世界秩序之構想：以「國際問題討論會」為例 | 國立中央大學<br>歷史研究所在職專班 | 108 | 碩士 |
| 辛娜奔 | THE ESTABLISHMENT OF THE INDONESIAN ECONOMIC TRADE OFFICE (IETO)IN TAIWAN, 1994-2018 | 國立中央大學<br>歷史研究所 | 108 | 碩士 |
| 蕭緯翔 | 十六世紀朝鮮戰役轉捩點之分析 | 國立中央大學<br>歷史研究所 | 106 | 碩士 |
| 黃綉穎 | 黃日炳派下家族與桃園地區的拓墾及發展 | 國立中央大學<br>歷史研究所 | 106 | 碩士 |
| 黃湘雲 | 清代朱一貴事件之研究 | 國立中央大學<br>歷史研究所 | 106 | 碩士 |
| 張維方 | 王雲五與中國近代圖書館事業 | 國立中央大學<br>歷史研究所 | 105 | 碩士 |
| 胡振弘 | 輪轉鍊生：臺灣自行車產業史（1972-2005） | 國立中央大學<br>歷史研究所在職專班 | 105 | 碩士 |
| 陳左新 | 「新桂系」與民國政治(1925-1949) | 國立中央大學<br>歷史研究所 | 105 | 碩士 |
| 郭志暉 | 費希平與臺灣民主運動 | 國立中央大學<br>歷史研究所 | 105 | 碩士 |
| 張清逸 | 陸樹聲（1509-1605）的閒退思想與實踐 | 國立中央大學<br>歷史研究所 | 104 | 碩士 |
| 吳銘龍 | 胡秋原在臺文化觀之研究（1951-2004） | 國立中央大學<br>歷史研究所 | 104 | 碩士 |
| 陳學林 | 國府存亡的關鍵三年(1949-1951)之研究 | 國立中央大學<br>歷史研究所 | 104 | 碩士 |
| 李品緯 | 明將李如松與朝鮮之役研究 | 國立中央大學<br>歷史研究所在職專班 | 103 | 碩士 |
| 仰崇明 | 日治時期「新竹州」之發展與演變（1895-1945） | 國立中央大學<br>歷史研究所 | 102 | 碩士 |

| 姚安琪 | 浙江「一師毒案」之研究 | 國立中央大學<br>歷史研究所 | 102 | 碩士 |
| --- | --- | --- | --- | --- |
| 鍾惠菁 | 中壢仁海宮與地方社會的發展 | 國立中央大學<br>歷史研究所在職專班 | 102 | 碩士 |
| 葉秋妍 | 民國時期對於性與性教育問題的探討（1920-1937） | 國立中央大學<br>歷史研究所 | 101 | 碩士 |
| 唐平榮 | 紫金礦業與上杭縣之發展 | 國立中央大學<br>客家政治經濟研究所 | 101 | 碩士 |
| 齊汝萱 | 清代民間秘密宗教人物研究 | 國立中央大學<br>歷史研究所 | 101 | 碩士 |
| 徐慧茹 | 嚴慶齡與臺灣汽車工業之發展(1953-1981) | 國立中央大學<br>歷史研究所在職專班 | 101 | 碩士 |
| 陳彥君 | 寺廟與地方社會之研究－以桃園蘆竹鄉五福宮為中心 | 國立中央大學<br>歷史研究所在職專班 | 100 | 碩士 |
| 范瑜珊 | 民間信仰與地方社會的發展－以卓蘭我崙廟為例 | 國立中央大學<br>歷史研究所 | 100 | 碩士 |
| 王菁華 | 擺接義塚大墓公之研究 | 國立中央大學<br>歷史研究所在職專班 | 100 | 碩士 |
| 鄭仲烜 | 清朝皇子教育研究 | 國立中央大學<br>歷史研究所 | 99 | 碩士 |
| 連麗如 | 清代捐納制度與臺灣士紳之研究 | 國立中央大學<br>歷史研究所在職專班 | 99 | 碩士 |
| 葉淑媛 | 孫中山的革命友人－日本華僑王敬祥之研究（1872-1922） | 國立中央大學<br>歷史研究所在職專班 | 99 | 碩士 |
| 游仲賢 | 明代遣官賑濟之研究：以何喬新被遣賑濟為例 | 國立中央大學<br>歷史研究所 | 99 | 碩士 |
| 許倪菁 | 明代溺女問題初探 | 國立中央大學<br>歷史研究所 | 99 | 碩士 |
| 李秀屏 | 戰後初期臺灣戶政制度的建立與其相關問題之探討（1945-1947） | 國立中央大學<br>歷史研究所 | 99 | 碩士 |
| 賴信安 | 國際獅子會在臺發展之研究（1953-1978） | 國立中央大學<br>歷史研究所 | 98 | 碩士 |
| 陳慶華 | 東港漁業的發展與變遷（1948-2008） | 國立中央大學<br>歷史研究所 | 98 | 碩士 |
| 郭俊蔚 | 戰後初期臺灣電力事業之研究(1945-1949) | 東海大學<br>歷史學系 | 98 | 碩士 |
| 古順銘 | 國民政府軍事委員會的研究〈1917-1928〉 | 國立中央大學<br>歷史研究所在職專班 | 98 | 碩士 |
| 楊雪青 | 寺廟與地方社會的發展－以桃園景福宮為例 | 國立中央大學<br>歷史研究所在職專班 | 97 | 碩士 |
| 呂伊婷 | 胡光墉與南幫票商之研究（1823-1885） | 國立中央大學<br>歷史研究所在職專班 | 97 | 碩士 |

| 黃郁惠 | 清季江蘇育嬰堂慈善事業（1860-1900） | 國立中央大學<br>歷史研究所 | 97 | 碩士 |
|---|---|---|---|---|
| 陳怡芹 | 日治時期臺灣郵政事業之研究(1895-1945) | 國立中央大學<br>歷史研究所 | 96 | 碩士 |
| 鄭麗君 | 戰後臺灣女警的發展－臺北市為例（1947-2000） | 國立中央大學<br>歷史研究所在職專班 | 96 | 碩士 |
| 謝雨潔 | 高中歷史教科書「清領臺灣前期經濟」教材編寫的比較研究－以1999年和2006年審定本為例 | 國立中央大學<br>歷史研究所在職專班 | 96 | 碩士 |
| 劉庚龍 | 明初文臣解縉之研究(1369-1415) | 國立中央大學<br>歷史研究所在職專班 | 96 | 碩士 |
| 陳家豪 | 日治時期桃園輕鐵的經營與發展（1903-1945） | 國立中央大學<br>歷史研究所 | 95 | 碩士 |
| 詹嘉雯 | 中壢事件與臺灣政治轉型 | 國立中央大學<br>歷史研究所在職專班 | 95 | 碩士 |
| 柯雅惠 | 戰後海運事業的接收及臺航之成立（1945-1947） | 國立中央大學<br>歷史研究所在職專班 | 95 | 碩士 |
| 林麗櫻 | 桃園工業發展與桃園社會變遷：一九六六年－一九九六年 | 國立中央大學<br>歷史研究所在職專班 | 95 | 碩士 |
| 曾鴻祥 | 蔡元培公民教育思想研究（1901-1932）－以近代中國自由主義的發展為脈絡 | 國立中央大學<br>歷史研究所在職專班 | 95 | 碩士 |
| 周忠彥 | 臺灣癩病機構之研究－以私立樂山園為例（1928-1992） | 國立中央大學<br>歷史研究所 | 95 | 碩士 |
| 范良貞 | 獅山勸化堂與南庄的地方社會 | 國立中央大學<br>歷史研究所在職專班 | 95 | 碩士 |
| 康詩瑀 | 臺灣臨水夫人信仰之研究－以白河臨水宮、臺南臨水夫人媽廟為例 | 國立中央大學<br>歷史研究所 | 95 | 碩士 |
| 王和安 | 日治時期南臺灣的山區開發與人口結構：以甲仙六龜為例 | 國立中央大學<br>歷史研究所 | 95 | 碩士 |
| 王定國 | 雲南反共救國軍的探討(1949-1954) | 國立中央大學<br>歷史研究所 | 95 | 碩士 |
| 黃佐君 | 檳榔與清代臺灣社會 | 國立中央大學<br>歷史研所在職專班 | 95 | 碩士 |
| 戴佩琪 | 臺灣國民小學民俗體育發展之研究（1971-2000） | 國立中央大學<br>歷史研究所在職專班 | 95 | 碩士 |
| 陳良圳 | 臺北盆地內湖、南港地區的拓墾與產業發展（1748-1945） | 國立中央大學<br>歷史研究所在職專班 | 95 | 碩士 |
| 蔡姿儀 | 戰後臺灣瘧疾防治之研究（1945-1965） | 國立中央大學<br>歷史研究所 | 95 | 碩士 |
| 莊建華 | 戰後初期臺灣鐵路事業之研究(1945-1947) | 國立中央大學<br>歷史研究所 | 95 | 碩士 |

| 楊毓雯 | 「平埔客」之歷史探究：以道卡斯竹塹社廖姓為對象 | 國立中央大學客家社會文化研究所 | 95 | 碩士 |
|---|---|---|---|---|
| 江俊銓 | 日本赤十字社臺灣支部之研究(1895-1945) | 國立中央大學歷史研究所 | 94 | 碩士 |
| 彭憶濟 | 從「大義覺迷」到「五族共和」－近代中國民族思想的形成與演變 | 國立中央大學歷史研究所在職專班 | 94 | 碩士 |
| 游映嫻 | 黑松企業文化之研究 | 國立中央大學歷史研究所在職專班 | 94 | 碩士 |
| 黃玉惠 | 日治時期休閒景點北投溫泉的開發與利用 | 國立中央大學歷史研究所 | 93 | 碩士 |
| 蔡文騰 | 軍事佈防的變遷～以澎湖為探討中心（1945年以前） | 國立中央大學歷史研究所 | 92 | 碩士 |
| 周霖芳 | 中國佛教會在臺灣之發展（1945-1955） | 國立中央大學歷史研究所 | 92 | 碩士 |
| 蕭令杰 | 臺灣歷史社會學的發展（1960-1990） | 國立臺灣師範大學歷史研究所 | 91 | 碩士 |
| 楊杜煜 | 臺灣舞蹈表演藝術之發展與當代社會之關係（1930年代至2000年） | 國立中央大學歷史研究所 | 91 | 碩士 |
| 劉明憲 | 戰時重慶地區的紡織工人之研究 | 中國文化大學史學研究所 | 91 | 博士 |
| 鄭政誠 | 臨時臺灣舊慣調查會之研究（1896-1922） | 國立臺灣師範大學歷史研究所 | 90 | 博士 |
| 劉厚君 | 新莊社會變遷的研究 | 國立中央大學歷史研究所 | 90 | 碩士 |
| 邱欣怡 | 清領時期臺閩地區米穀貿易與商人（1685-1850） | 國立中央大學歷史研究所 | 90 | 碩士 |
| 洪婉琦 | 臺北市娼妓管理辦法之研究（1967-1999） | 國立臺灣師範大學歷史研究所 | 89 | 碩士 |
| 羅俊強 | 行憲第一屆立法委員之研究（1948-1949） | 國立臺灣師範大學歷史研究所 | 88 | 碩士 |
| 吳瓊媚 | 清代臺灣「妾」地位之研究 | 國立臺灣師範大學歷史研究所 | 88 | 碩士 |
| 黃褘婷 | 光復初期臺灣國民學校師資之培育（1945-1949） | 國立臺灣師範大學歷史研究所 | 88 | 碩士 |
| 陳景宏 | 臺中加工出口區與潭子鄉社會變遷（1971-1994） | 國立中央大學歷史研究所 | 88 | 碩士 |
| 賴郁雯 | 日治時期臺灣的衛生研究－以臺灣總督府中央研究所衛生部為例 | 國立中央大學歷史研究所 | 87 | 碩士 |
| 劉若雯 | 大稻埕發展史（1860-1920） | 國立中央大學歷史研究所 | 87 | 碩士 |
| 鄭慶良 | 日據時期臺灣之菸酒專賣 | 國立臺灣師範大學歷史研究所 | 87 | 碩士 |

| 韓錦勤 | 王雲五與臺灣商務印書館（1965-1979） | 國立臺灣師範大學歷史研究所 | 87 | 碩士 |
|---|---|---|---|---|
| 李玫蓉 | 太平洋學會與美國對華政策（1941-1949） | 國立臺灣師範大學歷史研究所 | 87 | 碩士 |
| 古淑芳 | 臺灣黨外運動（1977-1986）－以黨外言論為中心之研究 | 國立臺灣師範大學歷史研究所 | 87 | 碩士 |
| 歐世華 | 吳國楨與臺灣政局（1949-1954） | 國立臺灣師範大學歷史研究所 | 87 | 碩士 |
| 洪世明 | 黨權與民權之間：訓政時期立法院之試行（1928-1937） | 國立臺灣師範大學歷史研究所 | 87 | 碩士 |
| 陳秀蓉 | 戰後臺灣寺廟管理政策之變遷 | 國立臺灣師範大學歷史研究所 | 86 | 碩士 |
| 洪瑞重 | 臺灣省行政長官公署時期教育的接收與推展（1945-1947） | 國立臺灣師範大學歷史研究所 | 86 | 碩士 |
| 曾祥麟 | 我國退除役官兵輔導就業制度史－以榮民工程事業管理處為例 | 國立臺灣師範大學歷史研究所 | 86 | 碩士 |
| 彭永貞 | 洗星海與抗戰時期的歌詠運動 | 國立臺灣師範大學歷史研究所 | 86 | 碩士 |
| 古文君 | 日據時期臺灣的社會事業－以貧民救助為中心的探討（1895-1938） | 國立政治大學歷史研究所 | 86 | 碩士 |
| 陳逢申 | 抗戰時期重慶的社會變遷 | 文化大學史學研究所 | 84 | 碩士 |
| 賴珍寧 | 日治時期臺灣思想控制法令之研究 | 文化大學史學研究所 | 84 | 碩士 |
| 胡君儒 | 晚清中國電報局（1881-1908） | 國立臺灣師範大學歷史研究所 | 84 | 碩士 |
| 彭永貞 | 洗星海與抗戰時期的歌詠運動 | 國立臺灣師範大學歷史研究所 | 84 | 碩士 |
| 王振勳 | 江蘇太湖地區小農耕作與農村社會變遷（1895-1937） | 文化大學史學研究所 | 83 | 碩士 |
| 楊淑梅 | 光復初期臺灣的社會精英（1945-1949） | 國立臺灣師範大學歷史研究所 | 83 | 碩士 |
| 蘇瑞鏘 | 「中國民主黨」組黨運動之研究 | 國立臺灣師範大學歷史研究所 | 83 | 碩士 |
| 王靜儀 | 臺中縣地方派系發展史－以縣長及省議員選舉分析為例（1951-1987） | 國立臺灣師範大學歷史研究所 | 83 | 碩士 |
| 鄭政誠 | 從農業聚落到衛星市鎮－三重埔社會變遷的考察 | 國立臺灣師範大學歷史研究所 | 82 | 碩士 |
| 劉明憲 | 省港大罷工、封鎖及抵制英貨運動之研究 | 文化大學史學研究所 | 82 | 碩士 |
| 顏清梅 | 臺灣光復初期米糧問題研究（1945-1948） | 東海大學歷史學系 | 81 | 碩士 |

| 林正芳 | 日據時期宜蘭地區初等教育之研究（1895-1945） | 中國文化大學史學研究所 | 80 | 碩士 |
|---|---|---|---|---|
| 董德倫 | 上海娼妓之研究（1840-1937） | 東海大學歷史研究所 | 79 | 碩士 |
| 陳春蓮 | 清嘉、道時期吏治之研究（1796-1850） | 東海大學歷史研究所 | 79 | 碩士 |
| 陳祈伍 | 近代寧波地區社會經濟發展史(1840-1930) | 中國文化大學史學研究所 | 79 | 碩士 |
| 應敏貞 | 夫妻休閒活動的安排與婚姻滿意關係之研究 | 國立臺灣師範大學家政教育研究所 | 78 | 碩士 |
| 郭曉潔 | 江蘇省農村經濟之研究（1920-1930） | 國立中山大學中山學術研究所 | 74 | 碩士 |
| 葉秀珍 | 高雄市發展史重要因素之研究 | 國立中山大學中山學術研究所 | 73 | 碩士 |
| 楊彬甫 | 留美學生對中國文學與教育的影響（民國六年~三十八年） | 文化大學中美關係研究所 | 69 | 碩士 |

史地傳記類　PC0925　讀歷史117

# 秉筆治史：
## 賴澤涵教授八秩壽慶論文集

主　　編 / 鄭政誠
責任編輯 / 杜國維
圖文排版 / 莊皓云
封面設計 / 王嵩賀

發 行 人 / 宋政坤
法律顧問 / 毛國樑　律師
出版發行 / 秀威資訊科技股份有限公司
　　　　　114台北市內湖區瑞光路76巷65號1樓
　　　　　電話：+886-2-2796-3638　傳真：+886-2-2796-1377
　　　　　http://www.showwe.com.tw
策　　劃 / 國立中央大學歷史研究所
劃撥帳號 / 19563868　戶名：秀威資訊科技股份有限公司
　　　　　讀者服務信箱：service@showwe.com.tw
展售門市 / 國家書店（松江門市）
　　　　　104台北市中山區松江路209號1樓
　　　　　電話：+886-2-2518-0207　傳真：+886-2-2518-0778
網路訂購 / 秀威網路書店：https://store.showwe.tw
　　　　　國家網路書店：https://www.govbooks.com.tw

2020年6月　BOD一版
定價：480元
版權所有　翻印必究
本書如有缺頁、破損或裝訂錯誤，請寄回更換

Copyright©2020 by Showwe Information Co., Ltd.
Printed in Taiwan
All Rights Reserved

國家圖書館出版品預行編目

秉筆治史：賴澤涵教授八秩壽慶論文集 / 鄭政誠主
編. -- 一版. -- 臺北市：秀威資訊科技,
2020.06
面；　公分. -- (史地傳記類；PC0925)(讀歷史；
117)
BOD版
ISBN 978-986-326-798-0(平裝)

1. 史學　2. 文集

607　　　　　　　　　　　　　　109004801

# 讀 者 回 函 卡

感謝您購買本書，為提升服務品質，請填妥以下資料，將讀者回函卡直接寄回或傳真本公司，收到您的寶貴意見後，我們會收藏記錄及檢討，謝謝！
如您需要了解本公司最新出版書目、購書優惠或企劃活動，歡迎您上網查詢或下載相關資料：http:// www.showwe.com.tw

您購買的書名：_____

出生日期：_____年_____月_____日

學歷：□高中 (含) 以下　　□大專　　□研究所 (含) 以上

職業：□製造業　□金融業　□資訊業　□軍警　□傳播業　□自由業
　　　□服務業　□公務員　□教職　　□學生　□家管　　□其它_____

購書地點：□網路書店　□實體書店　□書展　□郵購　□贈閱　□其他

您從何得知本書的消息？

　　□網路書店　□實體書店　□網路搜尋　□電子報　□書訊　□雜誌

　　□傳播媒體　□親友推薦　□網站推薦　□部落格　□其他_____

您對本書的評價：(請填代號　1.非常滿意　2.滿意　3.尚可　4.再改進)

　　封面設計____　版面編排____　內容____　文／譯筆____　價格____

讀完書後您覺得：

　　□很有收穫　□有收穫　□收穫不多　□沒收穫

對我們的建議：_____

_____

_____

_____

請貼
郵票

11466
台北市內湖區瑞光路 76 巷 65 號 1 樓

**秀威資訊科技股份有限公司**　　　收

BOD 數位出版事業部

......................................................................................

（請沿線對折寄回，謝謝！）

姓　　名：＿＿＿＿＿＿＿＿　年齡：＿＿＿＿　性別：□女　□男

郵遞區號：□□□□□

地　　址：＿＿＿＿＿＿＿＿＿＿＿＿＿＿＿＿＿＿

聯絡電話：(日) ＿＿＿＿＿＿＿＿＿　(夜) ＿＿＿＿＿＿＿＿＿

E-mail：＿＿＿＿＿＿＿＿＿＿＿＿＿＿＿＿＿＿